차라리 대한민국을 미국의 51번째 주로!

한민족이 살 길
-대한민국이 미국의 51번째 주가 되는 것이 유효한 방법인가?

기획: 이상로 기자   집필: 이윤섭 작가   후원: 카메라출동 독자

혜민 도서출판 기획

기획: 이상로 기자
집필: 이윤섭 작가
출판: 혜민기획
후원: 카메라출동 독자

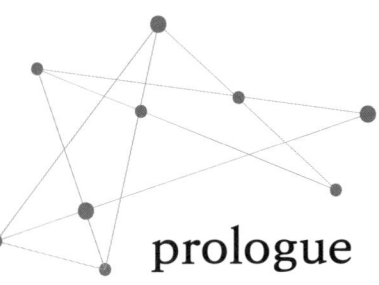

prologue

이상로 기자의 기획의도

A라는 사람이 중국의 전기자동차 주식에 투자했고, 중국의 전기자동차가 한국에 수입되어 한국산 현대와 기아 자동차를 밀어내고 시장점유율을 높여가고 있다고 가정합니다. 물론 중국의 전기자동차 주식에 투자한 사람은 해당 자동차회사의 주가가 높아져서 해마다 점점 더 많은 배당금을 받게 되었습니다. 지금부터 질문을 시작합니다.

A는 매국노인가요? 조국을 위해 중국의 전기자동차 주식을 처분해야 할까요? 또 다른 가정을 해봅니다.

B라는 사람이 미국의 애플 주식을 샀습니다. 역시 애플이 세계시장에서 삼성을 위협하고 있다고 생각해 보세요. B는 매국노인가요?

마지막 가정입니다. C는 중국의 전기자동차 주식과 미국의 애플 주식 모두에 투자했습니다. C가 A나 B보다 더 매국노인가요?

아래는 《조선일보》 2025년 11월 12일 자 기사 중 일부입니다.

12일 한국예탁결제원과 한국거래소 등에 따르면 이달 들어 11일까지 서학 개미들은 미국 주식을 23억 240만 달러(약 3조 3780억

원) 순매수했다. 주식 시장에서 달러 수요가 그만큼 커졌다는 뜻이다. 시계를 넓혀 올해 1월부터 지난 11일까지 추세를 보면, 서학개미들이 미국 주식을 순매수한 규모는 269억 5739만 달러(약 39조 5168억 원)에 달한다.

AI(인공지능)주 거품 우려에도 서학개미들이 '저가 매수'에 나설 것이란 전망은 당분간 환율 상승 요인으로 작용할 것으로 보인다. 이달 들어 지난 11일까지 서학개미들이 사들인 미국 주식 순매수 규모 중 약 80%가 메타·SOXL(미 반도체 지수 수익률의 3배 추종)·엔비디아·METU(미 메타 주가 수익률의 2배 추종)·팔란티어 등 미국 AI 수혜주 '톱5'에 몰려 있다.

    한국인의 국적(國籍)은 대한민국입니다. 그런데 이것은 지리적(地理的) 국적입니다. 이제 지리적 국적보다 더 중요한 국적이 생겨났습니다. 첫째는 경제적(經濟的) 국적입니다. 중국과 미국 등 다른 나라 주식에 투자한 사람들에게는 오히려 경제적 국적이 더 중요할지도 모릅니다. 둘째는 Digetal 국적입니다. 핸드폰을 사용하는 우리나라 사람들의 Digital 국적은 거의 예외 없이 Google 또는 Apple입니다. 발전하는 AI환경에서 Digital 국적의 중요성은 점점 더 커지고 있습니다. 이렇게 보면 현대인들에게 지리적 국적보다 더 중요한 것이 경제적 국적과 Digital 국적입니다.

    논의를 정치적인 이념의 분야로 옮겨갑니다. 중국은 자유민주주의 국가가 아닙니다. 중국 '인민'들은 자신들의 최고 정치적 대표를 선출할 수 있는 권한을 갖고 있지 못합니다. 중국의 최고지도자는 공산당에서 임명합니다. 과거 싱가포르의 이광효 수상이 기자들로부터 다음과 같은 질문을 받았습니다.

"중국이 자유민주주의 국가로 변할 수 있을까요?"

이광효 수상이 대답했습니다.

"Never! 절대로 중국은 자유민주주의 국가로 갈 수 없습니다. 중국 역사 5000년 동안 중국은 한 번도 국민을 '시민'으로 모신 적이 없었습니다." 여기서 '인민'과 '시민'이라는 용어에 대하여 자세한 설명이 필요합니다. '인민'이라는 단어는 '백성'이라는 단어의 동의어입니다. 우리나라 사람도 단군으로부터 고종황제 때까지 '백성'으로 살았습니다. 그러나 1945년 대한민국의 수립과 함께 한국인은 '백성'에서 '시민'으로 신분이 변했습니다. '백성'과 '시민'을 규정하는 가장 좋은 척도는 '최고지도자를 선출할 수 있는 권한이 국민에게 있는가'입니다. 즉 '선거권을 국민이 보유하고 있는가'입니다. 영국과 프랑스 등 서구 국가의 경우 국민이 '선거권을 확보하기 위해 오랜 시간 동안 노력했습니다. 심지어 피를 흘리기까지 했습니다. 그러나 우리나라 사람들의 '백성'에서 '시민'으로의 신분 전환은 미국에 의해 하루아침에 이루어졌습니다.

다시 가정합니다. 우리나라 사람 중에 한국의 시민권을 포기하고 중국의 인민으로 국적을 바꿀 사람이 몇 명이나 될까요? 많지 않거나 거의 없습니다. 즉 우리나라 사람의 대부분은 공산당의 노예가 되기를 싫어한다는 것입니다. 하지만 한국 국적을 포기하고 미국 시민이 되려는 사람은 많습니다. 물론 미국이 우리나라보다 부강하고 영토도 큰 강대국이기 때문일 수 있습니다. 그러나 가장 중요한 점은 시민권이 보장된 자유로운 부자나라이기 때문입니다.

　1945년 대한민국 정부가 수립되면서 한국인은 자유민주주의 시민이 됐고, 2025년 현재 구매력 기준으로 1인당 GDP 약 5만 달러로 세계 10-12번째 국가입니다. 무역규모는 세계 7위이고, 수출 규모는 세계 6위입니다. 이제 한국인들이 포기할 수 없는 두 가지가 있습니다. 첫째는 '시민을 포기하고 '백성'으로 돌아갈 수 없다는 것이고, 둘째는 우리가 이룩한 경제적 지위를 후퇴시킬 수 없다는 것입니다. 이 두 가지에 동의하지 않는 사람은 더 이상 이 책을 읽을 필요가 없습니다. 중국으로 가면 됩니다. 중국으로 가면 '시민'에서 '인민=백성'이 됩니다. 혹시 중국으로 가면 경제적으로 더 부유해질 수 있습니다. 그러나 중국은 1인당 GDP가 5만 달러가 될 수 없습니다. 2020년 5월 28일, 리커창은 전국인민대표대회(전인대) 기자회견에서 "중국의 중저소득층 인구가 6억 명에 달하며 이들의 월평균 소득이 1,000위안(약 17만 원)에 불과하다"고 공개적으로 밝혔습니다. 서방의 경제학자들은 이렇게 말합니다.
　"선진국행 버스는 떠났다. 이 버스의 마지막 승차자는 한국이다. 그리고 그 버스는 다시 오지 않는다."

　중국 공산당은 전 세계를 공격하고 있습니다. 자유민주주의를 표방하는 나라들로부터 '중국'이 아닌 '중국 공산당'을 지키기 위해서입니다. 그래서 중국 공산당은 시민들이 투표권을 갖는 자유민주주의 체제 국가를 가장 두려워하고 있으며 이런 나라들의 선거제도에 개입하여 해당 국가 '시민'들의 투표권을 빼앗고 있습니다. 한국은 중국에서 가장 가까운 '시민' 국가입니다. 중국의 목표는 한국인들을 자유로운 투표권을 갖은 '시민'에서 중국 공산당의 노예인 '인민=백성'으로 만드는 것입니다.

지금 한국에는 중국 공산당의 이런 한국 시민의 공산당 백성화(百姓化)를 추진하는데 협조하는 세력이 있습니다. 더불어민주당과 국민의힘입니다. 국회의원 300명 중 선거의 무결성을 주장하는 사람이 한 명도 없다는 것이 그 증거입니다. 이들은 선거정의를 외치는 시민들을 공격하고, 구속하고, 멸시하고, 무시합니다.

이제 이 책의 제목 『차라리 대한민국을 미국의 51번째 주로!』에 대한 이야기로 논점을 바꿉니다. 저 이상로 기자는 어떤 경우에도 중국 공산당의 노예로 살기를 거부합니다. 그리고 중국 공산당의 노예가 되지 않기 위해 노력해 왔습니다. 그러나 주변의 비겁한 무리(정치인, 검사, 판사, 기자)들에 의해 한국이 중국 공산당의 노예 국가가 되는 것은 제 책임이 아닙니다. 저는 자유 시민이며, 자유 시민은 노예가 되기를 거부합니다. 따라서 저는 한국의 자유 시민들과 힘을 합쳐 자유 대한민국이 미합중국의 51번째 주가 되기를 희망합니다. 이미 한국은 미국의 식민지입니다. 아래는 facebook 저널리스트 Peter Kim의 글입니다.

백악관 팩트시트 한미 무역 합의문을 두고 대통령과 언론이 떠들어대는 소리를 들으면 정말 기가 막힌다. 이게 합의문이라고? 천만의 말씀이다. '이건 합의문이 아니라 경고장'이다. 더 정확히 말하면 '이재명의 백기투항 문서'다. 일본과 EU보다 4개월이나 늦게 발표된 이 문서의 내용을 원문 그대로 뜯어보면, 대한민국이 트럼프 행정부에 얼마나 철저히 무릎 꿇었는지가 적나라하게 드러난다.

핵심은 간단하다. '미국이 받아 갈 것은 전부 구체적'이다. '액수가 정확하고 데드라인이 명시'되어 있다. '2천억 달러 플러스 1,500억 달러, 총 3,500억 달러를 2030년까지 내라'. '트럼프 대통령은 투자처는 내가 결정하고 45일 안에 돈을 내라. 안 내면 관세 다시 올릴 것이다', '국방비는 GDP 대비 3.5% 증액'하고 '미국산 무기 36조 원어치 사라', '보잉 항공기 100대 사라'. 여기에 '미국 기업 전시회까지 한국에서 연례적으로 열어 주겠다'. 이게 과연 합의냐? '이건 그냥 조공 목록'이다.

반대로 '우리가 받아야 할 안전장치'는 어떤가? '전부 추상적'이다. 외환시장 불안하면 적절히 고려할 것이다.

더 가관인 건 일본 팩트시트에는 없는 내용이 우리 합의문에는 가득하다는 점이다. 강제노동 반대, 친환경 정책으로 투자 왜곡하지 마라, 지적재산권 보호하라, 대만해협 평화 지키고 한미일 군사동맹 강화하라. 이게 다 뭔가? 이재명 정권을 향한 트럼프의 살벌한 경고문이다. 일본은 알아서 잘하니까 이런 말 안 해도 된다. 그런데 이재명? '믿을 수 없으니까 팩트시트에다 일일이 못 박아놓은 것'이다. 전라도 강제노역 문제, 에너지 기후부를 만들어서 미국 상품 막으려는 술수, 군사시설에 중국 간첩들이 드론 촬영하고, 군사기밀 빼돌리고 설치는 것, 전부 다 미국이 꿰뚫어 보고 있다는 증거다.

아래는 미국에 거주 중인 저널리스트 Jean Cummings의 〈한국의 주권, 미국 통제 체제 아래 공식 편입 선언〉이라는 글 중 일부를 발췌·편집했습니다.

제목은 '팩트시트'이지만, 실질적으로는 한국의 주권 구조를 미국 체제 안에 고정시키는 '정책 선언문'이다. "한국은 연간 200억 달러 이상을 시장에서 조달하지 말고, 그 이하 범위에서 미국과 협의해 달러를 조달하라"는 뜻이다. 이 구조는 단순히 외환정책의 제한을 의미하지 않는다. 이제 한국 정부는 환율 방어, 국채 발행, 해외 차입, 외환시장 개입 등 모든 주요 금융 조치를 독자적으로 결정할 수 없게 된 것이다. 특히, 연간 200억 달러 상한 규정은 정부가 위기 상황에서 달러 유동성을 긴급 확충하거나, 한은이 외화보유액을 적극적으로 방어 자금으로 돌리는 것조차 미국의 승인 없이는 불가능하게 만든다.

또한 Jean Cummings는 미국이 대한민국의 괌화(Guam-ization)를 추진하고 있다고 말합니다. 아래에 인용합니다.

나는 얼마 전 칼럼에서 트럼프 행정부가 한국을 즉 한국을 전략적, 군사적, 경제적으로 미국의 전진 기지화하는 과정으로 끌고 가고 있다고 분석했다. 그때만 해도 많은 이들이 그것을 과장된 예측이라 여겼을지 모른다. 그러나 이제 백악관 팩트시트 (2025.11.13)가 그 답을 내놓았다. 이번 문서는 단순한 외교 발표문이 아니라, 내가 경고해 왔던 그 '한국의 괌화 시나리오'를 공식적으로 제도화한 결과물이다. 물론 한국은 괌처럼 미국의 영토가 아니다. 경제

규모와 정치 체제, 산업 구조는 전혀 다르다. 그러나 이번 협정이 만들어 낸 것은 군사적 괌화를 넘어선 시스템적 괌화, 즉 한국의 금융, 무역, 조선, 에너지, 방위, 데이터 인프라 전체를, 미국의 전략적 지배 구조 속으로 편입시키는 체계적 고정(lock-in)이다. 이제 한국의 안보는 미군 주둔과 예산으로, 경제는 달러 결제와 무역 규제로, 산업은 기술, 원전, 반도체 협정으로, 미국 질서의 하위 구조에 결합되었다. 트럼프는 한국을 점령하지 않았다. 그 대신 한국의 시스템을 괌처럼 만들었다. 이것이 바로 내가 경고했던 시나리오의 현실화이며, 오늘, 백악관이 공식적으로 확인해 준 결정적 증거다.

Jean Cummings는 "대한민국의 괌화(Guam-ization)"라고 말하지만 나는 '대한민국의 미국 식민지화'라고 정의합니다. 이미 우리나라는 미국의 식민지가 되었습니다. 식민지 피지배국 국민으로 살 바에야 차라리 미국의 국민이 되는 것이 더 마음 편하고 합리적입니다. 한국을 미국의 식민지로 만든 것은 이재명과 개딸들입니다. 뿐만 아니라 비겁한 지식인도 포함됩니다. 그 책임이 나에게 있지 않습니다. 나는 평생 세금을 열심히 냈고, 군대에 다녀왔으며, 부정선거 규명에 앞장서 왔습니다. 나는 단군 할아버지에게 말합니다. 단군 할아버지! 저는 책임이 없습니다. 저는 노예로 살고 싶지 않습니다. 저와 같은 생각을 하는 억울한 자유시민들과 함께 대한민국을 미국의 51번째 주로 만드는 방법을 모색하겠습니다. 서운하게 생각하지 마세요.

창세기 이래 인류의 역사를 살펴보면 보면 국가의 영토확장은 거의 전쟁에 의해 이루어졌습니다. 최근 우크라이나와 러시아 사이의 전쟁이 이를 잘 보여주고 있습니다. 하지만 전쟁으로 영토를 확장하는 것이 합리적일까요? 만약 푸틴이 이번 전쟁에서 승리하여 우크라이나 영토의 일부를 차지한다고 가정해 봅시다. 그다음은 막대한 비용입니다. 파괴된 점령지를 복구하는데 천문학적 비용이 소모됩니다. 러시아는 전쟁에서 이기고 푸틴은 실각될 수도 있습니다. 러시아는 엄청난 인플레이션에 시달려야 합니다. 인플레이션을 이긴 지도자는 없습니다. 러시아의 남진을 막기 위해 유럽국가들이 우크라이나를 EU로 편입시킬 가능성은 높습니다. 유럽은 지난 1, 2차 세계대전에서 여러 나라가 편을 갈라서 싸웠습니다. 그러나 그들은 이제 전쟁보다는 국가통합을 선택했습니다.

중국은 수천 년 동안 주변국을 침략했고 속국으로 만들어왔습니다. 중국은 주변국의 영토에 관심이 많습니다. 그 증거가 한반도입니다. 지구가 존재하는 동안 중국은 앞으로도 계속해서 한반도 땅을 넘보고 침략할 것입니다. 중국은 영토뿐만 아니라 타국의 경제와 정치에 관심이 많습니다. 전 세계의 중화화(中華化; 세계 문명의 중심이라는 뜻으로, 중국 사람들이 자기 나라를 이르는 말. 주변국에서 중국을 대접하여 이르는 말로도 쓰인다.)를 추진 중입니다.

그동안 미국은 한반도 땅에는 단 1평(3.305785㎡)도 관심을 보이지 않았습니다. 그러나 상황은 바뀌었습니다. 중국이 미국을 포함한 전 세계를 자신의 속국으로 만들려는 야심을 미국이 알아차렸습니다. 대표적인 예가 달러의 패권에 대한 위안화의 도전입니다. 미국은 패권을 놓으려 하지 않습니다. 따라서 적극적으로 중국을 방어하거나 선제공격하려 합니다. 지리적으로 또 경제적으로 대한민국이 그 전초기지입니다. 따라서 이재명이 중국으로 붙는 것을 미국은 절대 용인할 수 없습니다. 그래서 트럼프가 "주한미군기지의 소유권"을 요구하는 것입니다.

'미국이 한국을 51번째 주로 받아줄 것인가?'에 대한 질문에 저는 단호히 답합니다. 미국은 쌍수를 들고 환영할 것입니다. 미국은 중국을 가장 큰 위협으로 생각합니다. 중국에서 가장 가까운 자유민주주의 국가는 대한민국입니다. 대한민국은 세계적인 제조업 강국입니다. 미국은 제조업이 완전히 망가진 기형적인 경제구조로 되어 있습니다. 그리고 아래와 같은 사실은 본토 미국인들에게 가장 매력 요인이 될 수 있습니다. 한 가지 예를 든다면 미국 본토인들은 밤에도 마음 놓고 돌아다닐 수 있는, 총기 소지가 허용되지 않는, 예의 바른 부자들이 사는 대한민국의 51번째 미합중국 편입을 환영하리라는 것입니다.

이 책은 저 이상으로 기자가 기획했습니다. 그리고 이윤섭 작가는 오래전부터 이 문제를 연구하고 있었습니다. 이 책이 출판될 수 있도록 재정적 지원을 해주신 카메라 출동 독자분들께 감사드립니다. 그리고 이 책을 읽으신 후 citylovelee@hanmail.net로 의견을 보내주세요. 속편을 준비하겠습니다.

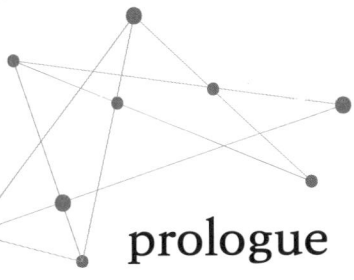

prologue

이윤섭 작가의 머리말

1948년 건국 이후 대한민국은 끊임없이 '저강도 내전(low-intensity civil war)' 상태이다.

한 나라에서 양립할 수 없는 이념과 역사관으로 무장한 두 국민, 두 정치세력 간의 정쟁(政爭), 그리고 진실이 한 지붕 아래 살 수 없다는 것은 역사가 증명하고 있다. 진실이 그러한 정치적 갈등의 허구와 위선을 폭로하든지 반대로 진실이 추방되든지 둘 중 하나로 끝을 내야지, 어정쩡한 타협과 화해는 한 사회를 항구적 갈등상태로 몰아넣는다. 그리고 이러한 사회의 갈등은 시간이 갈수록 심해져 언젠가는 물리력을 동원한 유혈 사태로 끝을 볼 가능성이 농후하다.

저강도 전쟁(low-intensity warfare)에서 무력 사용은 비중이 낮고, 주요 전술은 선전 활동으로 평화와 도덕, 민주, 자유 등의 미명(美名)을 자주 쓰고 상대방은 反도덕, 反민주, 호전 세력으로 몬다. 저강도 내전에서는 선전·선동이 투쟁 방식에서 차지하는 비중이 더욱 크다.

전쟁이 일어나면 가장 먼저 죽는 것은 군인이 아니라 '사실', '진실'이다. 전쟁 시에는 조직적인 흑색선전과 헛소문이 난무할 수밖에 없다. 저강도 내전 상태인 대한민국에서 진실된 보도나 역사 연구는 기대하기 어렵다. '이제는 말할 수 있다'인가 '이제는 거짓말할 수 있다'인가. '그것이 알고 싶다'인가 '그렇게 알고 싶다'인가.

친중 매국 세력인 민주팔이 무리들이 연이어 집권하여 여러 어이없는 정책을 펴는 것을 보고, 그 궁극적 목적이 자유민주주의를 이념으로 하는 대한민국을 부정하고, 북한과 같은 신분제 국가로 가려는 것임을 뒤늦게나마 깨달은 대한민국 국민이 많다. 그들의 영구적 집권은 극소수 지배층만이 부귀영화를 누리고 나머지 국민은 자유를 박탈당하고 생활고에 허덕이는 실패 국가로 전락함을 뜻한다.

많은 개발도상국의 부러움의 대상이고 따라야 할 모범 국가 대한민국이 이 지경이 된 이유는 무엇이고 자유민주주의를 기반으로 하는 대한민국을 보존할 방안이 있는가? 이 문제에 대한 해답으로 이 글을 썼다.

1장은 실패 국가의 정의를 다루었고, 2장은 그 예로서 짐바브웨를 들었다. 3장은 한국사에서 실패 국가인 조선 왕조의 실상을 다루었다. 보론에서는 고려를 지키려 강대국 명나라에 감국(監國)을 요청한 사례를 소개했다. 결론 부분인 4장에서는 실패 국가로 전락하려는 대한민국을 회생시킬 방안을 소개했다.

차라리 대한민국을 미국의 51번째 주로!

한민족이 살길
– 대한민국이 미국의 51번째 주가 되는 것이 유효한 방법인가?

〉〉 이상로 기자의 머리말   03

〉〉 이윤섭 작가의 머리말   13

제1장
실패 국가(Failed State)는 무엇인가 _ 19

제2장
실패 국가가 된 신생 독립국, 짐바브웨 _ 29

영국의 식민지가 된 짐바브웨 / 독립운동 지도자로 성장한 무가베
로디지아의 독립과 무장 독립 투쟁의 시작 / 짐바브웨의 독립
무가베의 독재 / 실패 국가가 된 짐바브웨

보론 : 한국 무장 독립 운동의 실상 _ 48

차라리 대한민국을
미국의 51번째 주로!

제3장
실패 국가 조선의 실상 – 반인륜 범죄 국가 _ 59

관료의 부정부패 보장 / 훈신·척신과 왕실의 부정부패
왕자들의 만행 / 전시에 드러난 왕의 속마음
침략과 다름없는 명나라 사신의 횡포 / 가축과 다름없는 노비
이여절 사건 / 홍경래의 난과 사후 처리 / 을사보호조약과 한일합방조약

보론 1 : 무갈 제국, 버마 왕조의 마지막 군주는 어떻게 되었는가? _ 173

보론 2 : 베트남의 프랑스 식민지화 과정 _ 192

보론 3 : 목은 牧隱 이색 李穡은 나라를 팔려 했는가? _ 213

제4장
2025년 현재 대한민국이 살아남는 방법 _ 249

빈곤의 통치 수단화와 간민 奸民의 형성 / 민주화 학생 운동의 실상
김대중의 4파전 필승론 / 하나의 방안 – 미국의 한 주가 되는 것과 호남 독립

01

실패 국가(Failed State)는 무엇인가

01
실패 국가(Failed State)는 무엇인가

★☆★

　국가는 정착 생활을 하는 농경 공동체에서 생겨났다. 농민은 그들의 기본 욕구를 충족할 만큼 생산하면 그 이상 고된 농사일을 하지 않으려 한다. 그러므로 지배층은 그들이 전유할 잉여를 농민이 생산하도록 강제해야 했다. 강제에 저항하여 농경민이 이주하거나나 탈주하기 어려운 환경에서 국가가 발생했다.

　전근대에는 국가가 건설되면 대개 그 국가구성원 가운데 소수의 지배층을 제외한 다수가 자유로운 삶이 아닌 속박을 받고 삶의 질이 악화되었다. 잉여를 조세로 수탈당한 후에 기근 등의 사유로 생존마저 위협받는 일도 드물지 않았다. 그러기에 국가에서 탈출하여 국가 이전의 삶을 누리려는 국가 구성원이 늘 많았다. 이를 막으려 지배층은 여러 가지 노력을 했다. 가혹한 처벌은 언제나 그 수단 가운데 하나였다. 조선 왕조에서는 월경(越境)하면 재판 없이 즉각 참수하여 효수(梟首)하는 초강경책을 썼다.

　지배층은 잉여를 최대화하면서도 생산에 종사하는 농민이나 장인의 대규모 탈주를 유발하지 않는 균형점을 찾아야 하는데, 이는 매우 어려운 일이다. 대개 지나친 수탈을 하면서 처벌에 의존했다.

고대 국가는 대부분 강력한 관료 기구로 피지배층을 가축 키우듯이 가두어 착취했다. 인구 유출을 막을 방법이 부족했던 고대 국가는 전쟁 포로나 노예를 사들여 인구 유출에 대처했다.

많은 고대 국가의 지배층은 대개 피지배층을 최대한 착취하여 부귀영화를 누리려 했고 피지배층을 사람이 아닌 가축으로 여겼다. 이에 영합하는 지식인이 다수였는데, 중국 춘추전국 시대의 제자백가 가운데 법가가 가장 대표적이다. 이들은 가축인 인민을 잘 사육하는 방안을 고안해 내어 군주를 기쁘게 하고 부귀영화를 누렸다.

다른 국가가 예전부터 있어서 그 국가로부터 영향을 받지 않는 조건에서, 그러니까 이웃에 국가가 없는 상태에서 발생한 국가를 시원 국가(pristine state)라고 할 수 있다. 메소포타미아, 나일강 하류, 인더스강, 황하 중상류 등 문명의 발상지로 인정받은 지역에서 발생한 국가가 이에 해당한다.

시원적인 초기 국가들이 형성되고 나면 각양각색의 조건에서 제2기 국가(secondary state)가 발생한다. 한국사에서 소국에서 고대 국가로 발전한 삼국은 모두 제2기 국가였다. 선진적인 이웃 나라의 침략에 대항하기 위해 제2기 국가가 생기기도 하고 전략적으로 중요한 교역 루트를 지배하기 위해 제2기 국가가 형성되기도 한다. 기존 국가의 변경 지대에 사는 유목민이 이웃 국가의 재화를 약탈하기 위해 국가를 세우기도 한다.

안보적 필요에 의해 생기는 제2기 국가는 시원 국가보다는 훨씬 덜 억압적이다. 이런 국가에서는 그 주민이 국가가 주는 긍정적 기능과 혜택, 구체적으로 말해 국가를 운영하는 지배 계급이 주는 혜택을 누리기도 한다. 이럴 때 피지배층은 국가에 자발적인 복종을 한다.

그 혜택은 다음과 같다.

1) 굶주릴 때 비상식량을 주고
2) 외적의 침입으로부터 보호해 주며
3) 치안을 튼튼히 해 도적의 피해, 즉 신체와 재산을 보호해 주며
4) 관개 시설과 배수로 같은 농업의 하부구조를 건설 관리하는 것

등이다.

이 혜택을 베푸는 능력이 권력(정부)의 능력이고 또한 집권층이 부귀영화를 향유하는 비용이다.

권력이 이러한 국정과제를 언제나 잘 수행하기는 어렵지만, 너무 못한다 싶으면 민의 지지는 땅에 떨어지고 권력(왕조 또는 정부) 교체마저 바라게 된다. 이에 대한 권력의 대책은 스스로를 성찰하여 국가를 개혁하는 것과 민을 억압하는 방법을 발전시키는 두 가지가 있다. 역사를 보면 후자를 선택하는 경우가 흔했다.

국가가 존재하지 않았던 곳에서 국가가 생기기도 하지만 기존 국가의 일부였던 지역이 자의 또는 국제정세의 격변에 의하여 분리

되어 국가가 되기도 한다. 이 현상을 서양에서는 independence, indépendance 등의 어휘를 써서 표현하는데 한자 문화권에서는 이를 독립(獨立)으로 번역했다.

독립의 본래 뜻은 남에게 의지하지 않고 따로 서는 것이다. '부모로부터 독립' 등의 어구에서는 본래의 뜻으로 쓰이지만 대개 독립은 독립국 수립의 의미로 쓰인다.

독립은 어떤 민족이나 지역의 주민이 자치(自治)하고 주권을 가진 상태를 말한다. 구체적으로 주권을 가진 정부를 수립하는 것을 말한다.

1933년 12월 3일에서 26일까지 우루과이 수도 몬테비데오에서 제7차 아메리카 대륙 국가들의 회의(Conference of American States)가 열렸다. 주요 의제는 아메리카 대륙에서 어떤 나라가 독립 국가라고 주장할 때 이것을 어떻게 받아들여야 하는지, 국제법상 어떤 경우에 국가가 성립되었다고 봐야 하는지 등과 여권(女權) 문제였다.

회의 폐막일인 12월 26일 19개국(미국, 아르헨티나, 브라질, 칠레, 콜롬비아, 코스타리카, 쿠바, 도미니카 공화국, 에콰도르, 엘살바도르, 과테말라, 아이티, 온두라스, 멕시코, 니카라과, 파나마, 페루, 우루과이, 베네수엘라)이 '국가의 권리와 의무에 관한 몬테비데오 협약(Montevideo Convention on the Rights and Duties of States)'에 서명했다. 1934년 12월 26일을 기해 이 협약이 발효되었다.

'국가의 권리와 의무에 관한 몬테비데오 협약' 제1조는 국제법상 국가 성립의 요건으로 네 가지를 들고 있다.

(1) 영속적 주민(permanent population)
(2) 확정된 영토(defined territory)
(3) 정부(government)
(4) 다른 나라와의 (외교) 관계 체결 능력(capacity to enter into relations with other states)

독립을 추구하는 정치세력은 독립 선언을 하는 경우가 많다. 가장 유명한 것은 미국 독립 선언이다. 역사적으로 보아 독립 선언과 국가 탄생이 많았던 시기는 세 시기이다.

첫째 시기는 미국 독립 선언이 있었던 1776년부터 아메리카 대륙의 스페인 식민지들이 잇달아 독립을 선언했던 1830년대까지이다.

둘째 시기는 1차 세계대전으로 오스만투르크 제국과 오스트리아 제국이 해체되면서 그 산하 여러 민족이 독립을 선언하고 독립국을 이루었던 때이다.

셋째 시기는 1945년에서 1979년에 이르는 기간으로 제국주의 국가의 식민지였다가 독립한 나라가 70개국에 이른다. 이후에도 독립하는 나라들이 있었다.

기성 국가에서 떨어져 독립하려는 이유는 무엇인가?

특정 지역 주민이 독립을 추구하는 까닭은 여러 가지이지만 권력에 의해 정치 경제적으로 차별받는다는 주민 정서, 민족 정서가 주 원인이라 할 수 있다. 즉 주관적으로 느끼는 불평등이 원인이다. 특정 지역 주민이나 민족이 차별이나 불평등을 해소하기 위해서 여러 가지 노력을 할 수 있는데, 그 가운데 하나가 독립 국가 건설이다.

그러므로 독립 국가 건설 이외에 자치 획득 등 다른 방안을 생각하는 지역 주민도 존재할 수밖에 없다.

독립을 얻기 위한 수단이나 방법은 청원, 평화적 시위, 전쟁 등이 있다. 얼핏 독립 전쟁만이 유일한 방법이 아닐까 생각할 수 있지만 오히려 드문 예에 속하고 강대국의 이해관계가 독립 성공 여부에 더 큰 영향을 미쳐왔다. 그러므로 무장투쟁만이 아니라 강대국을 상대로 한 청원, 외교 활동이나 주민 계몽 운동, 교육을 통한 실력 양성도 독립운동 범주에 들어갈 수 있다.

독립운동을 직업적, 전업적으로 하는 이를 독립운동가라 하는데, 대개 추앙의 대상이 된다. 그런데 독립은 한편으로는 권력의 탄생, 정부의 탄생을 뜻하므로 독립운동은 정치활동의 범주에 들어가고 독립운동가도 정치인으로 간주할 수 있다. 정치 또는 정치인은 전 세계 어느 곳에서나 부정적 이미지가 있으나 독립운동과 독립운동가는 여기에서 제외되는 경우가 대부분이다. 독립운동과 독립운동가를 신화화, 우상화하는 일이 보편적인데, 이는 올바른 역사 인식에 큰 장애가 된다.

바람직하지 않은 성격의 독립운동이 있는데, 대표적인 것이 '자리 만들기', '벼슬 얻기', '부귀영화 누리기' 독립운동이다.

새로운 국가 하나가 생겨날 때마다 정부 고위 관리, 일반 관리, 군대와 경찰 구성원 등 엄청난 수의 자리와 직위가 생기는데, 이를 탐하는 자들이 독립운동에 뛰어드는 것은 피할 수 없다. '독립운동가'의 대부분이 이런 사람들이거나 독립운동의 주도권을 장악하면 독립 국가 건설 이후에 많은 문제가 발생한다.

【유고슬라비아 연방이 해체되고 다수의 국가가 탄생했는데 이들 국가의 상황을 보면 독립을 주창한 정치인들이 가장 큰 이득을 보았다. 대통령, 수상, 장관, 국회의원 등 고위직이 많이 생겼고 그 외에도 자리가 많이 생겨 수익자가 누구인지 명확히 드러났다. 국가가 탄생한 다음에 자리를 이용한 부정부패 사건도 당연히 많다.】

독립운동 주도 세력은 성공할 경우 신생 국가의 정권을 장악하고 부귀영화를 누릴 수 있기 때문에 주민의 진정한 이익에 크게 신경 쓰지 않고 독립을 추진하는 경향이 있다. 대체로 여러 민족이 한 국가를 이루고 있을 경우, 생활 수준에 차이가 나게 마련이다. 특정 민족이 하층에 속하는 비율이 높으면 이대로 사는 것보다 독립하면 더 잘 살 수 있으리라는 희망을 품기 쉬우므로 사람들은 독립운동가들의 주장에 귀 기울이고 선동에 호응하기도 한다.

【민주화 운동도 마찬가지이다. '민주적 권력'의 탄생에 따라 많은 자리가 생기는데, 이것을 얻을 목적의 민주화 운동이라면 집권에 성공한 다음 국정운영이 어떻게 될지 짐작할 수 있다.】

국가가 가지는 긍정적 기능을 전혀 수행하지 못하면 실패 국가(Failed State, 파탄 국가, 붕괴 국가)라고 한다. 실패 국가는 대략 다음과 같은 특징이 있다.

1) 공공 서비스를 제공하는 능력 결여(치안 유지 실패, 최소의 복지도 제공하지 못함)
2) 국제사회에서 외국과 상호 작용하는 능력 결여(의미 있는 협

상을 하지 못함)
　3) 정책 결정을 할 합법적 권위와 능력의 부족
　4) 물리력(경찰과 군대)의 합법적·독점적 동원 능력 상실

　'실패 국가' 개념을 인정하지 않는 학자도 많기는 하나, 제구실하지 못하는 국가를 판별하는 하나의 유용한 기준이다.
　문명 발생 초기의 시원 국가들은 시간이 지나면서 실패 국가가 되는 경우가 대부분이어서 오래 가지 못하고 외침에 무너지거나 스스로 해체되기 일쑤였고 주민들은 국가의 지배를 거부하여 국가가 없는, 정부가 없는 상태가 오래가기도 했다. 한국사에서는 삼국시대 이래 연속적으로 국가가 존재했으므로 한국인들은 이러한 현상을 잘 이해하지 못한다.

02

실패 국가가 된 신생 독립국, 짐바브웨

02
실패 국가가 된 신생 독립국, 짐바브웨

★ ☆ ★

신생 독립국의 사정이 제국주의 국가의 한 지방이었던 시절보다 못한 경우가 대부분이다. 실패 국가가 되는 일도 적지 않다. 경제적으로도 어렵지만 정치적으로도 기본권이 보장되지 않아 국민이 식민지 시절이 나았다며 그 시절을 그리워하는 일도 많다.
  【이런 나라에서 독립운동과 독립운동가에 대한 평가가 어떨지는 상상이 갈 것이다.】

아프리카에서는 프랑스의 식민지였던 국가의 국민들 가운데 프랑스로 밀입국하는 사람이 많아 프랑스는 골머리를 앓고 있다.
영국의 식민지에서 백인이 지배하는 로디지아로 독립했다가 흑인 정권이 탄생한 짐바브웨 국민은 식민지 시절과 백인 지배 시절을 참으로 그리워하고 있다.
신생 독립국 가운데 실패 국가로는 북한이 가장 눈에 띄지만 너무 잘 알려졌으므로 아프리카의 짐바브웨의 경우를 살펴본다.

▌영국의 식민지가 된 짐바브웨

짐바브웨는 아프리카 중남부의 바다가 없는 내륙 국가로 수도는 하라레(Harare)이다. 국토 면적은 약 391,000㎢으로 일본보다 조금 크다. 국경을 맞댄 국가는 4개국으로 동쪽으로 모잠비크, 남쪽으로 남아프리카 공화국, 남서쪽으로 보츠와나, 북서쪽으로는 잠비아에 인접해 있다.

이 지역의 원주민은 흔히 부시맨(Bushman)으로 알려진 수렵 채집을 하는 산(San) 족이었다. 기원 무렵인 2천 년 전 반투어를 쓰는 농업을 주업으로 하는 사람들이 짐바브웨로 이주해왔다. 이들은 철기문화를 가져왔다.

10세기에 쇼나 어(Shona language)를 쓰는 사람들이 남쪽에서 이주해 왔다. 쇼나 어의 한 방언이 칼랑가 어(Kalanga language)인데, 이 언어를 쓰는 사람들은 무역에 의해 생긴 부를 바탕으로 여러 국가를 세웠다. 11세기 말 세워진 첫 번째 왕국이 마풍우베(Mapungubwe) 왕국이다. 유럽에서 처음으로 아프리카 대륙과 통상한 포르투갈 사람들은 마풍우베 왕국에서 금, 상아, 구리를 수입하고 직물과 유리를 수출했다. 마풍우베 왕국은 13세기 초 쇠퇴·소멸하고 짐바브웨 왕국이 세워졌다. 이 왕국은 무역으로 얻은 부로 수도인 '그레이트 짐바브웨(Great Zimbabwe)'를 비롯하여 여러 석조 도시를 만들었다.

【짐바브웨란 말은 쇼나어 어휘로 '돌로 된 큰 집'이란 뜻이다. 'dzimba(큰 집, 여러 개의 집)' + 'mabwe(돌)'이다.】

15세기 초 무타파(Mutapa) 왕국에 세워졌다. 구전 전승에 따르면 짐바브웨 왕국의 왕자 무토타(Mutota)가 암염(巖鹽)을 찾으러 북부로 파견되어 암염을 찾았다. 짐바브웨 왕국이 기아로 허덕이자 현지에 나라를 세웠다고 한다. 무타파 왕국은 현재의 짐바브웨 대부분과 모잠비크 중부 일부를 영역으로 했다. 농경과 목축을 주 산업으로 하는 무타파 왕국은 황금이 많이 산출되었다. 이 왕국은 아랍, 포르투갈 상인과 금을 매개로 교역했다. 아프리카에 정착한 포르투갈 인들이 1568년부터 여러 차례 침략 전쟁을 벌여 17세기 초 무타파 왕국은 무너질 위기에 처했다.

포르투갈의 침략이 한창인 가운데 로즈위(Rozwi) 제국이라 불리게 되는 새로운 왕국이 형성되었다. 전사 계급이 주도하여 세운 이 국가는 포르투갈인을 짐바브웨 고원에서 축출하고 유럽의 총포를 수입하여 교역로를 지키고 주변을 정복해 나갔다.

1821년 무렵 줄루(Zulu)족의 장군 므질리카지(Mzilikazi)는 반란을 일으켜 자신을 따르는 종족 은데벨레(Ndebele)를 형성했다. 은데벨레족은 이주하여 트랜스바알(Transvaal)로 들어갔다. 1836년 네덜란드계인 보어인들이 트랜스바알로 침투하면서 이들에 쫓긴 은데벨레 족은 로즈위 제국을 침략하여 1838년에는 속국으로 만들었다. 므질리카지를 왕으로 하여 은데벨레족이 세운 나라는 마테벨레란드라 불렸는데, 현재 짐바브웨의 남서부에 자리 잡았다.

19세기 중반, 선교사이자 탐험가인 데이비드 리빙스턴(David Livingstone, 1813~1873)이 짐바브웨, 잠비아 등지를 조사해 서구는 아프리카 내륙에 대한 지식을 넓혔다.

1880년대 영국인 사업가 세실 로즈(Cecil Rhodes)는 자신의 영국 남아프리카 회사(BSAC : British South Africa Company)를 앞세워 진출하여, 이 지역의 채굴권을 획득했다. 그리고 이 지역의 여러 왕국을 영국의 보호령으로 만들면서 식민지화한다.

1895년 영국 남아프리카 회사는 잠비아와 짐바브웨 지역을, 세실 로즈의 이름을 따서 로디지아(Rhodesia)라고 명명했다. 짐바브웨 지역은 1898년 공식적으로 '南로디지아'로 불리게 되었고 잠비아 지역은 1911년 北로디지아로 명명되며 관리되었다. 1923년 남로디지아는 자치 식민지가 되었다. 법적으로 자치권이 보장되었으나 백인들이 정치와 경제를 독점했다. 많은 로디지아 주민들이 2차 세계대전에서 영국군으로 참전했다.

1953년 영국 정부는 로디지아를 니아살랜드(Nyasaland : 현재의 말라위)와 통합하여 로디지아-니아살랜드 연방을 결성했다. 로디지아-니아살랜드 연방은 남로디지아가 주도했다.

1960년 1월 남로디지아에서 조슈아 은코모(Joshua Nkomo)가 국민민주당(National Democratic Party)을 창당하여 당 총재가 되었다.

1960년 2월 영국 맥밀런(Harold Macmillan) 수상은 남아프리카 의회에서 영국은 흑인 다수 정권이 세워진 다음 아프리카 식민지의 독립을 인정하겠다는 뜻을 밝혔다.

1961년 영국 정부는 남로디지아의 미래를 결정하기 위해 솔즈베리 회담(Salisbury conference)을 개최했다. 은코모는 국민민주당 대표단을 이끌고 이 회담에 참석했다. 남로디지아의 백인 대표단도 참여했는데, 이들은 흑인들이 주도하는 정부 설립에 반대했다. 은코모는 협상 끝에 남로디지아 의회 의석 65석 가운데 15석을 흑인들에 부여하는 제안에 동의했다. 그러나 국민민주당의 많은 당원이 이에 분노했다.

  남로디지아의 백인 소수 정권은 1961년 12월 국민민주당을 불법화시켰다. 이에 은코모는 즉시 마르크스-레닌주의 정당인 짐바브웨 아프리카 인민연합(ZAPU : Zimbabwe African People's Union)을 세웠다. 은코모가 당 총재, 시트홀레(Ndabaningi Sithole)가 당 의장, 로버트 가브리엘 무가베(Robert Gabriel Mugabe)가 공보비서 겸 사무총장이었다.

독립운동 지도자로 성장한 무가베

  로버트 가브리엘 무가베는 1924년 2월 21일 예수회가 세운 남로디지아의 쿠타마(Kutama) 선교 마을에서 태어났다. 형제자매가 여섯인 무가베 가족은 쇼나 족 가운데 가장 작은 씨족인 제주루(Zezuru) 씨족에 속했다. 무가베는 자제력이 뛰어난 독실한 카톨릭 신자로 자라났다.

  1930년 무렵 무가베의 아버지는 제수이트 신부와의 갈등으로 쿠타마 선교 마을에서 축출되었는데, 아이들은 선교 마을의 미션 스쿨에 계속 다니며 주말에만 부모를 찾아 갔다. 무가베는 학업 성적이 뛰어난 학생이었는데 아이들과 놀지 않고 홀로 독서를 즐겼다.

1934년 부친 가브리엘 무가베는 일자리를 찾아 대도시 불라와요(Bulawayo)로 갔는데, 처자를 버리고 다른 여자와 살림을 차렸다. 이 무렵 무가베 가족을 내쫓은 프랑스인 루비에르(Jean-Baptiste Loubiere) 신부가 사망하고 아일랜드 출신의 제롬 오히(Jerome O'Hea) 신부가 쿠타마 선교 마을의 수장이 되었다. 오히 신부는 무가베 가족이 선교 마을로 돌아오도록 했다. 오히 신부는 인종의 평등을 설교했다. 오히 신부는 무가베에게 아일랜드 독립 전쟁도 가르쳤다(오히 신부는 1970년 별세하기 얼마 전 무가베가 놀라운 지력과 따듯한 마음을 가졌다고 말했다).

6년간의 초등교육을 마친 무가베에게 1941년 쿠타마 대학의 교사 양성 코스에 들어가라는 제의가 들어왔다. 어려운 집안 사정 상 조부와 오히 신부가 같이 등록금을 부담했다. 1945년 대학 졸업장을 받은 무가베는 쿠타마를 떠나 여러 학교에서 교사로 일했다. 1949년 장학금을 얻어 남아프리카의 포트 헤어 대학(University of Fort Hare)에서 수학했다. 대학을 다니면서 아프리카 국민회의(African National Congress)에 가입하고 집회에도 자주 참석했다. 여기서 만난 유대인 공산주의자들은 그를 마르크스주의에 입문시켰다. 그러나 훗날 무가베는 당시에는 마하트마 간디에 가장 큰 영향을 받았다고 술회했다.

1952년 무가베는 역사와 영문학 학사 학위를 받고 남로디지아로 돌아왔다. 1952~54년 간 3개 학교에서 교사로 학생들을 가르쳤는데, 통신 과정으로 남아프리카 대학의 교육학 학사 학위를 받았다. 이 시기에 마르크스의 『자본론』과 엥겔스의 『영국 노동계급의 상태』 등 여러 마르크스주의 저작물을 런던에 주문해서 읽었다. 1958년 무가베는 유럽 식민지였다가 최초로 독립한 가나로 가서 교사로 근무했다. 무가베 자신에 따르면 가나에서 마르크스주의자가 되었다고 한다. 가나에서 무가베는 가나 여자 샐리 헤이프론(Sally Hayfron)과 알게 되어 사귀었다. 헤이프론은 무가베의 정치 사상에 공감했다.

무가베가 외국에서 교사로 일하는 동안 남로디지아에서는 식민주의에 대항하는 민족운동이 일어났다. 초기 독립운동 지도자는 조슈아 은코모였다. 1960년 5월 귀국한 무가베는 국민 민주당 당원인 친구 타카위라가 7월 체포되자 항의 시위에 참가했다. 학위를 3개나 가지고 해외 경험으로 명성이 높은 무가베는 연단에 올라 연설하라는 권유를 받고 4만 군중 앞에서 첫 정치연설을 했다. 이후 정치에 전념하기로 결심하여 가나의 교사직을 그만두고 국민 민주당의 공보 비서가 되었다.

무가베는 광범위한 지지를 얻으며 아프리카의 전통 문화적 가치에 호소했다. 국민 민주당의 청년 조직 결성에 한 역할을 했고 집회에 옛날로부터 전승된 기도, 전통 의상, 여성의 곡 등을 도입해 대중의 열띤 반응을 유도했다.

【1961년 2월 무가베는 카톨릭 교회에서 샐리 헤이프론과 결혼했다.】

ZAPU(짐바브웨 아프리카 인민 연합)가 조직될 무렵 남로디지아에서 인종 갈등으로 폭력 사태가 자주 일어났다. 무가베는 백인 정권을 무너뜨리기 위해 폭력 전술도 필요하다고 보았으나 은코모는 영국 정부가 남로디지아 흑인의 요구를 인정하도록 하기 위해 외교에 집중해야 한다고 주장했다. 1962년 9월 ZAPU 역시 불법화되었다. 이때 무가베 등 ZAPU의 고위 간부들이 여럿 체포되었는데, 무가베는 곧 보석으로 석방되었다.

로디지아의 독립과 무장 독립 투쟁의 시작

1962년 12월 남로디지아에서 총선이 실시되었는데, 신생 우익 백인 정당인 로디지아 전선(Rhodesian Front)이 승리했다.

로디지아 전선은 영국으로부터 완전히 독립하여 소수 백인 지배를 유지하려 했다. 이때 무가베는 무장투쟁을 주장하기 시작했다. 은코모가 탄자니아에 망명정부를 세우자고 하자, 무가베를 비롯한 많은 당원이 반대했다. 결국 1963년 8월 은코모에 반발하여 짐바브웨 아프리카 인민 연합을 탈퇴한 시트홀레, 타카위라(Leopold Takawira) 등이 짐바브웨 아프리카 국민연합(ZANU : Zimbabwe African National Union)을 결성했다. 시트홀레가 당의 지도자인 의장이 되었고 무가베가 사무총장이 되었다.

1963년 12월 무가베는 남로디지아로 귀국하자마자 체포되었다. 이듬해 정부 전복 선동으로 21개월 형을 선고받았다.

아프리카인의 민족주의가 성장하고 니아살랜드 주민의 반감이 커지자, 영국 정부는 1963년 로디지아-니아살랜드 연방을 해체하여 이전처럼 3개의 식민지가 되었다.

 아프리카 대륙 전역에서 식민 통치가 끝나가는 가운데 북로디지아와 니아살랜드에서는 흑인 정권이 탄생했다. 이러한 가운데 남로디지아의 백인 소수 정권은 흑인 다수 정권의 탄생과 독립이 혼란만 가져온다고 믿어 영국 본국에 반발했다. 결국 1965년 11월 11일 백인 정권은 일방적으로 독립을 선언하고 국호를 로디지아라 했다. 영국 정부는 물론 어떤 나라도 로디지아를 승인하지 않았다. 당시 로디지아의 백인 인구는 22만 명으로 전체 인구의 5%에 불과했다.

 백인 소수 정권을 타도하려는 무장투쟁(게릴라전)은 1964년 7월부터 시작되었다. 이를 로디지아-부시 전쟁 또는 짐바브웨 해방전쟁이라 한다. 짐바브웨 아프리카 국민 해방군과 짐바브웨 인민 혁명군이 게릴라전을 수행했다.

 짐바브웨 아프리카 국민 해방군은 짐바브웨 아프리카 국민 연합의 군사 조직으로 1965년 창설되었다. 모잠비크에 근거지를 둔 짐바브웨 아프리카 국민 해방군은 주로 쇼나 어를 쓰는 부족으로 구성되었는데 중국의 지원을 받았다.

 짐바브웨 인민 혁명군은 짐바브웨 아프리카 인민 연합의 군사 조직으로 1964년 창설되었다. 잠비아에 근거지를 둔 짐바브웨 인민 혁명군은 주로 은데벨레 족으로 구성되었는데 소련의 지원을 받았다.

 로디지아의 백인 인구가 소수이므로 로디지아 백인 정권의 정규군인 로디지아 보안군(Rhodesian Security Forces)도 소수여서

1970년에도 병력이 3천 4백 명에 불과했다. 그러나 로디지아 보안군은 전투 능력이 뛰어났고 짐바브웨 국민 해방군과 짐바브웨 인민 해방군도 처음에는 외부 세력의 지원이 빈약하여 백인 정부가 우세했다. 무장투쟁이 전개되는 가운데 아이언 스미스(Ian Smith) 수상이 이끄는 백인 정권은 무가베 등 많은 흑인 지도자를 계속 가두어 놓았다. 긴 수감 기간 무가베는 런던 대학을 통신 과정으로 수학하여 경제학 석사, 행정학 학사, 그리고 법학에서 2개의 학위를 땄다.

1968년 10월 수감 중인 ZANU 지도자 시트홀레는 스미스 수상을 암살하라는 비밀 지령을 당원에게 보냈는데, 이것이 드러나 1969년 1월 재판을 받았다. 사형선고를 피하려 시트홀레는 폭력 투쟁을 포기하며 마르크스주의도 버렸다고 선언했다. 이에 짐바브웨 아프리카 국민 연합은 시트홀레를 불신임하고 무가베를 당 의장으로 선출했다.

짐바브웨의 독립

1969년 스미스 수상은 공화국 국체를 두고 국민투표를 했다. 그 결과 이듬해인 1970년 로디지아 공화국을 선포했다.

1972년부터 무장투쟁이 강화되었다. 남아프리카 공화국은 로디지아의 내전이 자국으로 번질까 우려하여 로디지아 정부에 반군에 유화책을 펴라고 압력을 가했다. 결국 로디지아 정부는 1974년 10월 무기한으로 구금하고 있던 무가베 등 여러 흑인 지도자들을 석방했다.

석방된 무가베는 1975년 짐바브웨 아프리카 국민 해방군의 근거지인 모잠비크로 잠입하는 데 성공했다. 마르크스주의자인 초대 모잠비크 대통령 사모라 마첼(Samora Machel)은 무가베의 지도력에 의심을 품어 그를 국민 해방군의 지도자로 인정하지 않다가 1년이 지나서야 인정했다. 1976년 중반 무가베는 국민 해방군 장교들의 충성을 받아냈다. 무가베는 충성심이 의심스러운 장교와 군사령관들을 숙청했다.

무장투쟁이 격화되는 가운데 로디지아 보안군도 늘어나 1978~79년 사이에는 1만 8백 명이 되었다. 구성도 백인은 소수이고 대부분 흑인 병사였다.

국민 해방군과 인민 혁명군은 중국, 소련의 지원을 받고 있었을 뿐만 아니라 본거지를 잠비아, 모잠비크 등 외국에 두고 있었다. 1979년 탄자니아, 이디오피아, 리비아에서 훈련받고 있는 국민 해방군 소속 병사는 1만 2천 명이나 되었다. 북한도 평양 인근에 훈련 캠프를 설치하여 흑인 병사들을 훈련시켰다.

인구의 95%에 이르는 흑인들의 지지를 받기 때문에 아무리 로디지아 보안군이 뛰어난 군대라도 이 두 무장 집단을 군사적으로 완전히 제압한다는 것은 불가능했다. 더구나 인종차별 정권이라 하여 국제사회가 경제 제재를 해 로디지아는 경제가 나빠졌다.

이런 가운데 스미스 수상은 평화적 투쟁을 하는 통합 아프리카 국민평의회의 지도자 아벨 무조레와(Abel Muzorewa) 주교와 협상하여 1978년 3월 평화협정을 체결했다(무조레와는 흑백 연립정권을 제안했다). 이 협정은 백인에게 의석의 3분의 1을 주고 로디지아 보안군과 사법부도 백인에게 맡기기로 했다.

1979년 4월 총선이 실시되어(짐바브웨 아프리카 국민연합과 짐바브웨 아프리카 인민연합은 이 총선을 보이콧했다) 통합 아프리카 국민평의회가 다수당이 되고 흑백 연립정권이 구성되었다. 아벨 무조레와가 6월 1일 수상으로 취임했고 나라 이름을 짐바브웨-로디지아라 했다. 이에 미국 카터 행정부는 로디지아에 대한 경제 제재를 해제했다.

그러나 짐바브웨 아프리카 국민연합과 짐바브웨 아프리카 인민연합은 흑백 연립정권을 백인들의 괴뢰정부라고 규정하고 무장투쟁을 계속하려 했다. 카터 미국 대통령과 영국 대처 수상이 압력을 가해 무조레와 수상은 런던에서 협상에 들어가 1979년 12월 협상이 타결되었다. 이를 랭카스터 하우스 협정(Lancaster House Agreement)이라 한다. 이에 따라 1980년 2월 다시 총선이 실시되었다.

모잠비크 대통령 사모라 마첼은 선거 후 백인들이 로디지아를 빠져나간다면 로디지아 경제가 크게 나빠질 거라며 무가베에게 백인을 냉대하지 말라고 경고했다. 흑인 정권 수립 이후 백인들이 모잠비크를 떠나 모잠비크 경제는 크게 나빠졌기 때문이었다.

이 충고를 받아들여 무가베는 선거 유세에서 마르크스주의적인 수사와 혁명적 수사를 쓰지 않았다. 총선에서 무가베가 이끄는 짐바브웨 아프리카 국민연합이 대승했다. 이는 짐바브웨의 종족 구성

덕이었다. 쇼나 어를 쓰는 주민이 짐바브웨 인구의 70%, 은데벨레 부족이 20%를 차지했다. 짐바브웨 아프리카 국민연합은 63%를 득표하여 흑인에게 할당된 의석 80석 가운데 57석을 차지했다(백인에게 할당된 의석은 20석이었다.) 총선에서 승리가 확정되자 무가베는 다음과 같은 연설을 했다.

> 과거의 비행은 이제 용서받고 잊어야 합니다.
> 우리가 과거를 돌아본다면, 과거가 우리에게 가르쳐준 교훈 즉 억압과 인종주의라는 불평등은 우리의 정치 사회 체제에서는 존재해서는 안 된다는 것을 알기 위해서 그래야 합니다.
> 백인들이 권력이 있었던 어제 우리를 억압했기 때문에, 흑인들이 권력을 가진 오늘 그들을 억압해야 한다면, 이는 결코 정당화 될 수 없는 일입니다. 백인이 흑인에게 악행을 한다든지 또는 흑인이 백인에게 악행을 한다면, 그 어느 경우이든 악은 악으로 남을 것입니다.

무가베는 TV 연설에서 국민의 단결을 주창하고 사유재산은 보호될 것이며 전직 백인 공무원의 연금은 지급될 것이라 공언했다.
이때 짐바브웨 토지의 39%는 약 6천 명의 백인 농장주들 소유였다. 이에 비해 흑인 농장주들이 소유한 농장은 4%였다. 그리고 41%의 토지가 4백만 농민의 공동 경작지였다. 이 공동 경작지의 농민은 인구 과잉으로 빈곤했다. 랭카스터 하우스 협정은 백인들의 토지 소유를 10년 간 보장했다.
4월 무가베는 수상으로 취임하고 짐바브웨 공화국이 선포되었다. 국정 운영 경험이 없는 무가베는 영국 정부에 2년간 '가이드 역할(guiding role)'을 해달라고 요청했으나 영국 정부는 거절했다.

무가베의 당인 국민연합은 전체 100석 가운데 57석을 차지했으므로 무가베는 단독 정권을 세울 수 있었으나 야당에도 장관직을 주어 거국적인 내각을 구성했다. 백인에게도 장관직 2개를 할당했다.

【그러나 무가베를 불신한 백인 1만 7천 명이 1980년 한 해 동안 남아프리카 공화국으로 이주했다. 이는 짐바브웨 백인 인구의 10%에 해당하는 수치였다.】

▍무가베의 독재

서양 각국은 짐바브웨가 안정되고 번영하면 남아프리카 공화국이 인종차별 정책을 완화할 것이라고 기대하며 짐바브웨에 많은 원조를 했다. 1980~90년 사이 짐바브웨는 연평균 2.7% 경제성장을 했다. 그러나 급속한 인구 증가로 실질소득은 오히려 감소했다. 실업률도 올라가 1990년에는 26%나 되었다. 반면에 교육과 보건에 정부 지출을 많이 하여 문맹률은 크게 떨어지고 유아가 예방접종을 받는 비율도 25%에서 92%로 올라갔다.

무가베는 사회주의 국가로 나아가려 했는데, 이에 따라 집권당의 엘리트 계층은 특권층이 되어갔다. 이들은 대형주택과 고급 외제자동차를 구입하고 자녀들은 고급 사립학교에 보냈다. 농장을 불하받고 기업체를 인수하여 수입이 많아졌기 때문이다. 무가베는 특히 자신의 심복인 솔로몬 무주루 일가에 특혜를 주어 짐바브웨의 최고 재벌이 되도록 했다.

집권당인 국민연합 역시 1980년에 엠 앤드 에스 신디케이트(M&S Syndicate)를, 1981년에는 지두 홀딩스(Zidoo Holdings)를 세워 비즈니스 왕국을 지으려 했다. 또한 나이지리아 원조 자금을 써서 매스 미디어 트러스트(Mass Media Trust)를 세웠는데 이를 통해 짐바브웨 일간지 대부분을 소유한 남아프리카 회사(South African company)를 매입했다. 신문의 백인 편집자들은 해고되고 정부가 임명한 자들이 그 자리를 채웠다. 이들 신문들은 정부 선전기관이 되었다.

한편 흑백 갈등은 그치지 않았고 백인들은 무가베를 불신하여 50%가 무가베 집권 3년 만에 짐바브웨를 떠났다. 무가베는 소수 종족인 은데벨레 족의 지지도 얻지 못해 은데벨레 족이 주거하는 짐바브웨 서남부는 무장 투쟁이 일어나 무정부상태가 되었다.

1987년 후반 무가베는 대통령 직선제로 개헌하였는데, 백인에게 의회 의석 20석을 할당한다는 법령을 철폐했다. 그가 지배하는 의회는 1987년 12월 무가베를 국정 집행 대통령으로 선언했다. 이 직위는 국가원수, 행정부의 수반, 군 최고사령관 직을 겸한 것이었다. 무가베는 의회를 해산하고 계엄령을 선포하고 무제한 연임을 할 수 있게 되었다.

1990년 대통령 선거에 앞서 무가베는 의회 의석을 100석에서 120석으로 늘리고, 30석을 자신이 임명할 수 있도록 했다. 이로써 무가베는 거의 언제나 의회 의석 과반수 확보가 가능해졌다. 무가베의 오랜 동료였던 에드가 테케레(Edgar Zivanai Tekere, 1937~2011)는 1989년 4월 짐바브웨 통일 운동당(ZUM : Zimbabwe Unity Movement)을 창당했는데, 이 당이 1990년 대선에서 가장 위협적인 야당이었다. 선거 유세에서 테케레는 무가베가 혁명을 배신하고 독재자가 되었다고 비난했다. 무가베는 부정선거로 80% 가까운 득표로 재선했고 집권당 국민연합은 120석 중 116석을 얻었다. 즉 의회 의석의 98%를 차지했다.

선거에 승리한 무가베는 백인 농장주의 토지를 정당한 보상 없이 몰수하여 토지 없는 흑인 농민에게 분배하는 법령을 제정했다. 그러나 실제로는 대부분의 토지가 고위층 가족에게 분배되었다.

무가베는 짐바브웨를 일당 독재 국가로 만들고 싶었으나 이웃 모잠비크와 동유럽 공산국가들이 다당제로 이양하는 것을 보고 그 계획을 연기한다는 성명을 발표했다.

1991년 소련 공산주의가 무너지자 집권당인 국민연합은 당헌에서 '마르크스-레닌주의'와 '과학적 사회주의'를 삭제했다. 그러나 무가베는 "사회주의는 여전히 우리의 공인 이념이다"라고 주장했다. 그럼에도 불구하고 무가베는 자유시장경제를 도입한다고 공약하고 IMF의 구조조정 프로그램을 대부분 받아들였다. 이 가운데는 임금 삭감도 있었으므로 짐바브웨 노동자의 불만을 샀다.

1990년 무가베의 독재가 시작되면서 짐바브웨 경제는 침체하였는데, 실업률은 3배로 늘어나 1998년에는 50%에 이르렀다. 무가베는 경제 악화가 서구와 백인들 탓이라고 비난했다. 1995년 총선에서 국민 대부분이 허울뿐인 자유선거에서 기권하여 투표율이 31.7%에 불과했다. 국민이 무가베에 등을 돌린 것이 명확하게 드러났다. 그럼에도 집권당은 150석 중 98%인 147석을 얻었다.

가난에 시달리는 절대다수의 짐바브웨 국민은 흑인 특권층의 부패에 분노했다. 짐바브웨 흑인들은 은퇴한 백인 수상 아이언 스미스가 통치하던 시절을 그리워하기 시작했다. 비록 흑인의 참정권은 제한되었어도 헌법에 보장된 기본권은 존중하는 편이었고 먹고 살 만했기 때문이다. 그에 비해 흑인 정권하에서는 비밀경찰의 불법 체포와 고문이 일상이 되었다. 검소한 스미스 수상에 비해 세계 최빈국으로 전락한 짐바브웨의 대통령 무가베는 행차할 때마다 최고급 벤츠 200대를 몰고 다녀 흑인들의 빈축을 샀다.

▌ 실패 국가가 된 짐바브웨

2000년 6월 실시된 총선에서 급조된 야당인 민주 변화 운동당(MDC : Movement for Democratic Change)이 47% 득표에 의석 57석을 얻었다. 선거에서 엄청난 부정을 저질렀음에도 불구하고 여당인 국민연합은 48% 득표에 62석을 얻어 과반수는 차지했으나 이전까지 누리던 의석 3분의 2에는 못 미쳤다.

그런데 총선 이전인 2000년 2월부터 무장한 흑인들의 백인 농장을 습격하여 강점하는 일이 시작되었다. 무가베는 자발적인 일이라고 주장했으나 정부 기관이 돕고 있었다. 5월 무가베는 백인 농장을 무상으로 몰수하는 법령을 제정했다.

농장 경영 능력이 모자라는 흑인들이 농장을 운영하면서 식량 생산이 크게 줄어들었다. 2000년 옥수수 생산량은 2백만 톤이었으나 2008년에는 45만 톤으로 줄어들었다. 식량 부족으로 국제원조에 기댈 수밖에 없었는데, 2009년에는 짐바브웨 인구의 75%가 식량원조에 의지해 먹고 살게 되었다.

2000년 74억 달러였던 GDP는 2005년 34억 달러로 감소했다. 2007년 짐바브웨의 인플레이션은 7,600%로 단연 세계 1위였다. 2008년에는 100,000%가 되었다. 2005년의 실업률은 80%나 되었는데, 2009년까지 3백만이 넘는 숙련 노동자들이 짐바브웨를 떠났다(2012년의 인구조사에 따르면 짐바브웨 인구는 약 1천 3백만 명이었다).

경제가 엉망이 되니 보건 체제가 무너져 에이즈 환자가 급속도로 늘어났다. 2008년 15~49세 연령에서 에이즈 감염률은 15.3%나 되었다.

2008년 3월 대선이 실시되었는데 84세의 무가베는 43.2%를 얻어 2위였고 민주 변화 운동당의 대통령 후보 모건 츠반기라이(Morgan Tsvangirai)는 47.9%를 얻어 1위였다. 이 결과를 두고 여당인 국민연합인 야당인 민주 변화 운동당이 선거 부정을 저질렀다고 주장했다.

과반수 득표자가 없어 6월 결선투표가 실시되었다. 결선투표 선거 운동에서 무가베는 각양각색의 폭력을 저질렀다. 야당을 지지한 남성들은 납치 감금 폭행을 당하고 여성들은 집단 성폭행을 당했다. 최소한 153명의 민주 변화 운동당 지지자들이 살해되었다. 유엔 사무총장 반기문은 이러한 폭력 사태에 깊은 우려를 표명했고 유엔 안보리는 짐바브웨에서 공정한 자유선거는 불가능한 상태라고 선언했다. 40명의 아프리카 각국 지도자들은 무가베에게 폭력을 중지하라는 공개서한을 보냈다.

생명에 위협을 느낀 야당 대통령 후보 츠반기라이가 사퇴하여 무가베가 결선투표에서 손쉽게 당선되었다. 발표된 무가베의 득표율은 85.5%나 되었다. 국제사회의 개입으로 권력분점 협상이 벌어져 9월 무가베는 대통령, 츠반기라이는 수상이 되기로, 장관직은 반씩 나누기로 합의했다.

2013년 대선에 다시 출마한 89세의 무가베는 엄청난 부정선거로 61% 득표하여 결선투표 없이 당선되었다.

국가가 완전히 막장으로 가자 2017년 11월 15일 짐바브웨 군부는 무가베를 가택 연금했고 11월 19일 집권당인 국민연합은 무가베의 당 총재직을 박탈했다. 11월 21일 국민연합과 민주 변화 운동당은 무가베를 탄핵 소추했다. 이에 무가베는 사퇴 협상을 벌였다. 그와 친족들은 민사 형사상 책임을 지지 않으며 무가베의 엄청난 부정 축재 재산도 인정받고 또한 1천만 달러를 받는다는 조건으로 무가베는 자진 사퇴에 동의했다.

보론
한국 무장 독립 운동의 실상

짐바브웨의 무장 독립 운동에서 무고한 민간인 피해도 상당했지만 무장 독립 투쟁 세력이 의도적으로 저지른 일은 아니었다. 이는 외부 세계의 대대적 정치적 경제적 지원이 있었기에 가능했다. 무장 집단은 엄청난 소비 집단이므로 경제적 기반이 없으면 무장 강도단이 되기 쉽다.

한국인들은 막연히 무장 투쟁만이 '진정한 독립운동'으로 생각하는 경향이 있다. 그러나 만주를 무대로 한 일제를 상대로 했다는 무장 독립 투쟁은 재정 기반이 없어 너무나 심각한 문제를 드러냈다. 일본 군경을 상대로 한 투쟁이 아니라 한인 마을을 약탈하는 '보급 투쟁'이 활동의 대부분 또는 전부였다.

【김좌진 부대의 보급 투쟁에 질린 만주 거주 조선인들은 김좌진 암살 소식에 만세를 불렀다.】

당대 한국인들은 다수가 이를 잘 알고 있었으나 지난 70년간의 엉터리 독립운동사 교육으로 현재의 한국인은 거의 모르고 있다. 이를 알려주는 기록 하나를 소개한다.

…… 아버지는 뒤늦게 눈치 채서 알게 된 형경 오빠의 자살로 크나큰 충격을 받고 암에 걸려 돌아가셨다. 폐병도 중풍도 모두 이긴 사람이 말이다.

"남자 대장부가 이까짓 박테리아 가지고" 하며 그는 병과의 투쟁을 끈질기게 했는데 형경 오빠의 죽음이 사고사도, 병사도 아니고 자살이라는 사실을 알고 그는 삶의 투쟁의 고삐를 놓쳐버린 것이다. 이제 아버지는 대전에서 죽은 형경 오빠의 망령을 쫓아버리고 암의 말기 증세를 띠어 미라 같은 몸을 하고 제천읍으로 떠났다. 만주에서 해주로 그리고 세 번째 사업처로 삼았던 제천에 그의 몸을 묻고 싶어 했다.

--------------- (중략) ---------------

아버지의 초상은 그래도 환갑을 지난 죽음이라 초상집다웠다. 그들 남자들은 떠났다. 오빠들도 아버지도 쉽게 인연을 끊고 떠났다. 그들은 하나 같이 세상 살아가는 데에 실망을 안고 떠났다. 아들 농사에 실망했고 정의롭게 도와줬던 친척과 친구들에게 또한 실망했고. 그는 일찍 사람에 대한, 어느 이상주의 단체에서도 실망을 한 적이 있다. 나는 아버지가 증오하던 신문 기사를 기억해 내는데, 독립운동가의 사진이 동그랗게 신문에 났을 때 그는 부들부들 떨었다. 아버지는 그 독립운동가 사진에 대고 탁하고 침을 뱉고는 그 사진을 손가락으로 동그랗게 후벼팠다. 그 행동은 미루나무같이 훤칠하고 도량 넓은 아버지의 행동이 아니었다. 그 기사 내용은 독립운동가 아무개가 가난과 병고에 시달린다는 내용이었다. 아버지는 늘 잔인하게 그런 기사를 대했다.

"요즘 세상 총질 못해서 굶는가!"

아버지는 만주 시절, 그의 정의와 혈기로 독립군에 가담한 적이 있었다. 그것은 젊은 청년으로 당연한 행동이었다. 나라가 없는 민족이 제일 먼저 할 일이 다시 내 땅을 찾는 것으로 그것은 개인적으로 할아버지에 대한 일본인들의 탄압도 중국으로 가게 된 큰 원인이 되었다. 아버지는 그의 과거사를 처녀가 된 나에게 말할 때 눈이 빛나곤 했다. 그 내용은 그때 나에게 깊은 생각을 하게 하였다. 그의 독립군 군사 훈련은 수수밭이나 갈대밭에서 했다. 만주의 갈대나 수수는 키가 커서 그들의 행동을 감출 수 있었다. 그의 말을 빌면 독립군도 여러 파가 있어서 머리가 아플 정도라고 했다. 아버지는 존경했던 ㅈ 선생의 뛰어난 능력을 믿고 그의 청춘을 대한의 독립에 바치려고 했다.

"영희야 글쎄 죽일 놈들이 독립군이랍시고 가을만 되면 재만주 교포 마을에 나타나 짐승보다 못한 짓들을 했어."

아버지는 그 장면들을 설명할 때 몸을 벌벌 떨며 흥분했다. 독립을 표방한 도적떼들이 가난한 교포 마을에 나타나 겨우 가을걷이를 끝내고 양식을 재어 놓으면 싸락눈 오기 전에 그들은 엽총을 메고 나타났다. 재만 교포들은 마을 마당에 모이게 해놓고 헛총질을 해대며 독립자금 내놓으라고 위협했다. 부녀자 반지부터 수수, 좁쌀까지 겨울에 먹을 미음 슬 것도 안 남기고 싹 쓸어 가면, 그 다음은 다른 도적떼가 독립군을 빙자해서 나타나고 ….

그들의 횡포는 식구 앞에서 부녀자를 겁탈하든지 장정을 인질로 잡아 귀를 잘라 보내고 돈으로 바꾸자 협상하는 것이었다고 했다. 아버지는 말했다. 독립군이라 칭한 그들은 하나같이 머리에 떡칠을 하듯 머릿기름을 바르고 달빛 아래 나타나면 머리통이 철판같이 번들번들 빛났다고 했다.

아버지는 독립운동의 꿈은 점점 자신없게 되어 버렸다.

"영희야, 어느 놈이 진짜인지 모르는 판에 도적놈 소리나 면하자고 통분을 하며 독립군에서 나와 버렸어."

아버지의 말은 쓸쓸했다.

아버지는 잘 알려진 몇몇 독립운동가도 존경을 하지 않았다. 아버지는 유명한 독립운동가의 그림자를 상세히 알고 있어 오히려 실망한 것이다.

"유관순 한 분만 독립운동 제대로 했지 바지 입은 놈들은 제대로 독립운동한 것 없어. 그저 제 욕심이 많아. 나라 없는 주제에 권력다툼이나 했지. 그래도 독립이 되니 제일 먼저 설치는 놈들이 그 도적떼라니, 꾹 참고 독립을 기원한 사람들 딛고 올라가서 한 자리씩 맡아보려고…."

그리고 그는 또 말했다.

"진짜 독립운동 한 사람들 못 살아남고 죽었어. 해방 후 꾀 많은 독립군들은 기회를 얻어 한자리하고 총질이나 해대던 무식한 놈들은 세상 변한 후 총질못해 가난하게 살고…"

아버지는 여자에 대한 능력을 평가하는 데 남다른 분이었다. 자신의 어머니, 즉 나의 할머니도 도량이 크고 정직하며, 그 자신의 아내인 나의 어머니도 남자 열 몫을 하는 도량을 가진 사람이기 때문일까.

그때 박순천 씨가 연설을 하면 "거 참 남자보다 낫다"하고 박수를 치고 "우리 영희가 정치를 하면 나라가 제대로 될 것인데"라고 농담 겸 진담을 하면 오라비들은 뒤에서 박장대소를 했다. 그것은 내가 배우가 되고 싶어 한다는 말보다 더욱 그들을 웃겼다.

아버지의 환상은 오랜 병고에도 있었지만, 남자들의 검은 점은 남자인 그가 잘 알기 때문일 거라 나는 생각했다. 아버지는 사회가 여성을 작게 만들어서 그렇지, 여성의 모성과 뛰어난 감각은 정치에도 적용이 되어야 한다고 주장하는 사람이었다.

아버지는 "여자들이 총질해대는 것 봤냐?"라는 말을 하기도 하고 자주 송미령이나 퀴리 부인을 들먹였다.

(『아이를 잘 만드는 여자』, 예담 출판사, p 228~231)

저자인 닥종이 조형 미술가 김영희 선생은 1944년 황해도 해주에서 태어나서 홍익대 미대를 나왔고 독일에서 활동하고 있다.『아이를 잘 만드는 여자』는 1992년 출간되었고 2008년 재출간되었다. 이 책에는 가족사도 많이 나오는데 20세기 한국 근현대사를 이해하는 데 많은 도움이 된다.

무장 독립 투쟁의 빛나는 전과로 알려진 봉오동 전투와 청산리 전투도 그 실상을 알게 되면 망연자실하게 된다. 따로 길게 설명하지 않고 제대로 무장독립투쟁을 한 분의 주장을 소개한다.

우리 독립운동사는 신화에 가까울 정도로 과장이 있었다는 것은 분명해요. 때로는 민족의 자부심을 고취하기 위해 신화가 필요한 것도 사실이겠지요. 그러나 과장과 인위적인 조작을 통해 과거사를 미화시키는 작업에서 벗어날 때가 된 것 같아요.

--------------- (중략) ---------------

과장하는 만큼 설득력이 떨어지는 것이잖아요? 이제는 역사와 전설을 구분해도 좋을 만큼 이 사회가 성숙하지 않았습니까? 독립군의 대일 무장항쟁만 해도 그래요. 1998년 10월 23일자『조선일보』에 실린 글을 대표적인 예로 들 수 있어요. 1920년 6월 봉오동 전투에서 일본군 157명을 사살하고 300여명을 부상시켰으며, 같은 해 10월 청산리 전투에서는 일본군 1개 여단을 사살한 것으로 전하고 있어요.
내 경험으로 볼 때 봉오동 전투니 청산리 전투에서의 전과는 적어도 300배 이상 과장된 것이에요. 우리의 항일무장투쟁은 악조건

속에서 살아남은 정신의 투쟁이지, '대첩'이나 '혁혁한 전과'는 불가능한 전력이었어요. 일본군과 맞닥뜨렸을 때 열에 아홉 번은 졌어요. 어쩌다가 한 번 '이긴' 경우도 일본군 서너 명 정도 사살하면 대전과로 여겼어요. 한마디로 말하자면 웋진 아비마냥 자꾸 지면서도 일본이 무조건 항복하는 날까지 계속 달려든 것입니다. 그 불굴의 정신만은 대단한 것이라고 생각합니다."

(『김학철 평전』, 실천문학사, 2007)

김학철(金學鐵)의 본명은 홍성걸(洪性傑)이다.

1916년 함경남도 원산에서 태어나 보성고보에 재학하던 중 원산총파업 등의 사건을 겪으며 민족의식에 눈을 뜬다. 이후 독립운동을 위해 중국 상해로 건너가 의열단 반일 테러 활동에 가담하였으며, 중국 중앙육군군관학교(황포군관학교)를 졸업하고 1938년 조선의용대 창립 대원이 되었다. 1940년 8월 중국 공산당에 입당했다.

1941년 태항산 호가장 전투에 조선의용대 대원으로 참여, 일본군과 교전 중 대퇴골에 부상을 입고 포로가 되어 일본 나가사키 교도소에 수감되었다.

1945년 8·15 광복으로 출옥하여 귀국해 서울에 정착했다. 조선독립동맹에 참여하였고, 『주보건설』에 단편 「지네」를 발표하면서 창작 활동을 시작했다. 1946년 월북해 『로동신문』 기자로 일하다가 1950년 중국으로 망명하였으나, 문화혁명 기간인 1967년 『20세기의 신화』 필화사건으로 10년간 옥살이를 했다. 『20세기의 신화』는 솔제니친의 『수용소군도』, 『이반 데니소비치의 하루』 등 소련 해빙문학과 맥을 같이하는 정치소설로 중국 국내의 정풍, 반우

파투쟁, 대약진 등 일련의 정치 운동과 당시 처참한 사회 현실을 생생히 보여준다.

김학철은 평생 마르크스주의라는 신념을 버리지 않았으나, 부당한 권력을 행사하는 모든 독재자들에 항거했다. 일본 제국주의뿐만 아니라 해방 이후 김일성, 중국의 모택동에 이르기까지 무장투쟁으로, 다리를 잃은 후에는 문학으로 개인숭배와 1인 독재를 비판했다.

김백일(金白一, 1917년 1월 30일~1951년 3월 28일) 장군은 제1군단장으로 1950년 12월 흥남 철수 작전에서 아몬드 사령관을 설득하여 예정에 없던 피난민을 철수시킨 것으로 유명하다.

한국민족문화대백과는 김백일 장군을 한마디로 정의했다.

정의 : 해방 이후 여순 항쟁, 옹진반도 전투에 참전한 군인, 친일반민족행위자.

간도 특설대는 만주 항일 무장 독립군 토벌을 목적으로 창설되었다고 한다. 김백일 장군은 간도 특설대 활동으로 친일반민족행위자로 규정되었다.

그러나 간도 특설대는 마적단으로부터 만주 거주 교포를 보호하려 생긴 조직이라는 주장이 있다.

김백일 장군과 중학교 같은 시절 공부했던 김광옥 해군 제독(예비역 해군 중장)은 이렇게 증언한다.

"김백일 장군은 46만 조선족을 보호하기 위해 독립군이 아닌 마적과 맞서 싸웠다"

"김백일 장군은 절대로 독립군과 싸우지 않았고 오히려 46만 조선족을 보호하기 위해 마적 등이 침략해 오면 즉각적으로 맞서 싸웠다."

"당시 만주 지역에는 일본, 조선, 중국, 몽고, 만주족 등 5개 소수 민족들이 있었는데 이들이 합쳐져 만주국이 만들어졌다.

이들 소수 민족들은 자신들의 거주 지구 보호를 위해 자치 부대를 만들었는데 간도 특설대는 1938년 말, 간도 조선인 치안유지 및 불순세력 퇴치를 위해 만들어졌다. 몽고인들도 몽고인 자체 부대를 만들었다.

만주국에서의 간도 특설부대는 이름만 부대였지 초기에는 총검술과 사격훈련을 위주로 하다 1943년부터 남만주에 팔로군이 출현하자 이들을 퇴치하는 활동을 했다. 나도 중학교 2.3.4학년 때는 학교주관으로 한 번씩 학생들과 함께 간도 특설부대에 가서 제식훈련 및 총검술 훈련을 받은 적이 있다.

그때 간도 특설대에는 일본인 고급장교 1명과 대위 1명이 부대를 통제하고 있었고, 부대원 대부분이 조선인이었으며 똑똑한 사람들이 지원을 많이 했다.

그 지역에 있는 소수민족들이 간도 특설대를 싫어하고 질투를 많이 했는데 그중에서도 중국 사람들은 더 심했다. 그 이유는 당시 소수민족끼리 만든 군대가 서로 총검술과 사격 시합을 했는데, 항상 간도 특설대원들이 1등을 했다. 특히 북조선 지역에는 조선인 지식층들이 활동을 많이 하고 있었다.

1932년 이후에는 만주국의 치안유지가 잘 되었기 때문에 그곳에는 독립투사들이 남아있지 않았는데, 김일성 부대(중국공산당 동북항일연군)는 활동하고 있었다.

김백일 장군이 일본으로부터 훈장을 받았다는 얘기를 하는데, 당시 만주국에서는 일만 잘하면 많은 사람에게 훈장과 표창을 줬다. 우리 군대도 일을 잘하면 표창을 주듯이 그것이 일을 잘하도록 하기 위한 동기유발 방법이었다.

김백일 장군은 소대장과 중대장 시절 부하들을 무척 아꼈다. 추운 겨울날 부하들이 장갑이 없어 고생하면 개인 사비를 털어 부하들 장갑을 사주어서 부하들한테는 욕심이 없는 장교로도 소문나 있었고 당시 부하들은 김백일 장군 같은 분이 우리나라에 3명만 있다면 문제가 없을 것이라는 평을 듣고 있었다.

김 장군의 경우는 할아버지(김영학)도 민족을 위해 헌신한 유명하신 분이다. 그러한 가문에서 태어나 자라고 6·25전쟁에서도 훌륭한 업적을 이룬 장군을 친일파로 매도하는 행위는 매우 잘못된 것이며, 나라를 위해 헌신한 사람을 모독하는 행위다."

맹목적인 민족주의 관점에서 벗어나 독립운동사를 다시 돌아볼 필요가 있다.

03

실패 국가 조선의 실상
– 반인륜 범죄 국가

03
실패 국가 조선의 실상
– 반인륜 범죄 국가

★ ☆ ★

　이성계, 이방원, 정도전을 대표로 하는 이성계 집단 내지 파벌의 가치관, 인간관, 세계관이 어떠했는지는 그들이 새로운 왕조를 세우는 과정에서 한 짓에서 선명히 드러난다. 사람의 말이 아니라 그 행동을 보아야 그가 어떤 위인(爲人)인지 알 수 있다는 것은 시공을 초월해 참인 명제이다.

　한국사 연구자들은 기이하게도 각 정파나 개인의 행적보다는 겉으로 내건 정치적 구호나 겉 치례 사상에 침잠하기를 잘하고 그것으로 본질을 규정한다. 그리하여 조선사회를 유교 만능 사회로 규정한다. 그러나 이조 지배층의 행태는 국망(國亡)에 이를 때까지 임금과 신하 모두 철저히 법가적이었다. 특히 왕조 개창 후 초기 왕실의 처지는 호랑이 등에 탄 형세였으므로 이성계, 이방원, 이도(李祹) 등 초기 국왕의 심리적 상태는 매우 불안했다. 상식을 가진 일반인이 상식으로 이들의 심사를 이해하기는 거의 불가능하다. 이방원이 1418년 음력 8월 8일 세자인 충녕대군 이도에게 양위하기로 결정을 내리고 반대하는 신하들에게 "18년 동안 호랑이를 탔으니, 또한 이미 족하다."라고 말한 것은 노심초사하는 심정을 토설한 것이었다.

이조 건국 과정에서 인간이 저지를 수 있는 모든 흉악한 범죄를 저지른 이성계 가문은 최고의 부귀영화를 누릴 수 있게 되었지만 당연히 어떻게 하면 권력을 유지해 부귀영화를 계속 누릴 수 있을까 노심초사하지 않을 수 없었다.

이 왕조의 진짜 국시(國是; 국가 이념이나 국가정책의 기본 방침)는 하여가(何如歌) 바로 그것이었다.

　　이런들 엇더ᄒ며 져런들 엇더ᄒ료
　　만수산(萬壽山) 드렁츩이 얼거진들 엇더ᄒ리
　　우리도 이ᄀᆞ치 얼거져 백년(百年)ᄭᅵ지 누리리라.

왕조는 외부의 침략 또는 내부의 반란으로 멸망하는데, 이씨 왕조는 두 가지 경우에 대비해야 했고 특히 내부 반란을 더 두려워했다. 반란을 일으킨 자가 이성계가 왕씨를 멸족시킨 것처럼 이씨를 멸족시켜도 할 말이 없게 되었으니 말이다.

관료의 부정부패 보장

이조는 관료의 특권을 적극 보장했다. 그래야 벼슬을 얻으려 목숨을 걸고 왕조(=권력)에 충성을 다하기 때문이다.

지배층인 양반이란 말 자체가 동반(東班 : 문반)과 서반(西班 : 무관)을 일컫는 말이니 관원 신분을 유지해야 지배층에서 탈락하지 않았다. 지방 수령(목사·부사·군수·현령·현감)은 행정, 사법, 군사 등 여러 분야에 권한이 있어 부정부패의 유혹이 컸다. 이조의 관직명 가운데 대한민국의 공무원 직명과 같은 것인 군수(郡守)가 있다. 이름이 같아 현재 군수가 조선의 군수와 권한이 같은 줄 오해하는 경우가 많다. 대한민국의 군수는 군의 행정만 처리하나 조선의 군수는 조세 징수, 재판, 치안 유지, 수사, 징병 등 모든 분야를 관장했다. 이러니 요즘으로 치면 판사, 세무서장, 경찰서장, 검사, 지방 병무청장 등을 겸직한 것이다. 이조에서 부패한 군수나 현령이 얼마나 부정한 이익을 얻을 수 있는지 짐작할 수 있다. 고위 관료는 더욱 더 부정축재의 기회가 많았다. 청백리로 알려진 황희는 직권 남용과 뇌물 수수로 여러 차례 물의를 일으켰다. 그러나 국왕 이도(李祹)는 대간의 탄핵을 무시하고 황희를 비호했다. 국왕 이도 스스로 1422년 향리와 백성이 지방관의 부정행위를 고소하면 처벌하도록 했다. 이것이 이른바 부민고소금지법(府民告訴禁止法)으로 『경국대전』의 「형전(刑典)」편에 명확히 규정되었다.

이에 따라 향리와 백성은 아무리 지방 수령이 비행을 자행해도 고소할 수 없었다. 심지어 살인도 고소할 수 없었다. 불법적인 살인은 고소할 수 있었으나 불법으로 판정될 가능성은 거의 없었다. 수령의 임무를 수행하다 죽였다고 하면 불법이 아니었다. 그러니까 (지방 수령이 임의로 규정한) 여러 가지 범죄의 혐의자를 고문하다 죽여도 그만이었다. 고소자에 대한 처벌도 엄격하여 수령을 고소한

이는 장(杖) 100에 도(徒) 3년의 벌을 받았다. 장 100대이면 불구가 되거나 목숨을 잃을 가능성이 컸다.

이도는 일부 관료의 반발에 관찰사가 지방관의 비리를 충분히 막을 수 있다고 변명했으나 지방의 수령들은 서울의 권세가에게도, 자신들의 근무를 고과(考課)하는 관찰사들에게도 많은 뇌물을 뿌렸다. 그리고 관찰사들은 승진 등을 위해 서울의 권세가에게 뇌물을 상납했다. 지방 수령의 비리를 고발할 수 없게 된 향리와 아전은 탐학한 수령에 영합해 자신의 잇속을 챙겼다. 백성들만 죽어났다.

부민고소금지법은 지방관이 알아서 부정축재하라는 허가를 내준 것이다. 이러니 지방 수령의 뇌물수수 등 부정축재가 엄청날 수밖에 없었다. 다음의 두 글은 지방관의 부패가 어느 정도인지, 그리고 그 원인이 무엇인지 잘 보여준다.

세종 8년(1426) 3월 우군(右軍)의 경력(經歷; 종4품 관직) 신정리(申丁理)가 임금에게 글을 올렸다. 다음은 그 내용의 일부이다.

…… 신이 듣자오니, 하늘이 이 백성을 내시매 반드시 통치자를 두어서 다스리는 것은 대저 백성을 위한 것입니다. 그러나 지역은 멀고 백성이 많으므로, 그 실정은 스스로 다스리지 못하며, 어진 사람을 등용하여 군현(郡縣)을 위임하지 않을 수 없는 것이니, 이것은 곧 임금의 영향을 받아서 교화를 선포하기 위함이었습니다.
근자에 수령들이 용렬하여, 훌륭한 시책으로 백성을 보호하며 임금의 덕을 베풀지 못하고, 도리어 백성에게서 마구 거두어들여서 자기의 집안만을 유리하게 할 것을 생각하므로, 선물과 뇌물이 마

구 들어가니, 백성이 불안하여 서로 원망을 품고 있습니다.
전하께옵서 조정의 신하를 나누어 보내어 지방을 순행하였으나, 정치를 잘못한 것을 조사해 낸 것은 한두 명에 불과하였습니다. 전하께서는 최세온(崔世溫) 등 서너 사람 밖에 다시 다른 사람은 더 없으리라고 생각하십니다.

신의 천한 몸이 다행히 태평한 시대를 맞아, 만일 정치에 해가 되는 것이 있으면 스스로 침묵을 지키지 못하므로, 감히 두어 가지 조항을 다음과 같이 나열하오니, 바라옵건대 전하께서는 재량하여 판단하소서.

--------------- (중략) ---------------

수령된 자가 징수하는 세금 때문이든가 손님 접대 때문에, 백성에게서 거두는 것이 빈번하고 과중하며, 그중에 가난하여 스스로 바치지 못하는 자에게는 곧 포학한 방법으로 추가 징수하여 곤궁하게 만들고 있으면서, 찰방(察訪 : 역참을 관리하던 종6품의 지방관)을 보내어 순행 조사할 때는 곧 대체로 모두 숨겨버리어 요행으로 죄를 면하려 하기 때문에, 이것을 찾아보아도 형적이 없습니다. 바라옵건대 수령으로 하여금 백성에게 징수할 적마다 먼저 도장 있는 문서를 발행하여 해당 가호에 주고 나서 징수하며, 도장을 찍은 문서를 주기 전에 징수한 경우, 공안(貢案 : 공물장부)와 서로 헤아려 남는 것이 있는 경우에 뇌물을 받은 죄로 논하면, 한편으로는 조사하기에 편리하며, 한편으로는 쉽사리 죄를 범하지 못할 것입니다.

세종 15년(1433) 7월 사헌부는 지방 수령의 심각한 뇌물수수 실태를 지적하는 상소를 올렸다.

…… 엎드려 바라옵건대, 전하께옵서 위로는 하늘의 꾸지람하는 뜻을 받들고 아래로 백성의 먹기 곤란한 걱정을 생각하시와, 급하지 아니한 일은 줄이시고 필요 없는 비용을 억제하시어, 검약함으로써 씀씀이를 풍족하게 하옵고 인애함으로써 백성을 넉넉하게 하시면 곧 천도가 순해질 것이요, 정치가 바로잡힐 것이옵니다.

신 등이 감히 좁은 소견으로 아래와 같이 조목조목 열거하여 하늘 같은 위엄을 우러러 모독하면서 죽음을 무릅쓰고 아뢰오니 진실로 황송하고 공구하오나 엎드려 거룩하신 재량을 바라옵니다.

--------------- (중략) ---------------

수령을 고소하는 금법이 지엄하기 때문에 백성이 비록 원통하고 억울하여도 호소할 수 없으므로, 수령이 더욱 두려워하고 꺼릴 것이 없어서 뇌물과 독직이 간간 발생합니다. 신 등이 가만히 듣자오니, 궁한 여염의 백성들이 지난 옛날의 찰방사(察訪使)의 순행하는 일을 생각하여 다시 오기를 간절히 바라는 자가 적잖이 있다 하오니, 이것도 생각지 않을 수 없습니다.

바라옵건대, 전례에 의거하여 혹은 찰방으로 하든가 혹은 행대(行臺 : 지방에 파견되어 불법을 규찰하는 사헌부의 관리)로 하든가 간에, 무시로 교대 파견하여 부정하고 뇌물 먹는 자를 조사하여 문책하면 수령이 두려워하여 감히 방자하지 못할 것이고, 아래 백성이 원통한 것을 풀고서 즐겁게 살 수 있을 것입니다.

국왕 이도 스스로 고관대작의 부정을 비호했다. 대표적인 예가 조말생(趙末生, 1370~1447)의 비리 옹호이다.

본관이 양주인 조말생은 태종 1년(1401) 4월에 치러진 증광문과(增廣文科)에서 장원급제를 했다. 장원에게 주어지는 종6품직 요물고 부사(料物庫副使)에 임명되었다. 요물고는 왕실의 미곡을 관장하는 관청이다. 이후 감찰, 정언, 헌납, 이조정랑 등의 요직을 맡았다.

조말생은 종3품인 사헌부 집의(執義) 직에 있을 때인 1410년(태종 10) 조강지처를 버리고 부호인 대지주의 딸과 혼인했다. 지금도 그렇지만 유교 윤리로 보아 이는 크게 비난을 받을 일이었고 사헌부의 관원들이 조말생과 동석을 거부했다. 이에 1411년 정월 이방원은 파면하였으나 5월에 동부대언(同副代言; 동부승지)으로 복직시켰다. 1418년 7월에는 이조참판으로 8월에는 형조판서로 임명했다.

이도 역시 조말생을 고위직에 기용했는데 1418년 8월 즉위하자 병조판서로 임명했다. 상왕으로 물러났지만 여전히 권력을 놓지 않았던 이방원은 주요 사안을 영의정 유정현, 좌의정 박은, 병조판서 조말생 세 사람과 상의할 정도로 조말생을 신임했다.

그러나 조말생은 엄청난 탐관오리였다. 다음은 대표적 사례이다.

1414년(태종 14년) 김도련(金道鍊)이란 자가 이 해에 설치된 노비변정도감에 노비소송을 제기했는데 당시 승정원(承政院)에서 형방 대언(刑房代言)이던 조말생이 김도련에게 엄청난 뇌물을 받아 챙겼다. 형방 대언은 곧 우부승지로 형조의 업무를 맡았고 노비 관련 소송을 판결했다.

【도승지를 포함하여 6인의 승지는 모두 정3품인데 육조(六曹)의 업무도 분담했다. 도승지는 이조, 좌승지는 호조, 우승지는 예조, 좌부승지는 병조, 우부승지는 형조, 동부승지는 공조의 업무를 맡으니 이를 이방·호방·예방·병방·형방·공방의 6방이라 했다. 이 때문에 육조의 업무와 중복되고 충돌할 가능성이 컸다. 육조의 판서 중에 실세 아닌 허세가 많을 수밖에 없었다. 판서가 자주 교체된 것이 이 자리가 허세임을 입증

한다. 허세이므로 자주 교체되어도 국정 운영에 누가 되지 않았다. 이조의 군주는 겉보기보다 훨씬 더 강력한 측근정치를 했다.】

승정원(承政院)

조선시대 왕명의 출납을 관장하던 관청이다.
고려의 중추원(中樞院)은 왕명 출납 이외에 군기(軍機)와 궁중 숙위를 관장하는 강력한 기구였다. 이성계는 왕조 개창과 동시에 관제를 반포했는데, 중추원의 부속 아문으로 승지방(承旨房)을 설치하여 왕명 출납의 실무를 맡게 했다. 그 장관으로 정3품의 도승지(都承旨)를 두었고 좌승지, 우승지, 좌부승지, 우부승지 각 1명을 두어 일을 맡아보게 했다.
【승지는 지(旨 : 어명)을 받든다(承)는 뜻이다.】
정종 2년(1400) 4월 중추원의 기능을 축소, 분할하여 군기의 사무는 의흥삼군부로 넘기고 승지방을 승정원으로 독립시켰다.
태종 원년(1401) 승정원을 의흥삼군부와 병합하여 승추부(承樞府)로 개편했는데, 도승지를 지신사(知申事), 승지를 대언(代言)으로 개칭했다.
1405년 승추부를 병조에 병합하면서 다시 승정원을 독립 관서로 설치하고 지신사, 좌·우 대언, 좌·우 부대언(副代言) 및 당후관(堂後官)과 동부대언(同副代言)을 새로 두었다.
1433년(세종 15) 지신사를 도승지로, 대언을 승지로 고쳤다.
승지들은 그들의 고유 업무 외에도 다른 관직을 겸하는 예가 많았다. 승지는 경연 참찬관(經筵參贊官)·춘추관 수찬관(春秋館修撰官)을 겸하는 것이 상례였고 도승지는 홍문관 직제학을 겸하니 지제교(知製敎)라 했다. 우부승지인 형방승지(刑房承旨)는 전옥서 제조(典獄署提調)를 겸했다.

사건의 전말은 다음과 같다.

고려 말 철원(鐵原)의 호장(戶長) 김생(金生)은 간성(杆城)의 호장 딸과 혼인하여 아들 김송(金松)과 김진의(金珍衣), 김현(金絢) 등을 낳았다. 함흥(咸興)의 홍원현(洪原縣)으로 이주하여 황무지를 개간하고 상업도 하여 부를 쌓았다. 여러 대(代)의 자손과 노비가 남녀

4백 26명이나 되었다.

상인 김원룡(金元龍)은 장사하러 함흥으로 갔다가 김진의 집에 묵게 되었다. 교분을 쌓으니 김송의 명자(名字)와 근각(根脚)을 자세히 알게 되었다. 근각은 일종의 신원조사서로 공물(貢物)이나 관수품(官需品)을 서울로 운반하는 선주(船主) 등의 신원을 조사하여 이름·생년월일·거주지·가족 사항 등을 적은 것이다. 호조(戶曹)가 이를 등록 보관했다.

김원룡에게는 노비 허송(許松)이 있었는데 달아났다. 김원룡은 김송의 이름이 허송과 같은 것에 착안하여 음모를 꾸몄다.

김원룡은 김송을 도망한 자신의 노비 허송의 자식이라 하여 임견미에게 뇌물을 쓰고 경신년(庚申年, 1380)에 문천(文川)의 관청에 고소했다. 관청은 고문하여 허위 공초(供招)를 받아냈다. 김송은 노비가 되고 김원룡은 그 재산과 노비를 차지했다.

최영이 무진년(戊辰年, 1388)에 임견미를 참수하고 억울하게 노비가 된 이를 양인(良人)으로 복귀시킬 때 김송도 양인이 되었다.

1414년 김원룡의 아들 김도련(金道練)과 그 일족인 손봉(孫鳳)·이안(李安) 등이 다시 김송을 노비라며 소송을 냈다. 김도련은 승정원의 형방 대언인 조말생에게 접근해 승소하면 얻을 노비를 뇌물로 바치겠다고 했다. 조말생은 김도련에게 승소 판결을 내렸다. 김송은 다시 억울하게 노비가 되고, 노비와 전답은 김도련이 차지했다.

1421년(세종 3년) 병조판서 조말생의 아들 조선(趙璿)이 상왕 이방원의 서녀 정정옹주(貞靜翁主)와 혼인했다. 이로써 조말생은 이방원과 사돈이 되었다.

1422년(세종 4년) 5월 상왕 이방원이 죽었다. 이에 김생의 손자로 김현의 아들인 김득경(金得敬)이 김도련을 고소했다. 병조판서 조말생은 김도련에게 다시 뇌물로 노비를 받고 형조참의 박고(朴翺)와 형조정랑 김영(金寧)에게 압력을 가해 판결을 수년 간 지연시켰다. 또한 김도련의 아들 김미(金美)에게는 종9품 무관직인 대부(隊副) 벼슬을 주었다. 한편 병조좌랑 송은(宋殷)은 도관(都官; 노비 문서와 호적 및 그 소송 사무를 맡아보던 관아)의 방장(房掌)이었는데 조말생이 증여받은 노비의 문서에 인증했다.

시간이 흘러 1426년(세종 8년) 초 김도련 노비 소송사건을 조사하던 사헌부는 이 사건에 고관들이 깊이 개입했음을 알고 내사에 들어갔다. 사헌부 관리들은 우의정 조연(趙涓), 연사종(延嗣宗), 병조판서 조말생 등 고관들이 김도련에게 노비를 뇌물을 받고 그를 비호했음을 밝혀냈다. 3월 4일 사헌부는 이를 임금 이도에게 고했다. 이도는 조말생을 황해도 수안으로 유배 보내는 것으로 끝내려 했다.

함길도로 가서 현지를 조사한 함길도 행대감찰(行臺監察) 이사증(李師曾)이 돌아와 4월 26일 조사한 것을 보고했다. 이에 따르면 김도련에게 노비를 증여받은 고관들은 참으로 많았다.

　사망한 평성 부원군(平城府院君) 조견(趙狷) : 17명
　사망한 우의정 정탁(鄭擢) : 7명
　우의정 조연(趙涓) : 6명
　곡산 부원군(谷山府院君) 연사종(延嗣宗) : 7명
　좌의정 이원(李原) : 4명

사망한 공조 참의(參議) 조숭덕(曹崇德) : 8명
병조판서 조말생 : 36명
정주 목사(定州牧使) 남궁계(南宮啓) : 2명
총제 이흥발(李興發) : 4명
지의천군사(知宜川郡事) 윤간(尹諫) : 14명
지안산군사(知安山郡事) 김이공(金理恭) : 3명
소경(少卿) 최득비(崔得霏) : 1명
대호군 이을화(李乙和) : 1명
전 정랑(正郞) 오비(吳備) : 1명
전 사정(司正) 신득지(申得止) : 8명
변귀생(卞貴生) : 12명
전 판사(判事) 이열(李烈) : 1명

조말생의 아들 한원군(漢原君) 조선(趙璿)은 앙심을 품고 조말생의 비리를 수사한 사헌부 대사헌 김익정(金益精)의 뒤를 캤다.

조선은 노복(奴僕)을 나누어 김익정의 집에 보내어 날마다 엿보게 했다. 선종(禪宗) 승려 만우(卍雨)가 대사헌의 집에 도착하니, 조선은 노복 10여 명으로 하여금 시봉하는 중과 노자(奴子)를 잡아가 밤새도록 결박하고 고문하여 김익정에게 은을 뇌물로 주었다는 허위 자백을 받아냈다. 그리고 이들을 형조로 넘기고 대사헌을 무고했다.

조말생의 조카 조극관(趙克寬)은 조말생의 처형인 전 현감 신가권(申可權)에게 고소장을 기초하게 하고, 조말생의 사위인 전 감찰(監察) 신대홍(辛帶紅)에게 글을 베끼게 하는 등 다수가 이 음모에 끼어들었다.

사헌부의 수사로 이 놀라운 음모가 드러났는데도 이도는 5월 8

일 신대홍을 태형 50대를 치게 하고, 조선·조극관·신가권은 논죄하지 말도록 하여 사건을 마무리했다.

5월 13일 사헌부는 그동안 조말생의 부정을 조사한 것을 왕에게 알리며 교형을 주장했다.

부정 축재 조사 내용을 정리하면 이렇다.

1. 승려 상혜(尙惠)·의유(義游)에게 백은(白銀)을 받음.
2. 지신사(知申事)일 때 홍충(洪忠)의 전지(田地)를 받고는 전직(前職) 조봉 소감(朝奉小監)에서 관등(官等)을 뛰어 올려 보공 용매 만호(保功龍媒萬戶)를 제수(除授)함.
3. 병조판서가 되었을 때 보충군(補充軍) 서철(徐哲)의 은과 비단을 받고는 서철 부자에게 대부(隊副)를 제수(除授)함.
4. 허충(許忠)의 전지(田地)를 받고 대부(隊副)를 임명.
5. 양주 시위군(侍衛軍) 임관(任官)의 전지를 받고는 군적(軍籍)에서 제명하고 대부(隊副)를 임명.
6. 미열(迷劣)한 족친인 한회(韓會)의 전지를 함부로 빼앗음.
7. 대호군(大護軍) 오전(吳溥)이 증유한 전지를 받음.
8. 김도련·양민(梁敏)이 증유한 노비 36명을 받음.
9. 황해도 서흥(瑞興)에 사는 양인(良人) 삼가(三加)와 사덕(四德)이 낳은 아이를 노비로 삼고 도망해 온 비(婢)라고 속임.
10. 양인 김덕(金德)이 낳은 아이를 잡아다가 사환(使喚)으로 부림.

사헌부는 조말생의 부정을 열거한 다음과 같이 교형을 권고했다.

대저 (조)말생은 본래 한미(寒微)한 사람으로 임금의 은혜를 지나치게 입어 관위(官位)가 재상에 이르고, 오랫동안 정권을 잡고 있어서 부귀가 이미 극도에 달했는데, 지금 이것을 보면 의리를 돌보지 아니하고, 재물을 탐하는 데는 끝이 없어서 전지(田地)를 많이 차지하고 수회매관(受賄賣官)하며 양민을 억압하여 천인을 만드는 등 못하는 일이 없었으니, 선비의 기풍을 더럽힘이 이보다 심한 것이 없습니다.

그가 법을 굽혀서 증유를 받은 전지와 노비는 장물로 계산하면 합계 7백 80관(貫)이나 되는데, 형률에 의거하면 교형(絞刑)에 해당되고 장물은 관청에 몰수해야 될 것이니, 형률대로 하기를 청합니다.

이도는 조말생을 먼 지방에 부처(付處)하게 하고, 장물은 관청에 몰수하게 하는 것으로 사건을 종결지었다(사헌부의 조사는 불충분한 것으로 조말생의 부정축재 액수는 드러나지 않은 것이 더 많을 것으로 추정된다).

이후에도 사헌부와 사간원의 여러 관원과 조정 대신들이 형률에 의거하여 교형을 주장했으나 이도는 조말생이 선왕(이방원) 때부터 조정에 복무한 지 20년이 넘었고, 그동안 조정에서 공적이 많다고 옹호했다.

사건의 주범 김도련은 노비 132명만을 몰수당했을 뿐 다른 형벌을 받지 않았다. 억울하게 노비가 된 김송과 그 후손들은 양인이 되지 못하고 계속 노비로 남았다.

세종 10년(1428) 4월, 이도는 유배지 평산에 있던 조말생을 풀어주었다.

세종 14년(1432) 12월 8일 이도는 조말생을 동지중추원사에 제수하니 사간원과 사헌부에서 연일 조말생의 관직을 거둘 것을 간청했다. 12월 15일 조말생은 스스로 사직을 청하지만 이도는 받아들이지 않았고 12월 17일 대간들이 전원 사직 시위를 펼쳤지만 듣지 않았다.

세종 15년 조말생은 함길도 관찰사가 되었다. 이듬해 지중추원사가 되고 세종 17년에는 판중추원사가 되었다.

세종 18년(1436) 이도는 조말생을 재상급인 의금부 제조에 임명했다. 대간들이 집단사직원을 내고 20여 일이나 항의했지만 이도는 조말생을 끝까지 비호했다. 세종 19년 12월에는 예문관 대제학으로 임명했다.

세종 20년(1438) 3월 조말생의 막내아들 조근(趙瑾)이 문과 한성시(향시)에 급제했다. 예문관 관리들이 아버지 조말생의 전과기록을 빌미로 급제자 등록을 이틀이나 지연시켰다. 예문관 대제학인 조말생은 이도에게 억울하다 호소하고 의금부의 조사를 이끌어내 예문관 관리들은 처벌받았다. 이해 10월 세종은 조말생의 2자 조찬(趙瓚)을 정6품 사헌부 감찰에 제수했다. 당시 법에 의하면 장리(贓吏 : 뇌물을 받은 관리)의 자식은 관리로 임용될 수 없었다. 이도는 이를 무시했다.

1439년 이도는 조말생에게 궤장(几杖)을 하사했다. 궤장은 70세 이상의 연로한 대신들에게 하사한 안석(案席 : 앉을 때 몸을 기대는 방석)과 지팡이인데, 이는 업적이 많은 연로한 대신에게 주는 것으로 세상에서는 큰 영광으로 여겼다.

조말생은 1442년에 숭록대부(崇祿大夫)가 되었으며, 1446년에 영중추원사가 되었다. 세종 29년(1447) 만 77세의 수를 누리고 죽었다. 시호는 문강(文剛)이다.

조말생은 이른바 오복(五福)을 다 누렸다. 그의 부는 부정으로 얻은 것이었지만.

조말생의 묘는 경기도 남양주군 수석동에 있는데, 1990년 향토유적으로 지정되었다. 1707년에 묘비가 세워졌는데 그를 찬양하는 비문은 대사간과 대사헌을 지낸 양주 조씨 조태동(趙泰東)이 짓고 조태기(趙泰期)가 글자를 썼다.

이도는 한국사에서 최고의 성군(聖君)으로 추앙되는데, 백성의 성군은 아닐지라도 확실히 부패한 양반 관료의 성군은 되었다.

관원의 부정부패는 갈수록 악랄해졌다.

이도의 2남인 수양대군 이유(李瑈)는 단종 원년(1453) 10월 계유정난(癸酉靖難)을 일으켜 실권을 장악했고 1455년 선양의 형식으로 즉위하였다. 묘호는 세조(世祖, 재위 1455~1468)이다. 계유정란 이후 성종 2년에 이르기까지 20년 동안 5차례의 공신책봉이 있었는데 이로 인해 과도한 수의 공신이 나왔다. 이들은 권력을 이용하여 부정축재를 일삼았는데 한명회(韓明澮, 1415~1487)가 대표적이다.

한명회는 한상질(韓尙質)의 손자로 과거에 낙방하여 불우한 시절을 보내다가 권람(權擥)을 만나 수양대군에게 소개되어 심복이 되었다. 계유정난이 성공하자 한명회는 정난공신(靖難功臣) 일등에 책록되었고 이후 좌익공신(佐翼功臣)·익대공신(翊戴功臣)·좌리공신

(佐理功臣)에 녹훈되었다. 영의정을 다섯 차례나 맡으며 원상(院相)이라는 특권도 누렸다. 두 딸은 예종비와 성종비로 들여보냈고 다른 두 딸은 세종의 사위 윤사로(尹師路)의 며느리와 신숙주(申叔舟)의 며느리로 보냈으며 손자는 성종의 사위로 앉혔다.

권력을 잡은 한명회는 부정축재에 열중하여 농장을 늘렸으며 탈세를 위해 경기도 여주(驪州)의 천녕현(川寧縣)을 폐지하고 관아와 관아 소속 토지까지 사유 재산으로 삼았다. 그리고 조세를 내지 않으려고. 사취한 이 토지를 토지 대장에서 사라지게까지 했다.

훈신·척신과 왕실의 부정부패

이조에서 공신들과 그 자손들은 고위직을 세습적으로 독점하였으며 왕실과의 혼인으로 외척이 되었다. 이로써 관인으로서 세습적 기반을 닦은 훈신(勳臣) 집단, 왕실과 혼인관계를 가진 척신(戚臣) 집단이 정치권력을 독점하게 되었다. 훈신 집단은 조선 건국 때부터 있었으나 계유정난에 의해 즉위한 세조 대부터 횡포가 심해졌다.

세조 이유의 공신 집단은 온갖 부정부패와 비리를 저지르며 재산을 축적했다.

홍윤성의 홍산 농장(鴻山農莊)에 쌓인 곡식은 거만(鋸萬)이었고, 노복(奴僕)은 세도를 믿고 방자하여서 조금이라도 어기고 거슬리는 것이 있으면 양인은 물론 양반까지 장살(杖殺)하기도 했다. 세조가 온양(溫陽)에 거둥하여 목욕(沐浴)할 제, 사족(士族)의 부인 윤씨(尹

氏)가 상언(上言)하여, 그 지아비가 홍윤성의 노복에게 살해되었음을 호소했다. 이유는 유사(有司)에 명하여 국문하게 하여, 그 노복을 환형(轘刑; 거열형)에 처했으나, 홍윤성은 국문하지 않았다.

봉석주(奉石柱, ?~1465)는 본관은 하음(河陰)인데, 활을 잘 쏘아 명궁으로 알려졌으며, 격구(擊毬)는 당대 제일인자였다. 세종 대에 무과에 급제하여 훈련원 봉사를 지냈다.

단종 1년(1453) 왕을 경호하는 내금위(內禁衛)가 되었는데, 오히려 이해 10월 계유정난에 가담하여 공을 세워 수충협책 정난공신(輸忠協策靖難功臣) 2등으로 녹훈되면서 노비와 전답을 하사받았다. 봉석주는 성품이 탐욕스러워 고리대금 등 갖가지 수법으로 재산을 모았다.

봄에 바늘을 마을 사람들에게 흩어 주며 "바늘 1개를 받은 자는 닭 1마리로 갚아라."하고는 가을이 되면 친히 다니면서 상환을 독촉하여 매질했고, 닭으로 곡식을 바꾸니 이 수법으로 얻는 한 해의 수입이 천석(千石)이었다.

또 술과 안주를 갖추어 동·서 활인원(東西活人院)의 오작인(仵作人; 지방 관아에 속하여 수령이 시체를 검시할 때 시체를 주워 맞추는 일을 하던 하인)을 먹이고, 죽은 사람의 의복을 얻어다 터지거나 찢어진 것을 완전하게 수리하여 곡식과 바꾸었다.

이런 식으로 봉석주는 조선에서 손꼽히는 부호가 되었고, 그의 창고는 국고 못지않게 많은 곡식과 재물로 가득 찼다.

세조 2년(1456) 사육신이 단종 복위를 꾀하다가 김질(金礩)의 밀고로 실패하였는데, 연루된 많은 이가 처형되어 그 처첩들은 노비가 되었다. 이때 봉석주는 사육신 박팽년의 형수인 해평 윤씨를 노비로 받았는데, 노비가 된 해평 윤씨는 그의 첩이 되기를 자처하였다.

세조 3년(1457) 8월에는 길주(吉州)의 관노로 영속(永屬)된 여종 정비(定非)와 유응부(兪應孚)의 서녀 환생(還生)을 노비로 하사받았다.

봉석주는 세조 6년(1460) 10월 전라도 처치사(全羅道處置使)로 부임하였는데, 재산 늘리는 기회로 삼았다.

선군(船軍) 30인에게 황원곶이[黃原串] 목장(牧場)의 묵은 땅을 개간하여 목면(木緜) 6석(石)을 파종(播種)하게 하고, 가노(家奴)로 하여금 김을 매게 하여 면화(綿花) 74석(石) 6두(斗)를 수확했다. 그리고 이를 판매했다. 또한 군수미(軍需米) 5석(石)을 횡령하여 면화와 바꾸었다.

나주(羅州)의 갑사(甲士) 박중선(朴仲先)의 논 4구(區)를 사기로 약속하고, 억지로 문계(文契)를 작성하고는 값을 주지도 않았다. 그리고 선군(船軍)으로 하여금 경작하도록 했다.

세조 7년(1461) 9월 여진족이 의주를 침범하자, 이유는 홍윤성을 황해도·평안도의 도체찰사(都體察使)로 삼고, 봉석주 등 5인을 위장(衛將)으로 삼아 보냈다.

봉석주가 전라도 처치사 시절 지나치게 해먹었으므로 민심이 들끓었는데 이 해 10월 사헌부가 탄핵(彈劾; 잘못을 들어 책망함)했다. 이유는 이를 받아들여 사헌부 관원을 전라도로 보내어 감찰했는데, 밝힌 부정축재가 놀라웠다. 그러나 세조 이유는 봉석주를 처벌하지 않고 파직만 했다.

　파직당한 이후에도 불법으로 재산을 불리던 봉석주는 1464년 겨울부터 역시 정난공신으로 탐학으로 견책받은 김처의(金處義)·최윤(崔潤) 등과 역모를 꾀했다. 봉석주는 일이 진척되지 않자 탄로날 것이 두려워 자백하였으나 훈작이 삭탈당하고 김처의, 최윤과 더불어 처형되었다.

　15세기 말엽부터 나타난 훈신(勳臣)과 척신(戚臣)이 주도하는 훈척(勳戚) 정치는 왕조 개창 이래 줄곧 추구되어 온 중앙집권적인 정치 체제가 한계성을 드러내며 나타난 정치 형태이다. 왕조 초기의 강력한 집권 체제 구축 노력으로 확고하게 새로운 지배질서가 확립되었으나, 관권 만능 성향이 나타나 새로운 문제점이 야기되었다. 권력의 최상층에 위치한 훈신과 척신들은 대귀족적 성향을 보여 사익 추구에 급급하였고 이에 따라 관료 사회 전반에 걸쳐 비리행위가 만연하였다.

　권세가들의 비리에 의한 사익 추구 행위는 커다란 사회문제를 일으켰다. 이들은 고리 사채를 통해 가난한 양민을 수탈하였다. 양민들은 이러한 수탈에 토지를 잃고 권세가에 투탁하거나 유랑할 수밖에 없었다. 권세가들이 그들의 사노비를 요역(徭役) 등 각종 의무에서 벗어나게 한 것도 양민과 공노비가 그들에게 투탁하게 만든 요인이었다. 권신(權臣)의 청탁을 받은 지방 수령들은 그들의 사노비들을 국역(國役)에서 면제해 주었고 그 부담은 양민과 공노비에게 돌아갔으므로 양민과 공노비들은 견디지 못하고 권세가에게 투탁하였다. 당시 수령의 인사는 재상들의 천거에 의존하였고, 인사고과도 재상이 담당했다. 그러므로 각 고을의 수령들은 재상에게 뇌물을 보냈을 뿐 아니라 자기 관할 구역에 있는 재상의 노비들에게 혜택을 주었다. 수령은 도망 노비를 잡아주는 등 훈척들의 노비를 관리해 주었고 나아가 사채 관리마저 도와주었다.

이러한 민의 권문(權門) 투탁은 반인(伴人)이나 구사(丘史)의 형태로 더욱 확대되었다. 국가는 양민을 반인으로, 공노비를 구사로 관료들에게 부여하였고 이들은 관료의 농장관리인이나 사환 역할을 하였다. 훈척 세력은 이를 빌미로 과다하게 반인과 구사를 점유했다. 재상들은 이들을 통해 농장 관리와 개간 사업을 추진했다.

반인(伴人)·구사(丘史)

반인(伴人) : 조선 시대 종친·공신·당상관(堂上官; 정3품 이상의 고위관리)들에게 그 특권을 보장하고 신변안전을 도모하기 위하여 지급한 호위병이다. '동반하는 사람'이란 뜻으로 반아(伴兒)·반종(伴從)·반(伴)·반당(伴倘)이라고도 하였다. 이 명칭은 고려 말부터 나타나는데 그때에는 주로 숙위와 기종(騎從)에 종사하는 사병의 성격을 띠었다.
조선 정종 2년(1400) 사병 혁파를 계기로 1408년부터 하나의 제도로 정해지기 시작하여 『경국대전』편찬시에 이르러 정비되었다. 반당의 수는 변동이 있었으나 대체로 3천명 정도였다. 이들의 기능은 조선 예종·성종 대로 들어오면서 크게 변질되어 관료의 농장관리인 역할을 하였다.

구사(丘史) : 고려·조선 시대에 국가가 종친이나 공신에게 준 구종(驅從 ; 하인).
고려 때의 구사에 대해서는 자세히 알 수 없으나 조선 시대에는 지방의 관노비 중에서 뽑아 보냈다. 『경국대전』의 규정에 의하면 주인이 죽은 지 3년 뒤에는 본래의 임무로 돌아가도록 하였으나 주인의 처가 살아 있으면 그대로 두었다. 구사의 숫자는 관직에 따라 정해졌는데 이 규정을 위반할 경우 당상관은 그 죄를 논하지 않고 당하관일 경우에는 법에 따라 처벌하도록 했다.

성종 5년(1474) 대사헌 이서장(李恕長)의 상소에 왕실과 훈척의

부패 실상이 잘 드러난다.

주상 전하께서 재앙을 근심하고 환난을 근심하여 교지를 내려 구언(求言)하니 신 등은 직분으로 헌사(憲司; 사헌부)를 맡아 말로써 책무를 삼았는데, 감히 당금의 치재(致災)한 연유를 다 진술하지 않겠습니까?

--------------- (중략) ---------------

세종 조에 재상이 장리(長利 : 고리대)하여 부자 소리를 듣는 자는 대개 적었으나 지금은 고관으로서 후한 녹(祿)을 받는 자들이 모두 장리(長利)를 놓아 더욱 부유해져 그들의 전원(田園)이 산야에 두루 널리고 쌓아둔 곡식이 주현의 창고와 같으며 부귀의 힘을 타고 호노(豪奴)와 한복(悍僕)을 보내어 서민을 침각(侵刻)하니 백성이 어찌 가난해지지 않을 수가 있겠습니까? 하늘이 어질지 못함을 미워한 것이 오래되었습니다.

--------------- (중략) ---------------

내수사(內需司)의 장리는 오래도록 백성의 병폐가 되었는데, 근일에 듣자오니 교지를 내려 엄격히 금즙(禁戢)하셨다하나 그 폐단은 제거되지 않았습니다. 왕자의 富는 백성에게 저장되고 주현(州縣)에서 축적된 것은 모두 그의 소유인데, 어찌 사사로이 저축하겠습니까?
위에서 좋아하는 자가 있으면 아래에서 더 심한 자가 반드시 있게 마련입니다. 내수사에서 장리를 하니까 대신도 따라서 이익을 다투는 것은 형세 상 그러한 것입니다. 신 등은 청컨대 내수사의 장리를 모두 주군(州郡)의 의창(義倉)에 소속시키고, 2품 이상의 관직으로 녹봉을 받는 자는 장리를 쌓아서 백성의 좀이 되지 않게 하고

그들이 축적하여 소유한 것이 1천 석이 넘는 것은 주군에서 받아들이게 하고 조정에서 별도로 갚게 하소서.

--------------- (중략) ---------------

기전(畿甸 ; 경기도)은 바로 국가의 근본이 되는 지방이니, 무휼(撫恤)하는 방법은 마땅히 나머지 道와 다른데 요역(徭役)의 괴로움이 도리어 심하고, 또 재상들의 전장(田莊)이 많습니다. 그들은 그 양민 중 전택(田宅)과 물력(物力)이 있는 자를 점거하여 반당(伴倘)을 삼으며, 반당된 자는 성세(聲勢)에 의지하여 주현(州縣)을 능가하고 과약(寡約)한 사람을 침모(侵耗)하는 데도, 수령은 모두 용렬하고 나약하여 권세를 두려워하기는 승냥이와 호랑이 같이 하여 역을 부과할 때 공평하지 못하고 권세 있는 자는 모두 면하고 무고자(無告者)만 당하니, 이로 말미암아 기현(畿縣)의 백성들 가운데 밭을 갈고 곡식을 먹을 수 있는 자는 모두 권세가의 노예와 반당이고, 다른 이는 모두 다 나물을 팔고 소채로 죽을 쑤어 그 생계를 유지하고 있습니다.
신 등은 이르되 경기도 모든 읍의 종실과 재상가의 반당을 일체 모두 색출하여 다 公家에 소속시킨다면 호활한 무리도 요역에 빠지지 못하게 되어 빈곤한 백성이 거의 소생하여 쉴 수 있을 것입니다. ……

(『성종실록』 5년 윤6월 21일)

내수사(內需司)는 임금의 사유 재산을 관리하는 관청으로 궁궐 안에서 쓰는 곡물과 천, 일용잡화 및 궁궐 안에서 일하는 노비 등에 관한 일 등을 담당했다. 이조 전기 내수사의 농장이 전국에 325개나 되었다. 성종 대에 고리대금업을 하던 내수사의 장리처(長利處)

는 전국적으로 562개소나 되었다. 내수사 소속의 노비는 1만이 넘었는데 이들이 농장에서 농사도 짓고 장리처에서 일하기도 했다. 내수사를 총괄하는 자는 임금이 믿는 내시이거나 종친, 척신이었다.

내수사가 일반 백성을 상대로 고리 사채를 놓는다는 것은 임금 스스로 하는 것과 다름이 없는 일이다. '임금이 평상시에 힘쓰는 일은 오로지 내수사일 뿐'이라는 말이 나올 정도로 이조의 군주는 물욕이 많았다.

지배층의 횡포로 양인이 몰락하여 노비가 급증했다. 조선 왕조 건국으로부터 17세기까지는 한국사에서 노비제의 전성기라 할 수 있을 정도로 노비가 인구에서 차지하는 비중이 커졌다. 15세기 후반 성현은 "우리나라 인물 가운데 노비가 거반(居半)이다"하였고 심원(深源)은 "지금 제민(齊民) 중에 사천(私賤)이 8, 9나 되고 양민(良民)은 겨우 1, 2에 불과합니다"라고 하였다. 심원의 말은 지나친 과장이지만 인구의 절반에 가까운 것은 사실이었다.

세조 집권 시절 전국의 공노비·사노비의 인구조사를 한 경험이 있는 한명회는 성종 15년(1484)에 당시의 공노비가 총 45만여 명이고 10만 정도가 도망 중이라고 했다. 또 도망 중인 노비는 공·사를 합쳐 100만 명이라고도 말했다. 당시의 인구를 900만 명이라 보고 공노비와 사노비의 도망 비율이 같다는 가정하에서 도망하지 않은 노비의 인구 비중을 계산하면 약 40%가 나온다.

이 시대의 인구에서 노비가 차지하는 비율을 지역별로 분석한 연구들에 따르면 대부분의 조사 지역에서 그 비율이 40%가 넘었다. 당시의 인구조사는 불완전하여 양인이 빠지는 경우가 많은데 이를 감안하여 계산하더라도 그 비율은 30%가 넘는다.

　저습지인 노전(蘆田 ; 갈대밭) 개간과 연해(沿海) 지역의 개발도 심각한 사회문제를 일으켰다. 14세기 이래 농업기술이 크게 발전하였고 내륙의 저습지와 연해(沿海) 지역이 개발되기 시작했다.
　연해(沿海) 지역은 고려 경효왕 대에 개발되기 시작하여 그 후 점진적으로 이루어지다가 15세기 말엽부터 권세가의 적극적인 참여로 활발해졌다. 개간의 주역은 왕자, 부마(駙馬), 재상가였는데 훈척 정치 아래서 왕자와 공주는 대부분 재상가와 혼인하였으므로 단일 집단으로 볼 수 있다. 지역적으로는 전라, 충청, 경기, 황해도의 순서로 개발되었다. 특히 황해도 일원에서의 노전(蘆田) 및 해택(海澤)의 경영이 사회적으로 큰 물의를 빚었다.
　이러한 개간지의 확대는 농업기술의 발전에 따른 것이었으나, 개간하고 경영하는 방식이 불법적이고 민중 수탈적이어서 심각한 사회문제를 낳았다. 왕족과 재상 가문은 농민들을 부려 개간하여 그 토지를 모두 차지했다. 개간한 농민들은 양인 또는 노비 신분으로 이들의 소작농이 되었다.
　왕실과 훈척은 이처럼 부정에 의해 사적 경제 기반을 확대시켜 대지주가 되었다.

　토지를 잃고 유랑하게 된 농민 가운데는 도적이 되는 자가 많았고 그 활동도 기록에 많이 남아있다. 그 대강만 보면 세조 10년(1464)에는 전라도에 도적이 많이 들끓어 중앙에서 특별히 장수를 파견하여 수백 명을 체포하였다. 예종 대에 장영기(張永己)를 수괴로 하는 도적 일당 수십 명은 전라도 일대를 횡행하다가 현지 관찰사와 병마사의 추격을 받자, 지리산 남쪽을 거쳐 경상도로 이동하였고, 여기에서 관군과 대치 저항하다가 다시 전라도로 이동하기도 하였다. 연산군 6년(1500)에 홍길동이 서울 근처에 양반 관리의 복장을 하고 '첨지(僉知)'라고 자칭하며 상당히 큰 규모로 활동하였고 중종 25년(1530)에는 순석(順石) 일당이 나타나 전라·충청·경기·서울 등지에서 활동하였다. 일당 39명이 관군에게 잡히고 다시 연루되어 체포된 수가 170여 명인 것으로 보아 그 무리가 많았던 것 같다.

명종(明宗, 재위 1545~1567) 대에 들어서 도적들의 활동은 더욱 두드러졌다. 명종 6년(1551) 3월 경주에서는 대낮에 대규모의 도적 떼가 횡행하며 약탈하고 다녀 일반인이 다니지 못하였고 8월에는 전라도의 고산현 한둔산을 근거로 하는 60~70명 규모의 도적 무리가 당상관(堂上官; 정3품 이상의 관리) 의복을 갖추고 도적 행위를 일삼고 있는 것이 조정에 보고가 되었다. 12월에는 서쪽으로 개풍군에, 동쪽으로 강원도 연천군에, 남쪽으로 파주군에, 북쪽으로 황해도 금천군에 이르는 장단 지방과 파주군의 적성 지방에 도적들이 횡행하여 대낮에도 약탈하였다. 병조에서 무신을 지방 수령에 임명하자는 의견을 내어 왕의 승인을 받았다. 그러나 장단(長湍) 지방과 적성 지방에서는 토착 향리들이 도적들과 교통하여 수령이 오히려 고립무책이 되었다.

사태는 조금도 나아지지 않아 명종 8년(1553) 5월에는 사헌부가 국가 권력과 치안의 쇠약이 극에 달하여 도적이 봉기하는 사태가 전국적으로 확대되어 가고 있다고 절망적인 어조로 왕에게 보고할 정도였다. 전국 도처에서 약탈 행위와 양민살상이 벌어지고 있으나 지방의 수령은 막을 능력이 없으며 병사(兵使)도 도적을 체포할 수 없는 실정이라고 하였다.

이러한 도적 활동은 지배층의 수탈에 대한 농민의 저항 성격을 띠고 있었다. 이 가운데 가장 규모가 크고 오래 지속된 것이 임꺽정의 활동이다.

임꺽정의 난은 명종 14년(1559) 3월부터 시작하여 관군에 의해 소탕되고 그 자신이 처단을 당한 명종 17년(1562) 1월까지 3년 가까이 황해도를 중심으로 일어났다. 조선 전기의 산발적인 민란 가운데 가장 규모가 컸고 오래 지속되었다. 이 난 자체는 황해도에서 경기도 평안도 강원도에 걸친 지역적인 저항이었으나 조선 전체에 그 영향이 미쳤으며, 조선 전기의 정치 경제 사회적인 모순을 담지하고 있는 사건이었다.

『명종실록』을 편찬한 사신(史臣), 즉 사림 세력은 농민들이 도적이 되는 이유를 다음과 같이 파악하였다.

> 사신(史臣)은 논한다. **도적이 성행하는 것은 수령의 가렴주구 탓이며, 수령의 가렴주구는 재상이 청렴하지 못한 탓이다. 오늘날 재상들의 탐오한 풍습이 한이 없었기 때문에 수령들은 백성의 고혈을 짜내어 권요(權要)를 섬기고 돼지와 닭을 마구 잡는 등 못하는 짓이 없다.**
> 그런데도 곤궁한 백성들은 하소연할 곳이 없으니, 도적이 되지 않으면 살아갈 길이 없는 형편이다. 그러므로 너도나도 스스로 죽음

의 구덩이에 몸을 던져 요행과 겁탈을 일삼으니, 이 어찌 백성의 본성이겠는가. 진실로 조정이 맑고 밝아서 재물만을 좋아하는 마음이 없고, 수령을 모두 공(龔), 황(黃)과 같은 사람을 가려 차임한다면, 칼을 잡은 도적이 송아지를 사서 농촌으로 돌아갈 것이니, 어찌 이토록 기탄없이 살생을 하겠는가.
그렇게 하지 않고 군사를 거느리고 추적 잡으려만 한다면, 아마 잡는 대로 또 뒤따라 일어날 것이니 장차 다 잡지 못하게 될 지경에 이르게 될 것이다.

『명종실록』 14년 3월 27일)

사신은 논한다. 국가에 선정(善政)이 없고 교화가 밝혀지지 않아 재상들의 횡포와 수령들의 포학이 백성들의 살과 뼈를 깎고 기름과 피를 말려 손발을 둘 곳도 없고 호소할 것도 없으며 춥고 배고픔이 절박하여 하루도 살기 어려워 잠시라도 연명하려고 도적이 되었다면, 도적이 된 원인은 정치를 잘못하였기 때문이요 그들의 죄가 아니다. 어찌 불쌍하지 않은가.

(『명종실록』 16년 10월 6일)

당시 관서 지방의 감사와 병사는 대개 명종의 모후인 문정왕후(文定王后)의 친정붙이들이었다. 당시 지배층의 탐욕과 이로 인한 폐해에 대해서는 다음과 같은 사신의 논평이 있다.

사신은 논한다. 윤원형(尹元衡)과 심통원(沈通源)은 외척의 명문 거족(巨族)으로 물욕을 한없이 부려 백성의 이익을 빼앗는 데 못하는 짓이 없었으니, 큰 도둑이 조정에 도사리고 앉아 있는 셈이라, 하류들도 모두 휩쓸려 이익을 추구함에 있어 남에게 뒤질세라 야단이요, 오직 자기만 있는 줄 알고 임금은 생각하지도 않게 되었다. 백성들이 곤궁하여 재물이 떨어지게 되면 서로 모여서 도둑이 되는 것인데, 하나가 창도하자 백 사람이 호응하여 서쪽 변방이 소란스럽게 되었고 양민이 해를 입어 마을이 텅 비게 되었으니, 아! 참 혹스럽다.

『명종실록』 16년 1월 3일

임꺽정의 주요 활동 무대가 황해도였던 것은 우연이 아니었다.

황해도는 '사신이 왕래하는 길목에 있어 백성들이 숙식을 접대하는 비용이 다른 도의 10배'라고 하였듯이 명과의 주요 교통로가 많았던 지역으로 농민들의 부담이 타도에 비해 무거웠다. 북방으로의 부방(赴防)과 진상의 번거로움은 황해도의 2대 민폐였다. 북방으로의 부방은 1555년의 을묘왜변으로 일시 중단되었으나 1559년부터 재개되었다. 황해도에는 많은 토지가 훈척들의 농장으로 절수되고 몰락한 농민들이 전호로 전락하거나 유랑하고 있었다.

또 황해도는 육식의 습관이 있었다. 쇠고기를 상식하는 몽고군이 오랫동안 황해도에 주둔하여 황해도 주민들도 쇠고기를 상식하게 되었고 도살업에 종사하는 백정(白丁)이 늘었다. 도살업의 발생지로 알려진 황해도 봉산(鳳山)이 임꺽정의 본거지가 된 것은 이와 관련이 있다. 백정은 고려 시대에 양수척(揚水尺)·화척(禾尺)·재인(才人)이라 불린 무리들로 백정이라 개칭된 것은 조선 세종 5년(1423) 10월이었다. 고려 시대의 백정과 구분하여 신백정이라고도 하였다. 이들은 생활양식이 달라 농경 생활에 적응하지 못하고 조선 초기에도 남녀가 떼를 지어 다니며 약탈 행위를 일삼아 조선 정부의 골칫거리였다. 이들은 기마와 궁술에 능하여 고려 때부터 군역에 동원되기도 했다.

임꺽정 무리에는 일반 백성뿐 아니라 상인, 장인, 아전들도 있었다. 임꺽정 무리의 활동은 명종 16년 후반부터 더욱 활발해져 정부의 큰 근심이 되었다. 나날이 치열해지는 이들의 활동에 두려움을 느낀 조정은 거의 매일같이 이들을 잡는 일을 논의하였다. 같은 해 10월 6일에 좌의정 이준경(李浚慶)은 수도의 장수 중에서 위망과 지략이 있는 자를 보내 굳세고 용맹스러운 자들을 뽑아 거느리게 하고 또 한 도의 군대를 동원하여 그 가운데 도적의 실정을 잘 아는 자를 통부(統府)에 나누어 배정하도록 건의하였다. 그리고 경기·함경·평안·강원 4도에서 일제히 군대를 일으켜 철저히 수색하고 하나도 빠져나가지 못하게 하자고 하였다. 명종은 이를 따랐다. 『명종실록』에서 사관은 "좀도둑 때문에 장수를 보내고 군대 일으키는 일을 논하니, 조정에 기강이 없음을 알 수 있다"고 평하였다. 남치근(南致勤)이 토포사(討捕使)로, 백유검(白惟儉)이 순검사(巡檢使)로 황해도에 파견되었다.

이와 같은 정부의 초강경 진압책에 임꺽정의 세력은 거의 꺾였다. 장기간 관군과 치열한 격전을 벌여 무리 중에 사납고 날랜 자들은 거의 섬멸되고 수도 크게 줄어들었다. 관군은 본진을 재령에 두고 임꺽정은 마지막에 구월산성으로 들어갔는데 가장 정예의 심복만 따라갔다. 관군은 포위망을 좁혔고 투항자가 늘어 최후에는 대여섯 명밖에 남지 않았다. 남치근은 황주에서 해주에 이르기까지 장정들을 모두 징발하여 문화에서 재령까지 낱낱이 수색하였다.

남치근은 임꺽정 무리를 잡는 과정에서 많은 비행과 폐단을 자아내었다. 토벌을 빙자하여 백성들을 마구 체포, 구금하고 재산을 닥치는 대로 약탈했는데 황해도의 피해가 심해 토벌대의 횡포로 '한 개의 도가 텅 비었다'는 말이 나오게 되었다. 남치근은 살육을 자행하면서 양반들도 잡아 함부로 매를 때리니 백성들이 한시도 마음을 놓지 못했다. 임진왜란 때 황해도 지역에서는 의병 활동이 매우 부진했는데 이는 지극히 당연한 일이었다(의병 활동이 부진했다는 이유로 황해도 출신은 벼슬살이 할 때 차별 대우를 받게 된다).

　결국 명종 17년 1월 3일 임꺽정은 서흥(西興)에서 체포되었다. 남치근은 임꺽정을 토벌한 뒤에도 그의 아들, 손자, 3~4세의 어린 아이들까지 잡아 남김없이 죽였다. 명종은 남치근에게 토지 50결과 노비 1백 명을 주어 포상하였다.

　벼슬아치와 왕실의 부패는 이조 500년 동안 더 심해지면 심해졌지 결코 나아지지 않았다.

　16세기 이후 관리의 녹봉은 줄어들었다. 양대 전란 이후인 17세기 중반기에는 15세기에 비해 10분의 1 수준으로 감소했다. 이런 상황 때문에 관리가 지위를 이용해 이익을 추구하는 일은 지나치지 않으면 묵인되었고 나중에는 당연한 것으로 여겨졌다. 양반 관료층 사이에는 광범위한 선물인지 뇌물인지 구분하기 어려운 상호부조 행위가 일상적이었다.

　1894년 청일 전쟁 직전에 조선을 방문하고 이후 2년간 중국, 조선, 일본, 연해주를 여러 차례 방문하고 여러 여행기를 쓴 이사벨라

비숍 여사는 관찰력이 뛰어났다. 비숍은 조선 관리의 부정부패에 대해 여러 차례 언급했는데 다음은 그 하나다.

> 가렴주구의 형태 가운데는 강제 노역, 합법적으로 세금의 양을 두세 배로 늘리거나, 강제로 대부금의 상환을 요구하거나 소송의 경우에 가혹한 뇌물을 요구하는 등의 방법이 있다. 가령 어느 사람이 조금만 돈을 모았다고 알려지면 관리들이 그것을 빌려줄 것을 요구한다. 만약 그 요구를 받아들여 돈을 빌려주면 빌려준 사람은 원금이나 이자를 받을 수 없는 경우가 허다하고 만약 거절하면 체포되어 구금되며 당사자는 그의 친척이 그 돈을 낼 때까지 구타한다.
> 이러한 정도로 착취가 심하기 때문에 겨울이면 추위가 심한 북쪽 지방의 농민은 수확한 후에 현금이 생기면 땅에 구덩이를 파고 돈을 집어넣어 그 위에 물을 붓고 얼린 다음 그 위에 흙을 뿌린다. 그렇게 해야 관리와 그 도적들로부터 벗어나 안전하게 돈을 지킬 수 있다.

왕자들의 만행

이조에서는 가장 모범이 되어야 할 왕자, 공주 등 왕족 가운데에는 국법이 안중에도 없는 무법자 내지 법을 초월한 자들이 많았다. 대표적인 예가 선조 이연의 자식들인 임해군(臨海君) 이진(李珒), 정원군(定遠君) 이부(李琈), 순화군(順和君) 이보(李𤣰)였다.

순화군 이보는 이연의 6남으로 1580년(선조 13년) 생이다.

1607년(선조 40년) 3월 18일 죽으니 실록은 이렇게 기록했다.

이보(李⺊)가 졸하였다.
(이)보는 왕자다. 성질이 패망(悖妄)하여 술만 마시면서 행패를 부렸으며 남의 재산을 빼앗았다. 비록 임해군이나 정원군의 행패보다는 덜했다 하더라도 무고한 사람을 살해한 것이 해마다 10여 명에 이르렀으므로 도성의 백성들이 몹시 두려워 호환(虎患)을 피하듯이 했다. 이에 양사(兩司)가 논계하여 관직을 삭탈하고 안치시켰는데, 이 때에 이르러 죽었다. 주상이 특별히 명하여 그의 직을 회복시켜 순화군(順和君)이라 하고, 익성군(益城君) 이향령(李享齡)의 아들 이봉경(李奉慶)을 후사(後嗣)로 삼았다.

실록의 졸기(卒記)로 그의 일생이 어떠했는지 짐작할 수 있다. 그의 행각을 실록에 있는 것만 추려 본다.

정언 이이첨이 와서 아뢰기를,
"수안(遂安)은 길가의 고을로 지금 중전(中殿)께서 머물러 계시는 곳인데, 본 고을의 비축 양식이 고갈되어 내전의 지공 및 호위하는 여러 신하가 받는 요미(料米)를 일체 연해의 고을에서 조달하고 있습니다.
현재 중국군의 군량과 전세(田稅)로 받아들인 쌀·콩 등 각종을 운반하는데 민력이 벌써 고갈되어 앞으로 버틸 수가 없습니다. 시위하는 대신도 이 폐해를 눈으로 보았으니, 이주(移駐)하시기를 계청한 것은 이유가 있는 것입니다. 속히 이주시켜 민력을 펴도록 하소서.
순화군(順和君) 이보(李⺊)는 오랫동안 신계(新溪)에 머물러 있으면서 형장(刑杖)을 너무 가혹하게 쳐서 인심이 원망하고 떠나 뿔뿔이 흩어지는 자가 줄을 잇는다고 하니, 지극히 놀랍습니다. 파직을 명하고 속히 올라오게 하여 떠돌며 폐단을 일으키는 일이 없도록 하소서. 황해도 관찰사 유영순(柳永詢)은 순행할 때 추종(騶從)을 너무 많이 거느리고 다녀 여러 고을에 폐해를 끼쳤으니 추고를 명하소서."하였다.
답하기를,
"중전은 지금으로서는 이주하기 어렵고, 순화군은 파직까지 할 수는 없으니 이미 올라오게 하였다. 유영순을 추고하는 것은 아뢴 대로 하라." 하였다.

(『선조실록』 선조 30년 11월 8일)

이때는 1597년으로 '정유왜란'이라 하여 일본이 4년간의 강화를 깨고 대거 재침한 해이다. 백성을 보듬어야 할 때에 사람을 매질하는 것이 취미였다. 실상은 재산이 좀 있는 사람을 붙들어 매질하여 강탈하고 있는 것을 이이첨이 완곡하게 표현한 것이다. 그런데도 임금은 전혀 처벌하지 않고 서울로 불러들이는 것으로 마무리 했다.

지평 이필영(李必榮)이 와서 아뢰기를,
"중외(中外)의 공사(公事)는 아무리 비밀이라 하더라도 반드시 대간으로 하여금 참여하여 보게 하는 것은 그만한 뜻이 있어서입니다. 저번에 온양 군수(溫陽郡守) 유대형(兪大衡)의 비밀 첩문(牒文)을 의금부에 내린 뒤에 본부가 재삼 관문(關文)을 보내어 보내줄 것을 요구하였으나 의금부는 전례가 없다는 것을 이유로 거절하여 언관으로 하여금 참여하여 듣지 못하게 하였으니, 일이 매우 놀라울 뿐 아니라 또한 후일의 폐단이 없지 않을 것입니다. 색낭청은 파직하고 당상은 추고하소서.

순화군 이보는 강가에 나가 살면서 이웃 사람을 타살(打殺)하였는데 피살자의 연고자가 위세에 눌려 감히 소장을 내지 못하고 있으니, 유사(有司)로 하여금 시급히 추핵하여 그 실상을 알아내어 율에 따라 정죄하게 하소서.
당부(當部)의 관원 또한 귀와 눈이 있을 것인데도 여러 날 동안 덮어두고 끝내 신보(申報)하지 않았으니, 일이 매우 놀랍습니다. 파직하소서. ……" 하였다.
상이 이르기를,
"아뢴 대로 하되 의금부의 일은 사체가 지엄하고 이미 전례가 없으니 새로운 사단을 열기는 어렵다. 헌부가 관례대로 서리를 보내어 등서하도록 하라. 윤허하지 않는다." 하였다.

(『선조실록』 선조 32년 3월 25일)

사람을 때려죽였는데 피해자 쪽에서 범인이 왕자이므로 관에 고소하지도 못한 것이다. 종실의 범죄를 처리하는 의금부도 사건을 임금에게 보고하지도 않았다. 이에 사헌부 관원 이필영이 임금에게 직보한 것이다. 이보는 이 사건으로 전혀 처벌받지 않았다.

선조 33년(1600) 6월에는 왕비인 의인왕후 박씨가 별세했다. 국상 중인 7월 이보는 자신의 생모 순빈 김씨를 모시는 궁녀를 왕비의 관이 모셔진 빈전 옆 천막으로 붙잡아 끌고 가 겁탈했다. 목격자가 많을 수밖에 없었다.
거열형에 처해야 하는 범죄였지만 임금은 겨우 경기도 수원부로 귀양을 보내는 것으로 끝냈다. 그런데 이보가 수원에서 저지르는 행패도 엄청났다. 이에 사헌부가 보고했다.

사헌부가 아뢰기를,
"순화군 이보는 '상의 네째 아들이다' 심성(心性)을 잃어 이미 교화하기 어려운 사람이 되었습니다.
상께서 사랑하는 마음을 끊고 법을 보이시어 특별히 외방으로 내쳐서 두려워하는 마음을 갖고 근신하게 하였으니, 보고 듣는 자들로 어느 누가 감격하지 않았겠습니까. 그러나 배소(配所)로 떠난 후로 방자함이 날로 심하여져 회개할 줄을 모르고 오히려 사리(事理)에 벗어난 일을 시키며 조금이라도 자기 뜻대로 되지 않으면 문득 가혹한 형벌을 가하여 무고한 자가 곤장을 맞아 죽게 하였습니다.
이에 도망하여 피하는 자가 많아지고 온 부(府)의 사람들도 모두 두통거리로 여기고 있습니다. 만약 지금 당장 처리하지 않는다면 기내(畿內)의 큰 부(府)가 폐허가 될 뿐만 아니라 의외의 변이 일어나 위로 성명(聖明)의 후회를 끼침이 반드시 적지 않을 것입니다. 만약 그를 도성(都城) 안에 있게 하여 담장을 높이 쌓고 문금(門禁)을 엄하게 한 다음 출입하지 못하도록 한다면 그가 비록 심성을 잃기는 했지만 지척에 계신 상의 위엄에 필시 주의하게 될 것이니, 그렇게 되면 후일 난처한 상황은 벌어지지 않을 것입니다. 전일에 대신이 아뢴 대로 속히 거행하소서. ……"하였다.

답하기를, "도성 안에 들어오게 할 수 없으니 본부에 있게 하고서 출입하지 못하도록 하라. 차사원의 일은 총호사로 하여금 의논하여 아뢰게 하라."하였다.

【이때 수원부의 사람들은 순화군의 광포함을 두려워하여 모두 투입되

어 다른 곳으로 옮겨가 하루라도 죽음에서 면하기를 바랐으므로 부사가 동헌(東軒)에 좌기(坐起)하여도 급사(給事) 어린아이 몇 사람이 있을 뿐이었다.

그 후에는 해가 더욱 심하여 부사마저 먼 시골로 피해가니 마을이 텅 비어 장차 폐읍(廢邑)이 될 지경이었다. 순화군이 일찍이 임해군에게 "나는 비록 경망하여 사람을 구타하지만 형이 남의 전택(田宅)이나 장획(臧獲; 노비)을 빼앗는 것보다는 낫다."하였는데, 사람들도 이 말만은 그렇다고 여겼다. 대개 임해는 백성의 재물을 무리하게 마구 빼앗았으니 그 악독함이 더욱 가혹하였다.】

사신은 논한다.
대간(臺諫)은 분명히 대신과는 다른 점이 있어야 한다. 순화군이 사람을 죽인 것에 대해서는 적용되는 율(律)이 있기 마련이므로 대간의 입장에서는 법에 의거하여 청해야 할 텐데 그렇게 할 줄은 모르고 한갓 대신의 여론(餘論)만 주워 모았으니 어찌 풍헌(風憲 : 풍기를 바로잡고 관리를 감찰하는 직)의 자격이 있다 하겠는가.

(『선조실록』 선조 33년 11월 25일)

이보의 행패를 견디지 못해 수원에 거주하는 주민들이 대거 도주하여 수원부가 폐읍이 될 지경에 이르자 이연은 다시 한양으로 압송해 연금하라는 명을 내렸다. 한양에 와서도 그 패악은 그치지 않았는데, 임금이 엄하게 명령을 내려 문을 봉쇄하는 지경에 이르자 그때서야 잠잠해졌다. 왕실의 비행을 은폐하는 편인 실록의 기록이 이 정도이니 순화군 이보의 악행은 상상을 초월하는 것이었다고 할 수 있다. 그럼에도 국왕은 실질적으로 아무런 처벌도 하지 않았다.

정원군 이부는 이연의 5남으로 자신의 영향력을 이용하여 과거에 처남을 합격시켜 사헌부에 탄핵당하기도 하고 군적 회피자를 돈 받고 자기 집에 숨겨주기도 했다.

선조 35년(1602) 9월 13일의 기록을 보면 정원군의 가노들이 임금의 형수이자 정원군의 큰어머니인 하원군의 부인을 납치하는 강력 범죄도 저질렀다.

노복들과 창기(娼妓) 대여섯이 하원군 집 앞을 지나다가 하원군의 노비와 싸우게 되었는데 하원군 부인이 나와서 말리려다가 도리어 집이 습격당하고 노비들한테 끌려가 감금된 것이다. 큰어머니가 납치된 사건임에도 불구하고 정원군은 오히려 자기 집 노비들의 말을 듣고 말리는 종친들을 나무랐다가 새벽이 되서야 겨우 풀어줬다.

사간원이 아뢰기를,
"이달 10일 초저녁에 정원군의 가노(家奴) 7인이 창기를 끼고 하원군의 집 앞을 지나는데, 하원군의 가노들이 불의에 달려 나와 길을 막고 창기와 다투다가 이어 격투가 벌어졌습니다.
정원군의 가노들이 즉시 자기네 온 무리를 이끌고 불을 밝힌 채 몽둥이를 들고 하원군의 궁 안으로 달려들어 무수히 난동을 부리며 가산을 때려 부쉈습니다. 갑자기 일어난 사건이라 하원군 부인은 어찌할 바를 모르다가 이외의 일이 생길까 염려하여 모든 시비(侍婢)들을 불러 옹위를 받고 있을 때 정원군의 가노들이 함부로 시비들을 몰아내고 부인을 색문동(塞門洞) 신궁(新宮)으로 데려다 한 곳에 가두었습니다.
영제군 이석령과 익성군 이향령이 기별을 듣고 달려와 백방으로 애걸했으나 문을 열어 내보내지 않았습니다. 어쩔 수 없이 정원군에게 달려가 고하니, 궁노의 참소가 이미 들어간 뒤이므로 정원군이 직접 그 궁에 도착하여 구하려 하지 않을 뿐만 아니라, 방자하게 성을 내며 '채워 놓은 내 궁문을 어떤 사람이 당돌하게 열려고 하는가.' 하면서 마구 책망을 하였으니 현저하게 그 일을 지시한 듯한 정상이 있었습니다.

(이)석령 등은 부인에게까지 모욕이 미칠 것이 두려워 울면서 풀어주기를 청하여 4경이 지난 뒤에야 겨우 빠져나와 돌아올 수 있었습니다.

하원군 부인 이씨(李氏)는 (덕흥)대원군 집 며느리며 정원군에게는 백모(伯母)가 되는데 어떻게 차마 이렇게 할 수 있겠습니까. 인간의 도리 상 절대로 있을 수 없는 일입니다.

정원군 이부는 파직 불서(罷職不敍)를 명하시고 정원의 궁노는 천한 노복으로서 궁가의 세력을 빙자하여 제 주인 집의 존속에게 이처럼 심한 욕을 보이기까지 했습니다. 강상(綱常)에 관계된 일이니 일일이 적발해 나국하여 율에 따라 죄를 정하도록 명하소서. 종부시(宗簿寺; 종실의 비위를 규찰하는 기관)의 관원들은 평소에 검찰하지 않아 이러한 변이 일어나게 했으니, 아울러 파직시키고 제조(提調)는 추고하도록 명하소서."

(『선조실록』 선조 35년 9월 13일)

임금 이연은 강상에 관계된 이 일을 살펴서 조처하겠다며 얼버무렸는데 병조정랑 임학령(任鶴齡)이 엄벌을 요구하자 오히려 간인(奸人)이라 몰아붙이며 파직했다.

【이 사건의 진상은 정원군 이부가 큰어머니를 납치하여 성폭행한 것일 수도 있다.】

이연은 선조 37년(1604) 6월 25일 임진왜란의 공신을 책봉했다. 그중 왕을 호위하여 의주까지 간 것을 공이라 하여 호성공신(扈聖功臣)이 있었는데 이연은 아들인 정원군 이부를 1등 공신으로 했다. 이는 선무공신 1등인 이순신과 동등한 공이라고 평가한 것이다.

정원군 이부의 아들 이종(李倧)이 1623년 반정으로 임금이 되니 묘호가 인조이다. 이 때문에 정원군의 비행은 실록에 거의 실리지 않았다. 사관이 순화군의 졸기에서 비행이 정원군보다 덜 하다라고 언급하여 실상을 암시했을 뿐이다.

임해군 이진은 이연의 장남으로 모친은 공빈 김씨이다. 이진은 구타, 강도, 권력을 이용한 재산 강탈, 공물 약탈을 자행했다. 살인도 참으로 많이 했다. 다음은 실록에 나오는 몇몇 예이다.

> 간원이 아뢰기를,
> "임해군 이진이 전 주부(主簿) 소충한(蘇忠漢)을 지척의 궁궐 담장 밖에서 몽둥이로 때려 죽였습니다. 대낮에 아무 거리낌없이 살인을 했으니 국가의 법이 어디에 있는 것입니까. 유사(有司)로 하여금 법에 따라 조사해서 율에 비추어 시행하게 하소서.
> (『선조실록』 선조 35년 7월 4일)

주부(主簿)는 조선시대 종 6품 관직으로 관청의 문서를 관리했다. 대낮에 전직 관리를 때려죽였는데도, 임금은 아무런 처벌도 하지 않았다. 일반 백성이었으면 강상죄에 해당해 능지처사나 거열형에 처해질 일이다.

임해군 이진이 저지른 범죄의 압권은 선조 36년(1603) 8월 21일에 일어난 전 도승지 유희서(柳熙緖, 1559~1603) 살해였다.

유희서는 본관은 문화(文化)로 아버지는 영의정을 지낸 유전(柳㙉)이며, 어머니는 김업(金業)의 딸이다.

유희서는 선조 12년(1579년) 소과에 합격하고, 1586년 알성문과에 병과로 급제하여, 홍문관 정자를 지냈다. 1592년 임진왜란이 일어나자 유성룡(柳成龍)의 종사관으로 명나라 군과의 외교 실무를 맡았다. 1593년 병조정랑·사헌부장령·사간원정언을 역임하고, 1595년 세자 시강원 문학을 지냈다.

1596년 예조참의를 거쳐 동부승지와 우부승지를 역임했다. 1599년에는 도승지를 지내면서 내의원 부제조(內醫院副提調)를 겸임했다. 이어 개성부의 유수(留守)를 지낸 뒤 경기도 관찰사를 역임했다. 1603년(선조 36) 유성군(儒城君)으로 습봉(襲封)받았는데(부친인 유전이 유성군으로 봉작되었다), 이해 8월 경기도 포천(抱川)에서 휴가를 보내다가 살해되었다.

이진은 유희서의 애첩 애생(愛生)과 사통하였는데, 애생을 독차지하려 가노 김덕윤(金德允)에게 유희서를 죽이라 명했다. 김덕윤은 임해군의 집에서 응문(應門; 손님을 접대함)하는 종이었다. 김덕윤은 자신의 종 춘세(春世)와 도적 설수(雪守), 황복(黃福) 등을 사주하여 유희서를 살해했다.

처음에는 도적에게 살해된 것으로 알려졌다.

경기 관찰사 강신(姜紳)이 치계(馳啓)하였다.
"유성군(儒城君) 유희서가 소분(掃墳 : 집안에 경사가 있을 때 조상의 무덤을 깨끗이 청소하고 제사 지내는 것)하려고 휴가를 얻어 포천 땅에 있었는데, 21일 밤에 화적(火賊) 30여 인이 모두 말을 타고 돌입하여 가슴을 찔러 죽였으며, 잡물(雜物)은 전혀 훔쳐 가지 않고 말과 옷만을 가져갔습니다. 재신(宰臣 : 정3품 당상관 이상의 벼슬)이 도적의 피해를 당한 것은 근고(近古)에 없던 변고이니, 매우 놀랍습니다. 감히 치계합니다."

(『선조실록』 선조 36년 8월 22일)

재신(宰臣)이 도적에게 살해되었다는 소식에 조정이 발칵 뒤집히고, 이연은 23일 경연을 열지 않았다. 형조와 우포도청이 수사에 나섰다. 사건 관련자 춘세, 황복, 설수, 김덕윤이 체포되어 진상을 자백했다. 임해군이 손을 써 이들은 차례로 옥에서 피살되었다.

포도청(捕盜廳)

조선시대 죄인의 심문과 도적의 포획 및 도적·화재 예방을 위해 순찰 등의 일을 맡았던 관청으로 약칭하여 포청(捕廳)이라고도 했다.
조선 초기 사법기관으로는 의금부·형조·한성부·사헌부 등이 있었다. 문종 때부터 포도전담관을 설치하자는 논의가 있었는데, 성종 즉위년에 포도주장(捕盜主將) 박중선(朴仲善)이, 성종 1년에 포도장(捕盜將) 이양생(李陽生)이『실록』에 보인다. 이로 보아 포도청은 성종 초에 설치된 것으로 추측할 수 있다.
성종 12년(1481)에는 포도사목(捕盜事目)을 제정해 서울과 경기를 좌우로 나누고 2인의 포도장이 책임을 맡게 하였다. 한성5부(漢城五部)에 포도장을 1인씩 둔 적도 있으나 대체로 좌포도대장, 우포도대장 2인을 두었다.
좌포도청(左捕盜廳)은 현재 서울 종로구 수은동에, 우포도청(右捕盜廳)은 현재 종로구 종로1가에 있었다. 좌포도청은 한성부의 동부·남부·중부와 경기좌도(京畿左道 : 경기도의 한강 이남 지역)를 관할하였고, 우포도청은 한성부의 서부·북부와 경기우도(京畿右道 : 경기도의 한강 이북 지역)를 관할했다.

> 『속대전』에 따르면 좌·우포청에 각각 대장(大將, 종2품) 1인, 종사관(從事官, 종6품) 3인과 부장(部將) 4인, 무료부장(無料部將) 26인, 가설부장(架設部將) 12인, 서원(書員) 4인씩을 두었다.
> 『만기요람』에는 대장과 종사관은 이전과 같고, 부장(部將)은 없고 군관(軍官) 각 70인, 군사(軍士) 각 64인씩으로 되어 있다.
> 포도대장은 포도청을 지휘, 감독하는 책임자로 왕의 행차 때 수행했다.
> 종사관은 포도대장을 보좌하고 죄인의 심문을 주관하는 등 실무를 담당했다. 부장·무료부장·가설부장은 군사를 지휘해 포도나 순라에 임하였고, 서원은 중인 신분으로 사무기록을 맡았다.
> 1894년 갑오경장으로 좌·우포도청을 폐합해 경무청(警務廳)을 설치하고 내무아문(內務衙門)에 부속시켰다. 책임자인 경무사(警務使)는 왕과 직결되어 독립된 임무를 수행하였으며, 경찰지휘권을 이용해 큰 영향력을 행사했다.

임해군의 횡포는 이루 말할 수 없었다. 수사 와중인 선조 37년(1604) 1월 13일 임해군의 가노들은 김덕윤의 시체를 매고 죽은 유희서의 집으로 몰려가 행패를 부렸다. 14일 밤에도 40여 명이 무장하고 몰려가 위협했다.

이에 유희서의 모친으로 전 영의정 유전의 아내 김씨(金氏)가 사헌부에 소장을 냈다.

> 아들 유희서가 살해된 뒤로 이제 한 해가 지났으나 유사(有司)의 관원이 법을 집행하지 못하여 죄인을 일찍 잡지 못하게 만들었으므로 밤낮으로 원통하여 울고 있는데, 이달 13일에 임해군 방의 종이라고 칭하는 자 30여 명과 여인 3명이 도둑 김덕윤의 시신을 메고 집안으로 돌입하여 죽은 아들의 궤연(几筵; 죽은 이의 혼령을 위해 차려 놓은 영궤(靈几)와 그에 딸린 물건)에 버려두고 말하기를 "유희서의 어미·아내·자녀들은 이 시신을 함께 먹으라"고 하므로, 여자들이 황급하여 어쩔 줄 몰라 하며 며느리·손녀와 함께 호

곡(號哭)하면서 밖으로 나왔다.

그러자 여자인 나의 머리채를 잡아끌고 밀고 차고 때리고 욕하였으며 며느리 등도 때릴 즈음에 마침 이웃 사람들이 구제해 주어 다행히 다치고 죽는 것을 면했다.

또 14일 밤에 궁시(弓矢)와 환도(環刀)를 가진 자 40여 명이 포위하여 시신을 빼앗고는 "감히 나오는 자가 있으면 반드시 죽일 것이다."고 말하며 갖가지로 공갈하므로 더욱 마음이 아팠다.

위에서 궁노(宮奴)라고 칭한 정달마(鄭達亇)·정업(鄭業)·벌여(伐汝) 등은 우선 잡아다가 엄히 추문(推問)하여 법에 따라 치죄하고, 전후에 데리고 온 세력에 의지하여 난을 일으킨 자들도 모두 낱낱이 궁추(窮推)한 다음 죄를 주어 나라의 기강을 중하게 하고 지극히 분통한 것을 풀어 달라.

수사를 통해 임해군이 유희서 살해를 사주한 것이 드러나자 이연은 오히려 무고(誣告)로 몰았다. 일이 커지자, 좌의정 윤승훈(尹承勳)이 위관이 되어 의정부·의금부·사헌부의 합동 수사를 지휘했는데, 임금이 바라는 수사 결과를 냈다. 대간 가운데 아무도 바른 말 하는 자가 없었다.

사건 관련자는 무혐의 처분을 받아 방면되었고 이 사건을 수사하던 우포도대장 변양걸(邊良傑)과 유희서의 아들 유일(柳軼)이 왕자를 무고했다는 판정을 받았다. 이 경우 마땅히 역적의 처벌을 받아 처형되어야 했으나 임금이 '자비를 베풀어' 장형을 받고 유배되는 걸로 사건은 끝났다.

【선조 37년 2월 14일 이연은 유일은 장 100에 유배 삼천리, 변양걸은 장 90에 도 2년 반의 형을 내렸다.】

선조 37년 3월 27일 이연은 자신의 처결을 변호하는 비망기를 승정원에 전했다. 다음은 그 내용의 일부이다.

대저 변양걸은 자신이 한 나라의 대장(大將)으로서 권세가를 두려워한 나머지 고분고분하게 명령받기를 마다하지 않아 유일(柳軼)을 집안으로 맞이하여 체모와 사리를 돌보지 않는 짓을 하였으며, 아무도 모르게 간사한 꾀를 내어 더없이 치밀하게 속임수를 짜고서는 적초(賊招; 도적의 공초)에 있지도 않은 말을 날조하여 왕자(王子)를 불측한 지경에 빠뜨렸다.
그리하여 삼성(三省)을 차리고 옥사를 일으키게 되었는데, 참혹한 형벌을 마음대로 가하여 법망에 빠뜨려 넣음으로써 지극히 흉악한 계책을 기필코 이루려고 했으나 이것이 누가 한 짓인지 모르게 하였다. 그렇다면 상을 주어야 할 일인가. 벌을 주어야 할 일인가. 가령 (박)삼석(三石; 사건 주요 관련자)이 한번이라도 형벌에 못 이겨 속여서 자복했더라면, 장차 임해군을 어떻게 조처했을 것인가. 아, 차마 말할 수 있는 일이겠는가. 옛날에도 이러한 옥사가 있었다는 말을 들어보았는가.
당초 형조의 계목(啓目)을 보았을 때 좌우를 돌아보며 이르기를 "어찌 이럴 수가 있겠는가. 이치에 닿지 않는 일은 있을 수 없다. 내가 무지하다면 모르지만 조금이라도 아는 것이 있고 보면 자연히 판별하게 마련이다. 여기에는 필시 곡절이 있을 테니 걱정할 것 없다. 살인했다는 말이 어찌 증삼(曾參; 증자)에게 누(累)가 되겠는가." 하였다.

【증삼은 공자의 제자인 부친 증점(曾點)의 권유로 16세에 공자를 스승으로 섬겼다. 증삼은 공자에게 '노둔하다'는 평가를 받기도 했지만 항상

자신의 수신(修身)에 주의하여 '오일삼성오신(吾日三省吾身; 하루에 세 번씩 자신의 행동을 반성함)'의 자세로 공자의 충서(忠恕; 자신 및 타인에게 정성을 다함)의 도를 실천하려고 노력했다.

공자의 학설을 적극적으로 전파시켰는데, 공자의 손자인 공급(孔伋)에게 학문을 전수했다. 자사(子思; 공급)는 맹자에게 학문을 전수했다. 그러므로 후세에 유가에서는 증삼을 종성(宗聖)으로 받든다.

증삼살인(曾參殺人)은 여러 사람이 무고(誣告)하면 무고 내용이 참인 것처럼 여겨지는 것을 말한다. 삼인성호(三人成虎)와 어느 정도 비슷한 의미이다.

『전국책(戰國策)』「진책(秦策)」에 나오는 이야기이다.

증자(曾子)가 노(魯)나라의 비(費)라는 곳에 있을 때의 일이다. 이곳의 사람 중에 증자와 이름과 성이 같은 사람이 있었다. 하루는 그가 살인을 했다. 그러자 사람들이 증자의 어머니에게 달려와 말하였다.

"증삼이 사람을 죽였습니다."

증자의 어머니가 말하였다.

"우리 아들이 사람을 죽이지 않았습니다."

그리고는 태연히 짜고 있던 베를 계속 짰다.

얼마 후, 또 한 사람이 뛰어 들어오며 말하였다.

"증삼이 사람을 죽였습니다."

증자의 어머니는 이번에도 미동도 않고 베를 계속 짰다.

또 얼마의 시간이 지났다. 어떤 사람이 헐떡이며 뛰어 들어와 말하였다.

"증삼이 사람을 죽였어요!"

그러자 증자의 어머니는 두려움에 떨며 베틀의 북을 던지고 담을 넘어 달렸다.

현명한 증자를 믿는 어머니의 신뢰에도 불구하고 세 사람이 그를 의심하며 말하니, 자애로운 그 어머니조차도 아들을 믿을 수 없는 지경이 되었다.

인간 세상에서는 스스로 아무리 진실하더라도 여론이 그렇지 않으면 어쩔 수 없이 그 사람은 여론이 묘사하는 인물이 되니 선전·선동의 효과는 큰 것이다.】

그대들은 차근차근 들어보라.
임해군이 와서 내 앞에 엎드려 목을 놓아 통곡하면서 극력 자기변명을 하기에, 내가 웃으면서 이르기를
"실로 너에게 책임이 있는데 어찌 남을 탓하는가. 하늘을 원망할 것도 없고 남을 허물할 것도 없다. 그저 순리대로 받아들일 뿐이다. 그러나 위에 구만리 창천(蒼天)이 가까이 있으니, 필시 옥사(獄事)가 이루어질 리는 없을 것이다. 설령 불행하게 되더라도 사람이란 한번은 죽지 않을 수 없는 법이니, 자신을 반성해 볼 때 곧다면 어느 경우인들 호연(浩然)하지 않겠는가.
대저 사람의 화복과 영욕은 모두 하늘에서 타고난 것이다. 그렇게 하지 않았는데도 그렇게 되는 것은 천명(天命)이다. 맹분(孟賁)과 하육(夏育)의 용맹으로도 어찌할 수 없고 소진(蘇秦)과 장의(張儀)의 언변으로도 바꿀 수 없는 것으로 죽게 되어도 원망하지 못하고 구해도 얻을 수 없는 법이다. 네가 어찌 지극히 묘하고 지극히 신기한 이런 이치를 알 수 있겠는가." 하였다.
이어 위유(慰諭)해 보냈다. 아, 그런데 차마 말할 수 있겠는가.

추국(推鞫)할 때에 당해서도 나는 일찍이 한 마디도 옳으니 그르니 하는 말을 하지 못하였고, 그 옥사를 취품(取稟)할 때에도 "그대들

이 의논하여 처리하라."고 유시하였다. 이는 대개 그 속에 끼어들어 간섭하고 싶지 않았기 때문이었다.

나의 병이 여러 달이 지나도록 낫지 않다가 이제 와서는 정신이 없고 숨이 곧 넘어갈 듯하여 귀신과 이웃이 된 격이라 하겠다. 이 역시 이 옥사가 발미가 되지 않았다고 할 수도 없을 것이다.

그러던 중에 유씨 부인(柳夫人)이 글을 올려 호소한 것을 보고서야 비로소 두 아들이 흉하게 죽었다는 것과 뒤를 이을 손자 하나도 없다는 것을 알았다. 이에 내가 측은하게 여겨 스스로 생각하기를 '남은 비록 나를 저버리더라도 나는 남을 저버려서는 안 된다. 유정승(유전)은 충성스럽고 근실하여 기세를 부린 형태가 하나도 없었고 국궁진췌(鞠躬盡瘁)하는 절의(節義)를 다했었다. 그래서 내가 평소에 박하게 대우하지 않았는데, 어찌 유명(幽明)을 달리했다고 하여 차이를 두겠는가.

가령 죽은 사람에게 혼령이 있다면 유(柳)가 반드시 날마다 나의 앞에 엎드려 머리를 조아리며 생명을 구걸할 것인데 내가 차마 할 수 있겠는가. 그의 마음을 벌주고 그의 몸을 귀양보내는 정도로 처리하면 그만이지, 어찌 꼭 끝까지 국문(鞫問)하여 뜻을 통쾌하게 하겠는가.' 하고, 마침내 차율(次律)을 적용하여 그(유일)의 옥사를 결단했던 것이다.

그런데 유일을 이미 결옥(決獄)한 이상, 그의 앞잡이였던 변양걸만 그대로 추국할 수는 없었으므로 동시에 조율(照律)하여 결단했던 것이다.

나는 '대신(大臣; 영의정 이덕형을 말함)이 필시 변양걸도 죽일 것을 청하여 임해군의 지극히 원통한 것을 펴주고 조정의 치욕을 씻을 것이다.' 생각하였는데, 그만 도리어 이런 말을 했으니, 또한 이상한 일이 아닌가. 이는 모두가 나 같은 사람이 이 자리를 차지하고 있기 때문에 빚어진 결과이다. 대간이 무슨 죄가 있겠는가.

이 말도 안 되는 궤변에 모두가 침묵하자 실록을 편찬할 때 사관은 이를 명시했다.

> 승정원은 후설지신(喉舌之臣; 목구멍과 혀의 역할을 하는 신하)의 지위에 있는데도 공손히 임금의 뜻만 받들 뿐 침묵을 지킨 채 말 한 마디 없었다. 삼사(三司; 사헌부·사간원·홍문관) 역시 말이 없었다.

사관이 이 비망기를 개탄하는 사초를 남겼는데 실록을 편찬할 때 사관이 집어 넣었다.

> 사신(史臣)은 논한다.
> 옛적부터 충성스러운 말을 하고 곧은 논을 펴는 선비는 대부분 거슬림을 받았지만 오늘날처럼 심한 경우는 없었다.
> ---------------- (중략) ----------------
> 왕자가 교만하여 방자하게 행동을 한 정상과 유일(柳軼)의 집에 옥사를 번복한 원통함은 천변을 불러들이고 국맥(國脈)을 손상시키기에 충분한 것으로서 시변(時變) 중에도 가장 큰 것이었다. 그런데도 대신은 영합하느라 감히 말하지 못하고 대간은 구차하게 용납하면서 감히 말하지 못했다.
> ---------------- (중략) ----------------
> 이런데도 과연 임금의 말이라 할 수 있겠는가. (이러니) 어떻게 귀근(貴近)들의 방자함을 단속하고 이미 흩어진 인심을 수습할 수 있

겠는가. 곧게 간한 것 때문에 충성을 다한 대신을 배척하고 (자식에 대한) 자애 때문에 조종(祖宗)이 부여한 책임을 망각하였는가 하면, 언로를 막고 구차하게 침묵을 지키는 것을 장려함으로써 사론(士論)을 위축되게 하고 국세가 나날이 깎이게 하였다.
사신은 오늘날 국가가 필경 어떻게 될지 알지 못하나, 연초(年初)의 흰 무지개[白虹]가 큰 재변이 아니라, **오늘의 비망기가 곧 나라를 망칠 명확한 증거라고 여긴다.**

이 사건은 이조의 본질을 적나라하게 드러낸 일이었다. 이연은 사건에 관계된 추안(推案; 신문 조서 문서)을 없애게 했다. 1608년 광해군이 즉위하자마자 임해군이 역적으로 몰려 귀양을 가니 다시 이 사건의 재조사를 했으나 사건 관련자는 애생 이외에는 찾을 수 없었고 추안이 없어 흐지부지되었다. 임해군이 역적으로 몰리지 않았으면 후세에 이 사건의 내막은 조금도 전해지지 않았을 것이다.

유희서 살해도 무사히 넘기니 임해군 이진의 악행은 더욱 심해졌다. 그의 노복은 민가로 쳐들어가 닥치는 대로 살인강도와 성폭행을 자행하였다. 너무도 백성에 피해를 주자 이연은 어쩔 수 없이 처벌하라 명했다. 그러나 이것은 연극이었다.

비망기로 승정원에 전교하였다.
"규문(閨門) 안에서는 은혜가 의리를 가릴 수도 있지만 조정에서는 의리가 은혜를 용납할 수 없다.
임해군 이진은 법규를 무시하고 비의(非義)를 많이 자행하여 사가(私家)에서 백성을 구타하며 노비를 마음대로 빼앗고, 사나운 종을

시켜 여염집을 부수며 가는 곳마다 주민을 침탈하여 닭이나 돼지에까지 피해가 미치므로 소민(小民)들이 원망하여 원성이 길에 가득하다.

양계(兩界)의 관기(官妓)를 데리고 살 수 없도록 조종조의 법제가 엄중하게 금하고 있는데도 성천(成川)의 기녀를 여러 해 동안 돌려보내지 않고 있다. 그러나 유사가 감히 거론하지 못하고 사헌부에서도 논박하지 못하여 방종함이 이와 같고 국법이 날로 무너져간다.

중외(中外)에 노비 등 물건을 빼앗긴 사람들로 하여금 모두 정소(呈訴)하게 하여 진위를 분별하여 각기 그 주인에게 돌려보낼 것이며, 성천의 기녀라고 하는 사람은 그 고을로 돌려보내고, 종으로 외람되게 민폐를 일으킨 사람은 헌부가 일일이 적발하여 치죄해서 여러 왕자들의 경계가 되도록 하라."

사신은 논한다.
"심하다, 임해군의 방종함이여. 남의 재물을 빼앗고 남의 전답과 노비를 겁탈하며 게다가 사나운 노복이 횡행하게 하여 여염집을 두루 욕보여서 그 원한에 찬 탄식은 차마 들을 수 없고 사람 죽이기를 초개와 같이 하니, 그 부도(不道)한 피해는 이루 말할 수 없다.
다행히 성교(聖敎 : 임금의 명령)가 한 번 내리자 도성 안 백성들이 춤을 추니, 이것이 이른바 한마디 말로 족히 나라를 일으킬 수 있다는 것인가 보다."

(『선조실록』 선조 39년 8월 23일)

이진이 백성의 살림집을 때려 부수고 닥치는 대로 재물을 노략하여 사헌부와 사간원에서 임해군의 파직을 요청한 기사가 여러 번 실록에 나온다. 아들을 수괴로 하는 무리가 무수히 강도강간을 하고 다니는 데도 그 아비인 임금은 처벌하지 않았다.

임해군의 본질은 극악무도한 조직폭력배 두목인데, 이조 500년 간 왕자 가운데 조직폭력배 두목이 많았다. 여두목도 있었다(공주와 옹주). 냉정히 말해 정도의 차는 있지만 이조의 왕자와 왕녀는 대개 범죄 조직 두목과 여두목이었다.

1592년(선조 25년) 임진왜란이 일어났는데, 1593년 초 일본군이 서울에서 물러나는 등 전세가 호전되었다. 그러자 전시 중인데도 왕자 무리는 강도짓을 했다.

> 사헌부가 아뢰었다.
> "…… **근년 이래로 여러 왕자궁(王子宮)의 사내 종 무리가 남의 집 종과 전답 및 재산을 강탈하는데도** 어느 누구도 감히 간섭을 하지 못하였으므로 이미 국가의 치유할 수 없는 병폐가 되었습니다. 민심(民心)을 크게 잃어 상에게로 원망이 돌아와서 국가가 전복되는 데 이르렀는데도 백성들이 오히려 국가를 원망하고 헐뜯는 것이 모두 이들이 빌미가 된 것입니다. ……"
>
> (『선조실록』 26년 7월 8일)

왕자와 공주 무리는 전쟁 이전에도 부정 축재에 열중했는데, 전시에도 피난처 황해도에서 날강도 짓을 계속했다.

법을 초월한 존재인 중국 황제도 왕자 등 근친의 비행은 엄히 다스렸다. 그래야 만백성에게 법을 강요할 수 있기 때문이다. 명 태조 주원장은 자신의 사위인 부마도위 구양륜(歐陽倫)이 외국에 사신으로 가서 사사로이 차(茶)를 팔아 이익을 챙기자, 국법을 어겼다고 처형했다. 이에 비해 이연은 최소한의 염치도 없는 자였다.

현재 한국 사회는 건국 초에도 그랬지만 '민주화 시대'를 맞은 지 수십 년이 지났어도 권력이 있으면 무엇을 해도 된다는 권력 만능주의, 권력은 법과 도덕을 초월할 수 있다는 권력 초월주의, 도덕 허무주의가 여전히 사람들의 마음 한구석에 또아리를 틀고 있다. 이는 엄연히 이조의 유산이다. 권력을 가진 자들이 상상을 초월하는 비행을 저지르고도, 외적이 침입했을 때 나라를 팽개치고 달아나도 죽을 때까지 부귀영화를 누리는 것을 500년 내내 목격했으니 말이다.

전시에 드러난 왕의 속마음

"어려울 때 친구가 참된 친구이다. A friend in need is a friend indeed."란 말이 있는데 모든 사람이 참인 명제로 받아들인다. 어려울 때 진실이 잘 드러나는 법인데, 인간 세상에 크나큰 불행을 가져오는 전쟁도 평화 시에 눈에 띄지 않았던 진실, 외면하고 싶었던 진실을 보이게 하고 '희망적 사고(wishful thinking)' 관습에서 벗어나게 한다.

선조 25년(1592) 일어난 임진왜란으로 이조가 어떠한 나라인지, 그 왕이 어떠한 사람인지가 적나라하게 드러났다. 왕은 사유 재산만 지키려 하고 백성을 적으로 보는 자였다.

 왜란을 당해 조선 민중의 처지는 말로 표현하기 어려울 정도로 비참해졌다. 가장 큰 문제는 식량난이었다. 버려진 경작지가 많아진 데다가 1595년까지 흉작이 계속되어 아사자가 속출했다.
 다음은 이에 관한 기록의 일부이다.

> 경기지방의 사민(士民)들이 크게 굶주려서 죽은 시체가 길에 가득했다. 사대수(査大受; 명의 장수)가 길을 가다가 어린애가 기어가서 이미 죽은 어미 젖을 먹는 것을 보고 유성룡에게 말하기를, "왜적이 아직 물러가지 않았는데도 인민이 죽는 것이 이와 같으니 장차 어찌할까요."
> 하고 탄식하기를, "하늘도 근심하고 땅도 슬퍼할 것이다." 했다.
> 유성룡은 눈물을 흘리며 남방의 의병장 안민학(安民學)이 실어 보낸 의곡(義穀) 수천 석을 가지고 진휼하기를 주청했고, 제독(이여송)도 애긍히 여겨 스스로 군인 먹일 군량을 나누어서 구제해 주었으나 백분의 1, 2에도 미치지 못했는데, 굶주린 백성이 잇달아 얻어먹으러 왔다. 개성의 3문 밖 몇 리 사이에서 그들에게 처량하게 얻어먹더니, 제독이 떠난 뒤에는 모두 즐비하게 죽었다.
> (『선조수정실록』 26년 2월 1일)

대사헌 김응남(金應南)이 (경성(京城)에 왔다) 서계(書啓)하기를,

"신이 처음 경성에 도착해 삼가 살펴보니 종묘사직과 궁궐은 모두 불타 허물어졌고 큰 집과 일반 민가들도 거의 무너져 연기만 자욱

하고 백골이 종횡으로 흩어져 있어 산하는 그대로이지만 시조(市朝)는 이미 변했습니다.

--------------- (중략) ---------------

창고에는 남은 양식이 없어 비록 진제(賑濟 : 진휼)하기 위해 장소를 차린다 해도 굶주리는 사람들을 두루 구제할 수 없어 하루에 죽어가는 사람이 몇 명이나 되는지 알 수 없을 정도였습니다. 쓰러져 죽는 사람이 길에 가득하고 썩어가는 인육(人肉)이 하천을 막고 있으며 살아 있는 자라 해도 모두 도깨비입니다. …
서울을 둘러싼 수백 리는 초목금수의 장소로 변했으며, 혹 살아 있는 백성들이 돌아와 부서진 곳에 돌아와 의지해도 명군의 뒷바라지와 빈번히 오는 사신 접대에 시달려 기름이 다하고 피가 말라서 살 방도가 없으며, 원망하고 울부짖으며 하늘에 외쳐대며 죽여 달라고 하나 죽지 못하는가 하면, 숲 속에서 목매어 죽기도 하고 말 앞에 뛰어들어 밟혀 죽기도 합니다. ……"

(『선조실록』 26년 9월 17일)

사헌부에서 아뢰기를,
"기근이 극심해 인육을 먹으면서도 전혀 괴이하게 생각하지 않습니다. 길바닥에 굶어 죽은 시체를 칼로 도려내어 한곳도 살이 남아 있지 않을 뿐더러, 혹은 산 사람을 도살해 위장과 뇌수까지 모두 먹고 있다고 합니다. 옛날에 사람이 서로 잡아먹었다는 말이 있지만 이렇게 심하지 않았을 것이니 보고 듣기에 극히 참혹합니다.
도성 안에 이와 같은 경악스러운 변이 있는데도 형조에서는 의지할 곳 없는 굶주린 백성이라 하여 전혀 체포하거나 금하지 않고 있으며, 발각되어 체포된 자도 또한 엄히 다스리지 않고 있습니다.

당상과 낭청을 아울러 추고(推考)하고, 포도대장으로 하여금 협동해 단속해서 일체 통렬히 금단하게 하소서." 하니 상이 따랐다.

(『선조실록』 27년 1월 17일)

…… 최흥원(崔興源)이 아뢰었다.
"굶주린 백성들이 요즘 들어 더욱 많이 죽고 있는데 그 시체의 살점을 모두 베어 먹어버리므로 단지 백골만 남아 성 밖에 쌓인 것이 성과 높이가 같습니다."
유성룡이 아뢰었다.
"비단 죽은 사람의 살점만 먹을 뿐 아니라 살아 있는 사람도 서로 잡아먹는데 포도군(捕盜軍)이 적어서 제대로 금지하지 못합니다."
이덕형이 아뢰었다.
"부자 형제도 서로 잡아먹고 있으며 양주(楊洲)의 백성은 서로 뭉쳐 도적이 되어 사람을 잡아먹고 있습니다.
반드시 조치를 취해 살 수 있는 길을 열어준 다음에야 서로 죽이지 않게 될 것이니 그렇지 않으면 금지시키기 어려울 것입니다." ……

(『선조실록』 27년 3월 20일)

선조 27년(1594) 5월에 이르러 '사람이 서로 죽여 잡아먹는 일[人相殺食]'은 더욱 심해졌다. 사람들은 살아남기 위해 먹을 수 있는 것은 아무거나 가리지 않고 먹었다. 명나라 군인이 술을 잔뜩 먹고 가다가 구토하자 천백의 굶주린 백성이 달려와서 머리를 땅에 박고 구토물을 핥아먹은 일도 있었다. 명의 장수 유정(劉綎)은 굶주려 죽은 시체가 쌓여 있는 것을 보다 못해 동문 밖에 진제소(賑濟所)를 차려놓고 기민(饑民)들을 구제하려 했다. 그러나 몰려든 기민들의 목숨을 조금 연장시켰을 뿐이다.

굶주린 백성은 도적이 되었다. 군량을 제대로 지급하지 않아 군졸도 도주해 도적이 되었다. 전국이 도적으로 들끓었다. 한강 이남에서 조령까지 도적들이 많아 행인이 두절될 정도였다. 관인과 군졸 가운데 도적과 내통하는 자가 태반이라 토벌이 불가능했다. 비변사는 강경진압에 반대하고 유화책을 주장했다.

> 경기 안에 도적이 성행함은 크게는 감사의 책임이고 작게는 수령의 죄입니다. 전일에 본사에서 계청하기를, 한편으로는 불러서 타이르고 한편으로는 공격해 잡아야 한다고 한 것은, 대저 **생업을 잃은 백성이 떼 지어 일어나 도적이 되어 곳곳에 가득하니 다 잡을 수도 없거니와 만약 모두 남김없이 멸하려 하면, 그들은 더욱 죽음을 각오하고 그 무리를 굳혀서 관군이 이르면 흩어져 흔적이 없고 떠나면 다시 모여 뭉치게 될 것입니다.** 이는 땅을 차지하고 성을 웅거하는 왜적과 달라서 이와 같이 처리하지 않을 수 없었기 때문입니다. ……
>
> (『선조실록』 27년 8월 26일)

전쟁으로 군량이 부족하고 백성이 굶어 죽는 상황에서 비변사는 국왕의 개인재산인 내수사의 수확을 군량으로 쓰자고 했으나 임금은 거절했다.

비변사가 아뢰었다.
"요즘 군량(軍糧)을 조치할 방책을 갖가지로 획책해 보았지만 다시 세울 방도가 없습니다. 생각하건대 각 도(道)에 있는 내수사의 노비가 만으로 헤아릴 정도인데 올해의 추수는 약간 풍년이니 모두에게 곡물로 신공(身貢)을 거두되 각기 가까운 고을을 도회소(都會所)로 하여 쌓아놓고 단단히 지키게 하소서.

만일 전쟁이 그치지 않아 군량이 모자라면 군량에 보태어 쓰게 하고 군량이 여유가 있으면 그대로 내수사에서 쓰게 하소서. 비록 다른 데 긴요하게 쓸 곳이 있다고 하더라도 내년 봄에는 반드시 곡식이 금처럼 귀할 것이니 곡식 저축을 풍부하게 해놓는다면 자연 무역(貿易)을 하여 쓰게 할 수 있을 것입니다. 이 계책은 궁·부(宮府) 모두에 편리한 것입니다."

답하기를,

"이 일은 할 만한 것이기는 하다. **다만 각도의 부유한 백성들에게는 많이 있을 것인데 어찌하여 가져다 쓰지 않는가.** 상격(賞格)을 넉넉하게 하라." 하였다.

【史臣은 논한다. 난리를 겪은 나머지 양식이 이미 고갈되었는데도 위에서는 오히려 궁(宮)·부(府)에 사사로움이 있었으니 어떻게 나라를 다스릴 수 있겠는가.】

(『선조실록』 26년 10월 6일)

'상격을 넉넉하게 하라'는 말은 납속(納粟)에 따른 포상을 넉넉히 하라는 말이다. 납속은 문자 그대로 '(국가가) 곡물을 거두다'는 뜻으로 흉년 시 국가가 곡물 확보를 목적으로 일정한 특전을 주고 일정량의 곡식을 받는 일이다.

납속 시 부여하는 혜택의 종류에 따라 노비를 양인이 되게 하는 납속면천(納粟免賤), 양인에게 군역의 의무를 면제해 주는 납속면역(納粟免役), 양인 이상을 대상으로 품계를 제수하고 양반의 경우 실제의 관직까지 제수하는 납속수직(納粟授職) 등이 있다.

이 같은 특전 부여는 문서로 증명할 수밖에 없으니 면천첩(免賤帖)·면역첩(免役帖), 향리의 역 면제 특전을 기록한 면향첩(免鄉帖), 고신첩(告身帖), 서얼허통첩(庶孼許通帖) 등 문서 종류가 다양하다. 고신첩은 품계와 관직을 기록한 관리 임명서이고 서얼허통첩은 서얼에게 과거를 치도록 허용하고 임용도 허용하는 문서이다.

공명첩은 임진왜란 중인 선조 26년(1593) 처음 발행한 것으로 받는 자의 이름 쓰는 난을 비워두었으므로[空名] 붙인 이름이다. 공명첩은 종류가 다양했다. 모속관(募粟官 : 납속자 모집 관원)은 곡물을 받고 공명고신첩(空名告身帖), 공명면역첩(空名免役帖), 공명면천첩(空名免賤帖), 공명면향첩(空名免鄉帖) 등을 주었다.

공명첩의 폐단은 처음 발급될 때부터 나타났다. 공명고신첩을 사사로이 주고받기도 하고, 문반과 무반의 인사관리를 하는 이조와 병조에서는 공명첩을 발급만 하고, 누가 어떤 공으로 받은 것인지 기록해 놓지도 않았으며, 사후 관리도 허술했다. 그러므로 지방관과 향리들의 작폐가 심했고, 위조한 공명첩이 나돌기도 했다.

공명첩 가운데 면역·면천·면향을 위한 공명첩은 효용이 있었다. 그러나 고신공명첩은 실직이 아니라 허직으로 가문의 지위를 높이는 데도 크게 영향을 끼치지 못하였다. 그러므로 비싸기만 하지 인기가 없었다. 지방관은 모속의 공을 올리기 위해 강제로 공명첩을 팔아 폐해가 컸다.

공명첩은 대체로 그 주는 특전이 명목뿐인 것이 많아 국가가 백성을 상대로 사기친다는 비난이 많았다. 이조 말까지 계속된 공명첩 발매와 강매는 한국인에게 뇌물 불감증을 심어 놓았다.

이렇듯 나라가 위태롭고 백성이 굶주리는 데도 나라의 주인이요 만백성의 어버이라는 임금은 백성의 재산을 털고 개인재산을 지킬 생각만 하고 있었다.

백성을 적으로 보는 이연의 속마음은 여러 발언으로 잘 드러났다. 명나라 군이 자신의 권좌를 지켜줄 것으로 믿었다.

선조 30년(1597) 1월 23일의 말

"중국군이 비록 경상도에서 적을 토벌하지 않더라도 만약 중국군이 온다면 인심이 의지할 곳이 있게 될 것이고 불칙한 사람이 간사한 모의를 꾀하더라도 반드시 두려워하고 꺼리는 바가 있게 될 것이다. 전라도(全羅道)는 인심이 매우 잘못되고 있다."

"중국군이 나오면 비단 적을 토벌할 뿐만 아니라 인심을 진정시킬 수 있다. 지금 양호(兩湖)지방의 인심이 궤산(潰散)되었다고 하니 매우 근심된다. 무뢰배들이 서로 모여 도적질을 하지 않는다고 어찌 보장하겠는가. 중국군이 만약 나온다면 거의 진정시킬 수 있을 것이다."

선조 31년(1598) 1월 20일 조선 군주 이연은 명의 장수 진인(陳寅)의 군사 양성 제안에 거부 반응을 보였다.

진인 : 제가 일찍이 듣기로는 조선의 병마(兵馬)는 겁이 많아 쓸 수가 없다고 하였는데, 이번 전쟁터에서 시험해 보니 매우 날쌔고

용맹스러워 참으로 굳센 병사였습니다.

단지 그들을 올바른 방법으로 쓰지 못하기 때문에 전쟁터에서 힘을 다하지 못하는 것뿐입니다. 중국에서 병사를 쓸 때에는 병사가 적의 수급 하나를 베면 은(銀) 60냥을 상으로 주고 또 벼슬까지 주어 포상하고 있습니다. **조선에서는 무슨 상을 주고 온갖 수고를 다하면서 편안히 쉬는 것을 보지 못하겠으니, 그래가지고야 어떻게 사기(士氣)를 고무시켜 사지(死地)로 기꺼이 뛰어들고** 용기를 분발하여 먼저 나가게 할 수가 있겠습니까.

조선의 전체 군사를 모두 뽑아낸다면 그 숫자가 얼마나 되겠습니까?

이연 : 팔도(八道)의 병사를 당초 모두 뽑아내었는데 전쟁에서 많이 죽어서 남은 사람이 그리 많지 않소이다. 그런데다가 이제 또 울산의 싸움에서 정예병들이 모두 죽어서 남은 사람이 거의 없소이다.

진인 : 조선 군사 1만에 천병(天兵) 1만을 증가시켜 제가 장수가 되어 거느리고 요해처에 주둔하면서 일이 없을 때는 훈련도 시키고 둔전(屯田)도 하며, 일이 있을 때는 적의 공격을 방어하면서 서서히 시세(時勢)를 보아 도모할 것 같으면 적을 섬멸하지 못할 것이 없습니다. 지금이라도 즉시 거행하고 싶지만 조선에 군량이 없어 뒤를 댈 수가 없으니, 어찌하겠습니까.

이연 : (승지에게) 이 사람의 의견은 대개 둔전하면서 지구책을 쓰려는 것인 듯하다. 나도 일찍이 이 계책을 승정원에 전교한 적이 있다.

좌부승지 정경세(鄭經世) : 지난번 울산에서 접전(接戰)할 때 양(楊)·마(麻) 두 대인이 모두 우리 토병(土兵)들이 싸움을 잘한다고 칭찬하였습니다.

선조 32년(1599) 2월 2일 이연의 발언

"적이 비록 철수하여 바다를 건너갔지만, 그들은 교활하고 병력이 막강하니 다시 군사를 일으키려 하면 무슨 어려움이 있겠는가. 적이 군사를 징발하는 것은 우리나라의 징병과는 달리 각각 통령(統領)이 있으니 다시 거병하기가 무엇이 어렵겠는가.

---------------- (중략) ----------------

왜적이 소규모로 나오더라도 절대로 방어할 방도가 없을 것이다. 오랫동안 대신을 보지 못하다가 오늘 말이 나왔기 때문에 말을 하겠다. 지금 민심은 극도로 고통을 겪고 있으니 중국 군사에 대한 지대(支待)가 어쩔 수 없는 일임을 백성들이 혹 안다고 하더라도 변란이 없을 것이라고 말할 수 없다. **중국 장수가 들어간 뒤에 혹시 대중을 불러 모아 거사하는 무리가 있다면 현재의 군사와 기계로 방어할 수 있겠는가?**
백성의 원망이 이미 극에 이르렀으니 어찌 모두가 선량한 백성이겠는가. 나라 밖의 적이 무서운 것이 아니라 안에서 일어날 화가 염려스럽다. 경성은 40리의 빈 성이고 군대는 도성을 보위하는 것인데 지금 경기의 군사는 몇천 명이나 있는가?"

선조 33년(1600) 1월 29일 신하들과의 논의.

이연 : 강성한 서적(西賊; 여진족)이 우려스러울 뿐만 아니라, 경내(境內)의 도적도 우려하지 않을 수 없다.
이항복 : 중국군이 일단 철수하면 수백 명의 토적(土賊)일지라도 주군(州郡)에서 체포할 수가 없습니다. 소신이 갑오년(1394)에

호남에 가 있었는데 5~6월 사이에 한 걸음만 잘못되었어도 큰 변이 발생할 뻔하였습니다.

이연 : 그것이 무슨 말인가? 나는 듣지 못하였다.

이항복 : 사람마다 도둑이 되었기 때문에 이일(李鎰)이 순변사(巡邊使)로서 전적으로 토적을 토벌하였는데도 고부(古阜)가 다시 포위되었습니다. 관군이 가서 토벌하였으나 번번이 패퇴했었습니다.

이연 : 곤궁함이 극도에 이르면 황소(黃巢)·방납(方臘) 같은 자가 어찌 없을 수 있겠는가. 중국 조정의 아문이 우리를 침책(侵責)한다 해도 진압시킨 것은 저들의 공로인 것이다. 중국군이 일단 철수해 버리면 경성(京城) 40리의 치첩(雉堞) 또한 지킬 수 없을 것이다.

--------------- (중략) ---------------

이산해 : 중국군이 철수한 뒤에는 토적이 우려스럽습니다. 이들이 만연되면 도모하기가 어려우니 계책을 써서 제거하도록 감사에게 은밀히 하서하여 각별히 체포하게 하소서.

이연 : 다른 도에도 있는가?

이항복 : 근일 전라도가 제일 걱정됩니다.

이산해 : 모질게 하면 (나라에 대항하는) 도적이 되는 것이고, 보살펴주면 (나라에 충성하는) 백성이 되는 것입니다.

이연도 이산해 같은 신하도 가렴주구가 끊이지 않아 백성이 도적이 되는 줄 다 알았다. 그러나 임금은 착취를 줄일 생각을 전혀 하지 않고 외국군으로 진압할 생각만 했다. 백성을 징집해 정예 군사로 키울 생각은 엄두도 내지 못했다. 이조 임금들의 이러한 자세는 나라가 망할 때까지 변함이 없었다.

▌침략과 다름없는 명나라 사신의 횡포

　조선 초에는 형세론(形勢論)에 입각한 고려의 화이관(華夷觀)이 존속했다. 이후 점차 사라져 갔는데 중종(中宗, 재위 1506~1544) 시기에 이르면 소멸했다고 볼 수 있다.
　한족(漢族) 왕조만을 중화로 보는 종족적이고 숙명적인 화이관이 이를 대체했다. 이 화이관은 전근대적 인종주의라고 볼 수 있는 측면도 있다. 중국을 하늘같이 받들므로 명 왕조를 가리켜 천조(天朝)라 하고, 명군을 천병(天兵), 명 사신을 천사(天使)라 했다. 이 화이관은 세종 이도, 성종 이혈(李娎), 중종 이역(李懌) 등 왕이 앞장서 받아들였는데, 나중에는 신하들이 더 열성적으로 받들었다. 명도 조선의 충순함을 인정하여 경계를 풀고 '동방예의지국'이라 칭찬했다.
　16세기에는 군신 관계인 사대관계가 부자 관계로까지 인식되었다. 이는 명을 부모의 나라로 인식하는 것으로 명과의 사대는 절대 끊을 수 없는 것이 된다. 이러한 화이관에 회의를 품은 광해군은 결국 신하들의 지지를 잃어 정변으로 폐위되었다. 조선 사대부들이 보기에 광해군은 부자 관계를 끊으려는 '패륜아'였던 것이다.
　이조 지배층이 이러한 화이관에 몰두한 것은 그것이 노예제 국가로 전환한 조선 사회를 합리화하는 이데올로기로 기능했기 때문이다. 양반과 상민 관계, 주인과 노비 관계, 대국과 소국 관계는 같은 것으로 인식되었다. 맹목적 사대관계에 의문을 가지면 신분제 사회의 상하 관계도 의심하게 되기 때문이다. 명·청 교체기에 보이는 이조 지배층의 어이없는 사대주의 작태는 정신병자들의 행태로 보이지만 깊이 살펴보면 체제를 유지하기 위한, 상당히 합리적인 행태였다.

　명을 지성으로 사대하니 그 사신이 오면 대우가 각별할 수밖에 없었다. 칙사 영접은 국가 대사였다. 칙사가 오게 되면 임시로 영접도감(迎接都監)이라는 관청을 만들어 영접을 총괄하도록 했다. 그리고 영접도감의궤(迎接都監儀軌)라는 영접 전 과정을 기록한 백서를 만들었다.
　주원장과 이성계의 재위 시에는 서로 군비를 충실히 하니 오고 가는 두 나라 사신이 모두 이를 감지했다. 그러나 이방원 재위 시 명의 사신은 조선이 진심으로 사대하는 것을 알고는 뇌물을 요구했다.
　조선은 명의 칙사에게 엄청난 뇌물을 바쳤는데, 국가재정이 흔들릴 정도였다. 칙사 가운데는 조선 출신의 환관이 많았는데 가공할 탐학을 자행했다. 명의 칙사 윤봉이 1429년(세종 11년) 돌아갈 때 챙겨 간 재물은 큰 궤짝으로 200개나 되었다. 궤짝 1개 운송에 인부 8인이 필요했으므로 1,600명이 동원되어 짐을 날랐다. 칙사의 수행원들도 조선 상인과 백성의 재물을 약탈했다. 이도 재위 시 명의 칙사 대접하는 비용과 뇌물액수를 합치면 대략 1년 정부 수입의 3분의 1이 되었다. 이것의 실질 부담자는 백성이었으므로 명의 사신이 올 때마다 그들의 고통은 이루 말할 수 없었다.
　1431년 윤봉 휘하의 수행원 심귀(沈貴)가 조선 백성을 살해했으나 임금 이도는 말 한마디 못했다.

　관반(館伴) 정연(鄭淵)에게 명하여 윤봉에게 알리기를,

"두목(頭目; 명 사신을 따라오는 명의 상인) 심귀가 함길도로부터 돌아오는 노상에서 견마잡이 차득생(車得生)의 목과 등을 발로 차고 손으로 때려서 그 이튿날 죽게 하였습니다. 관에서 맞은 흔적을 살펴보니, 목과 양쪽 어깨와 팔위가 모두 푸르죽죽하고 검붉었으며, 입술 양 옆이 각기 5푼(分)이나 찢어져서 죽었으니, 본국에서 장차 주문(奏聞)하고자 하여 먼저 대인(大人)에게 의논하는 것입니다."하였다.

윤봉이 이 말을 듣고 분노하여 고래고래 고함을 질렀다. 임금이 좌대언 김종서에게 명하였다.

"경(卿)이 윤봉을 보고 천천히 타이르기를, '심 두목(沈頭目)이 사람을 죽인 일은 비록 가증(可憎)스러우나, 두목은 대인을 모시고 나온 사람이니 우리나라에서 어찌 차마 (황제에게) 주달하겠습니까.' 하고는 형세를 보아 타일러서 분노하지 않도록 할 것이다. 사신의 돌아갈 기일이 이미 박두했으니, 빈객(賓客)이 노한다면 주인의 마음이 편안하겠는가. 또 이 무리들이 지난해에 분노하였기 때문에 드디어 금년에 온 나라 인민들이 함께 온갖 큰 폐해를 받게 되었으니, 필부의 죽음이 비록 애석하지마는 어찌 그들의 노여움을 더하게 하여 장래의 폐단을 만들 것인가."
(김)종서가 달려가니, 윤봉이 분노하여 떠들며 고함지르기를 그치지 않았다. 종서가 노한(盧閑)과 함께 윤봉을 보고 타이르니, 윤봉이 노여움을 즉시 풀고 기뻐하면서 사과하여 마지아니했다.

(『세종실록』 13년 12월 9일)

명에 가는 조선 사신도 명 관원에게 뇌물을 주어 현안을 해결하기도 했다. 조선 국왕 이도는 뇌물을 쓰라고 정식으로 지시하기도 했다. 세종 19년(1437) 8월 예조참판 이선(李渲)이 성절사로 파견되었는데 임금으로부터 이런 지시를 받았다.

> …… 이번의 이 물음은 급하게 할 것이 아니라, 반드시 자세히 살펴보아야 마땅할 것이다. 만약에 예부에 직접 나아가 경솔하게 물으면, 중국 조정에서 하사하기를 바라는 것같이 여겨질 것이니 심히 염려된다. 하물며 지금 천자의 연소한 때에, 이런 것으로 기롱이나 꾸짖음을 들으면 실로 부끄러운 일이니 더욱 두려운 것이다. 마땅히 처음에는 예부의 낭청(郎廳) 한 사람과 결탁하고, 또한 뇌물을 주면서 기회를 보아서 물어서 그 얼굴을 보고 그 말을 들어서 익히 의논하고, 익히 생각해서 혹은 글로 써서 올리거나 혹은 온순한 말씨로 예부에 고하는 것이 옳을 것이며, 만약에 형편이 좋지 못해서 어렵게 되거든 중지하는 것도 옳을 것이니 삼가서 소홀히 하지 말라.

조선 성종 때는 조선 출신 환관 정동(鄭同)이 명의 칙사로 여러 차례 왔는데 뇌물 요구가 지나쳐 어전회의에서 다루기도 했다. 『성종실록』12년(1482) 4월 29일 자 기사에는 이런 대화가 있다.

> **집의(執義; 사헌부의 종3품관) 박숙달(朴叔達)** : 지금 정동에게 증여하는 물건이 너무 많으므로, 나라에서 폐단을 받는 것이 적지 않습니다. 청컨대 억제하기를 더하소서. 비록 청구하는 것이 있더라도 마땅히 의리로써 사절해야 합니다.
> **성종** : 정동은 탐활(貪猾)한 소인이다. 지난번에 증여한 것이 또한

많았는데도, 오히려 적다고 여겼으니, 어찌 의리로써 대접하겠
는가? 지금 만약 적게 하여 전과 같지 아니한다면 그가 분노하
지 아니하겠는가?
영사(領事) 노사신 : 정동은 간활(奸猾)하여 그 마음을 알 수가 없으
니 마땅히 후하게 대접해야 합니다.
지사(知事) 이극증(李克增) : 정동은 손님이니, 전하께서 주인으로
서 손님을 대접하는 데 박하게 할 수가 없습니다.

임진왜란에 파병하여 조선을 도운 이후 명 사신의 횡포는 더욱 심해졌다.

1601년 가을 명 황제 만력제는 장자인 주상락(朱常洛)를 황태자로 책봉했다. 주상락은 1582년 생으로 일찍이 황태자가 되어야 했으나 만력제는 정귀비(鄭貴妃) 사이에 둔 셋째 아들 주상순(朱常洵, 1586~1641)을 황태자로 삼고 싶어 하여 황태자 책봉을 미루었다. 이 문제를 둘러싸고 동림당(東林黨)과 비동림당 사이에 국본정쟁(國本政爭)이 일어났다. 이는 조선에도 영향을 주었다. 임진년 4월 임진왜란이 일어나자 조선 군주 이연은 민심을 수습하려 광해군을 세자로 책봉했다. 1594년(선조 27년) 조선에서 차남인 광해군의 세자 책봉을 주청하는 사신을 보내자 명에서는 장자인 주상락의 태자 책봉에 부정적인 영향을 미칠까 두려워한 동림당이 반대하여 광해군의 세자 책봉은 허락되지 못했다.

주상락은 20세 되던 해인 만력 29년(1601) 9월 8일, 할머니인 자성황태후(慈聖皇太後)의 지지로 황태자로 책봉되었다. 만력제는 이를 알리려 조선에 사신을 파견했다. 1601년(선조 34년) 겨울에

와서 이듬해 떠난 고천준(顧天埈)이 조선에 준 폐해는 전란으로 인한 피해 못지않았다.

이를 한탄한 조선 사관의 글이 실록에 나온다.

사신은 논한다.
의주(義州)에서 경성(京城)까지 천리에 걸쳐 깊은 계곡처럼 무한한 욕심을 가진 고천준이란 자가 마음대로 약탈을 자행하여 인삼·은·보물을 남김없이 가져가니, 조선 전역이 마치 병화(兵火)를 겪은 것 같았다.
이는 필시 하늘이 탐관오리를 내어 민생을 거듭 곤란케 함이니 국운의 불행을 차마 말할 수 있겠는가. 그래서 그의 가정(家丁) 동충(董忠) 또한 이러한 시(詩)를 지었던 것이다.

올 때는 사냥개처럼 갈 때는 바람처럼	來如獵狗去如風
모조리 실어가니, 조선 천지 텅 비었네.	收拾朝鮮一罄空
오로지 청산만은 옮기려 해도 움직이지 않네	惟有靑山移不動
다음에 와서는 그림 그려 가져가야겠네.	將來描入畫圖中

이는 천지 사이의 거칠고 더러운 기운이 모여 이와 같은 별종을 만들어 내었을 뿐만 아니라, 또한 중국 조정의 기강이 판탕(板蕩)되고 염치가 소멸되어 풍성(風聲)과 기습(氣習)이 이렇게 만든 것이 아니겠는가. 탄식을 금치 못하겠다.

(『선조실록』 35년 3월 19일)

문신 윤국형(尹國馨, 1543~1611)은 그의 수상록 『갑진만록(甲

辰漫筆)』에서 "고천준의 탐욕이 비길 데가 없어 음식과 공장(供帳; 연회를 준비하고 장막을 침)의 작은 물건들까지 모두 내다 팔아 은(銀)으로 바꾸었다"면서 "그것을 말하면 입이 더러워진다(言之汚口)"고 비판했다.

이토록 명 칙사에게 뇌물을 쓴 목적 가운데 하나는 조선이 형편없는 약소국이란 사실이 명 고위층에 알려지는 것을 막으려는 것이었다. 명은 조선 지배층에게는 다행스럽게도 해외 사정에 매우 어두운 나라였다. 조선을 고려와 같은 나라로 인식하던 명의 장수들은 임진왜란 때 와서 조선의 실정을 알았는데, 일부는 조선 병탄을 주장했다. 청이 중국을 석권하지 않았으면 명의 조선 병탄은 실현되었을 것이다. 뇌물을 받은 명의 칙사들은 조선이 존속해야 계속 치부할 수 있으므로 조선의 실상을 명 황제에게 알리지 않았.

1608년(광해군 즉위년), 1609년, 1610년 조선에 온 칙사들은 은 수만 냥을 받아갔다. 1621년, 1622년에 온 칙사들도 은 수만 냥을 뇌물로 받아갔다.

【이 두 해의 칙사는 광해군이 명의 파병 요구를 거절하려 매수했으므로 많이 받아갈 수 있었다.】

1625년 인조반정을 승인하러 온 칙사 왕민정(王敏政)이 가장 많이 뜯어가니 은 13만 냥이었다. 왕민정은 조선에 가는 사신이 되려고 명의 실권자인 환관 위충현(魏忠賢)에게 엄청난 뇌물을 주었으므로 수지를 맞추려 그리도 많이 뜯어간 것이다. 더구나 반정으로 왕이 된 이종(李倧)은 명의 책봉을 받아야 정통성을 인정받으므로 온 나라의 은을 긁어 바쳤다.

【15세기부터 조선 상인은 밀무역으로 면포를 대량 일본에 수출하고 은을 받았다. 이 은으로 비단 등 명의 물화를 수입해 사치 풍조가 일었다. 조선의 은은 자체 생산한 것은 얼마 되지 않았고 일본과의 무역으로 번 것이 대부분이었다.】

조선에 사신으로 가면 단번에 '재벌'이 된다는 것은 명에도 널리 알려진 사실로 이 때문에 조선 사신이 되려고 명 조정에서도 거액의 뇌물이 오고 갔다. 사신의 수행원으로 가도 치부할 수 있으므로 수행원이 되는 데도 많은 뇌물이 오고 갔다.

1626년 명의 태자 탄생을 알리러 온 한림원 편수관(編修官) 강왈광(姜曰廣)은 청렴하여 역설적으로 명의 칙사가 조선 전역을 털어가는 허가받은 날강도임을 입증하였다. 환관이 아닌 문신인 그는 '소국에 가서 민폐를 끼치는 것은 대국의 위신을 어그러뜨리는 일'이란 신념으로 예물을 받으려 하지 않았다. 연회도 거부하고 마지 못해 한강 유람을 한번 갔다. 유람이 끝나고 임금이 주는 선물도 거부하자 임금이 오히려 겁이 났다. 임금이 "끝내 받지 않으면 도승지를 죽이겠다"는 기이한 협박(?)을 하고 조선 관료들이 "살려 달라"고 호소하여 조금 받았다.

강왈강의 청렴에(조선을 털지 않은 것에) 조선 조야는 감격했다. 그가 귀국길에 오르던 날, 서울의 백성 1만 5천이 그를 보려고 거리로 나와 길이 막혔다. 이중에는 100리 밖에서 와 사흘을 기다린 사람도 있었다. 조선 조정은 그의 청렴을 기려 송덕비를 세웠다.

강왈광은 성품이 청렴했지만 조선에 청원하러 온 것이었으므로 이전의 사신과는 다른 모습을 보인 것이다. 이때 후금이 요동반도를 점령하여 요동의 한족은 난민이 되어 조선으로 대거 들어왔다. 조선은 난민 문제로 골머리를 앓았다. 이들을 안치시키는데 막대한 비용이 들기 때문이었다. 강왈강은 조선 임금에게 난민 보호를 간청했다. 조선 임금은 마지못해 황해도와 충청도의 쌀로 요동 난민을 구휼하라고 명령했다.

여진족이 세운 나라 청은 조선을 포용하려 했으므로 그 사신도 탐학하지 않았다. 청의 사신 가운데 정사(正使)는 늘 만주족이었다. 18세기에 이르러는 청을 원수로 보던 조선 지식인 가운데도 "명은 조선에 가혹했는데 청은 조선에 관대하다"고 찬양하는 이가 나왔다.

가축과 다름없는 노비

이성계 가문의 초기 통치는 전래의 가별초 등 사적 무력을 기반으로 한 무단 통치였다. 이방원은 중국식 전제군주정을 꿈꾸었으나 미완에 그쳤다.

이조의 4대 국왕 이도는 그 한계를 절감하고 양반의 지지를 얻어 왕조의 존속을 영구화하려 했다. 그의 정책은 철저한 신분제 사회(착취 사회)를 만들어 양반의 이익을 보장하는 것이었다. 양반의 재산이 되는 사노비를 늘리고 그들의 면천 가능성을 없애는 정책을 폈다.

삼국시대부터 한국은 엄격한 신분제 사회였다고 아는 경우가 많은데 결코 그렇지 않았다. 삼국시대와 고려시대에 상하 신분은 있었으나 기본적으로 공동체사회였다.

불교가 사회의 기본 원리였다. 불교의 세계에서 인간은 평등한데, 삼국시대와 고려시대에 이것은 명목적인 구호가 아니었다.

『삼국유사』의 여러 일화는 이를 보여준다. 다음은 그 하나이다.

승려 혜공(惠空)은 천진공(天眞公)의 집 가내노비인 노파의 아들로 어릴 때 이름은 우조(憂助)였다. (천진)공이 일찍이 종기를 앓아 거의 죽게 되니 문병하는 사람이 거리를 메웠다. 이때 우조의 나이 7세였는데 그 어머니에게 말했다.
"집에 무슨 일이 있기에 이렇게 손님이 많습니까?"
그 어머니가 말했다.
"가공(家公)이 나쁜 병이 있어서 죽게 되었는데 너는 어찌해서 알지 못하느냐"
우조는 말했다.
"제가 그 병을 고치겠습니다."
어머니가 그 말을 이상히 여겨 공에게 알리니 공은 그를 불러오게 했다. 그는 항상 침상 밑에 앉아서 말 한마디도 하지 않았는데 얼마 지나지 않아 공의 종기가 터졌다. 공은 우연한 일이라 하며 별로 이상하게 여기지 않았다.

--------------- (중략) ---------------

공이 크게 놀라 깨닫고는 그제야 전일에 종기를 고치던 일이 모두 측량하기 어려운 일임을 알고 말했다.

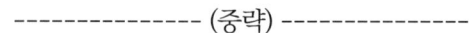

"나는 지극한 성인(聖人)이 내 집에 와 있는 것을 알지 못하고 미친 말과 예의에 벗어난 짓으로 욕을 보였으니 그 죄를 씻을 수 있겠습니까. 이제부터는 부디 도사(導師; 중생을 바른 길로 이끄는 사람)가 되어 나를 인도해 주십시오." 공은 드디어 내려가서 절을 했다.

--------------- (하략) ---------------

(『삼국유사』 卷 4 「의해 義解」 二惠同塵)

『삼국유사』에 보이는 이런 불교적 분위기는 고려시대에도 있었는데 고려 지배층은 불교를 국가 통치 이데올로기로 적극 수용했다.

일반 양인도 군인으로 출세가 가능했다. 정중부는 일개 병졸로 시작해 가장 높은 지위인 응양군의 상장군이 되었다.

고려시대의 노비는 인구의 3~4% 정도였으며 기한부 채무노예의 성격이 강해 양인으로 해방되는 경우가 많았다. 고려시대 노비의 사회적 인격은 살아있었다. 고려의 노비들은 주인과의 관계에서 천한 존재였으나 꼭 사회적으로 천한 것은 아니었다. 주인의 완전한 사유재산도 아니었다. 주인이 아껴 해방되기도 하고 권력자로 출세하는 경우도 있었다. 고려 왕조는 노비와 양인의 결혼을 엄금하고 노비가 늘어나는 것을 막으려 애썼다.

13세기에 이르러 노비의 법적 지위가 약해졌다. 1287년 충렬왕은 노비를 양인으로 해방시키는 것을 금지하는 법령을 반포했다. 14세기 들어 양인이 몰락하여 귀족 농장주에게 사속(私屬)되는 일이 많아지자 고려 국왕들은 전민추정도감을 여러 차례 세워 이들을 구제했다.

이성계는 왕조를 개창하자마자 사원(寺院)에 소속된 노비 8만을 공노비로 몰수해 사원 세력을 견제했다.

이씨조선의 3대 군주 이방원은 군주의 전제권력을 수립하기 위해 개국공신과 외척을 철저히 숙청했다. 사원 노비 출신인 공노비는 대거 왕족과 공신, 관료들에게 노비로 분배했다.

고려 말부터 유력 귀족 가문의 농장이 발달했는데, 이들은 몰락한 농민을 사노비로 삼아 지배했다. 이는 군주 전제권력 수립에 장애가 되는 일이었기에 이성계와 이방원은 여러 차례 노비변정도감(奴婢辨定都監)을 만들어 노비가 늘어나는 것을 막으려 했다. 이성계의 왕조 수립에 참여한 권문세가들은 노비를 많이 소유했으므로 이에 반대했다.

4대 국왕 이도는 양반의 특권을 대폭 강화시키고 보장하는 정책을 폈다.

이도는 노비와 양인의 결혼을 허용했으며 그 태어난 자식을 노비가 되게 했다. 이를 종천법(從賤法)이라 하는데, 부가 양인이고 모가 노비이건 그 반대이건 자식은 노비가 되었다. 이는 조선 지배층이 그토록 숭배하는 중국에는 없던 제도이다. 중국에서 양인과 노비 사이에 태어난 자식은 양인으로 인정받았다. 송대 이후에는 공신 이외에는 사노비 소유를 금지했고 관노비는 범죄자만을 대상으로 했다(부모 중 한 쪽이 천민일 때 자식이 천민이 되는 경우는 세계사에서 조선이 유일한 것으로 알려져 있다).

이도는 임신한 공노비에게 출산 휴가를 주도록 했는데, 이 역시 노비를 늘리려는 짓이었다.

이조에서 노비와 양인의 결혼은 15세기 후반부터 급증하여 16세기 말까지 40~60% 비율을 유지했다. 이리하여 노비 인구는 급격히 늘어났다. 15세기 후반부터 17세기까지 인구에서 노비가 차지하는 비중은 적어도 30~40%가 넘었고 50%에 가까운 정도로 추산되기도 한다.

노비 보유의 상한선도 없어 왕자나 고위 관료의 경우 노비가 적어도 수백 명이었고 천 명이 넘는 경우도 있었다. 세종 이도의 8남 영응대군(永膺大君)은 노비 수가 1만이 넘었다고 한다. 이는 전형적인 노예제 사회였던 남북전쟁 이전 미국 남부의 대농장주가 보유한 노예보다 훨씬 많은 숫자였다. 이들은 보통 80~90 명 정도의 노예를 소유했고 100인 이상은 아주 드물었다.

1422년 이도는 노비는 주인이 아무리 잘못해도 고소할 수 없다는 법률을 제정했다. 노비가 주인을 고소하면 무고율(誣告律)로 교수형에 처하도록 했다. 노비의 주인 고소는 모반죄와 같은 것으로 보았기 때문이다. 여기에 노비의 양인 남편이나 양인 처가 대신해서 주인을 고소하면 장(杖) 100을 때리고 3천 리에 유배하도록 했다. 이러한 규정은 모두 『경국대전』에 실렸다. 이제 노비의 주인인 양반은 생사여탈권을 쥐게 되었고 노비를 죽여도 형사처벌을 전혀 받지 않게 되었다. 이조가 남긴 사료에 주인에게 살해된 노비 이야기는 무수히 많다. 다음은 이서구(李書九, 1754~1825)의 예이다.

이서구는 전주이씨로 정조(正祖, 재위 1776~1800)와 순조(純祖, 재위 1800~1834) 시대에 활동한 관료이자 문인이다. 호는 척재

(惕齋), 강산(薑山), 소완정(素玩亭), 석모산인(席帽山人) 등으로 지었다.

영조 30년인 1754년 태어난 이서구는 5세에 어머니를 여의고, 외할머니에게서 자랐다. 외삼촌에게 당시(唐詩)와 『사기』·『통감』 등을 배웠다. 12세가 되던 1765년 아버지에게로 돌아와 경전(經典)을 익히기 시작했다. 16세부터는 대문장가 박지원(朴趾源)을 만나 글 쓰는 법을 배우기 시작했다.

21세 되던 1774년(영조 50년) 가을에 정시(庭試)에 병과로 급제했다. 1775년(영조 51)부터는 약 6년간 오로지 학문에만 뜻을 두었는데, 역사를 깊이 공부했다. 그 해에 이덕무 등과 함께 『한객건연집(韓客巾衍集)』에 참가함으로써 사가시인(四家詩人; 이서구·이덕무·박제가·유득공) 또는 실학사대가(實學四大家)라는 칭호를 얻게 됐다. 사가시인 중 이덕무(李德懋)·유득공(柳得恭)·박제가(朴齊家)가 서얼 출신인데 반하여 그는 유일한 적출이었다. 이들과 같이 학문과 문학을 연마하고 당시 국정에 대해 토론하기도 했다.

이서구는 정조의 아낌을 받아 벼슬도 순탄하게 올라갔다. 1785년(정조 9)에 시강원사서, 1786년(정조 10)에 홍문관교리를 거쳐 한성부판윤·평안도관찰사·형조판서·판중추부사 등의 벼슬을 역임했다.

이서구의 시는 온화하고 부드러우며 인정이 두텁고 더불어 사색적이다. 또 사물을 관조하는 자세로 아름다운 자연과 담백하게 높은 정신세계를 아울러 그려냄으로써 시의 격조를 높였다는 평가를 받고 있다. 다음은 '가을날의 전원(秋日田園)'이라는 칠언율시이다.

사립문 밖 묵정밭 새로 일구니, 실로 종남산의 옛 초당이구나
지팡이 짚고서 물꼬를 보고, 벼 이삭 향기 맡으며 가마 타고 지나가네
밤에는 불 켜고 물고기 든 통발 건져 찬비 맞으며 돌아오고
가을에는 횃불 들고 게 잡느라 이른 서리 맞기도 하네
이제야 시골 사는 재미 알겠으니, 오래도록 농사지으며 살리라

이러한 지식인 이서구는 노비를 괘씸죄로 죽였다.

대문 옆에 붙은 행랑채에서 갑작스레 시끄러운 소리가 들려왔다. 누군가 이서구의 이름을 부르며 욕을 하고 있었다. 들어보니 그 집 노비의 목소리였다. 이서구는 우두머리 노비를 불러 탄식조로 말했다.
"저 놈이 또 술주정을 부리느냐. 벌써 두 번이나 용서했건만 ……."
그러더니 단호히 말했다.
"저 놈을 수구문 밖으로 끌고 가서 때려죽여라."

--------------- (중략) ---------------

해질 무렵이 되자 우두머리 노비가 돌아왔다.
"때려 죽였습니다."
그러자 이서구가 응대했다.
"그 놈은 죄를 지었으니 죽어 마땅하다. 다만 우리 집안에 대대로 내려오는 물건이니 장례는 후히 치러주어라."

(『금계필담(錦溪筆談)』)

『금계필담(錦溪筆談)』은 단종의 능참봉을 했던 서유영(徐有英)이 1873년(고종 10)에 저술한 『문헌설화집』으로 총 141편의 설화가 수록되었다. 부제가 「좌해일사(左海逸事)」인 이 책은 저자가 직접

들은 이야기만 다루었다.

　위의 노비 살인 사건은 정초 즉위 초의 일로 이서구의 자손이 조상인 이서구가 집안을 잘 운영한 예로 이 일을 자랑스러워해 널리 퍼트려 후세에 전해진 것이다. 조선시대에 주인을 모독한 노비는 교수형을 당했으나 관아가 하는 일이었다. 노비 주인이 관아에 신고해 형을 집행하도록 했는데 그러지 않고 사적으로 죽였을 경우 법에 따르면 장형(杖刑)을 받아야했다. 그러나 실제로는 어떠한 처벌도 없었다. 이서구가 노비를 죽이자 형조에서 조사했으나 처벌은 없었다. 이때 형조판서는 채제공(蔡濟恭, 1720~1799)이었다. 채제공은 이에 아무런 이의를 제기하지 않았다.

　양반가에서 노비를 고문하고 죽이는 일도 적지 않았는데 임금도 이를 알고 망연자실했지만 막을 수 없었다. 다음은 한 예이다.

> 전한(典翰; 홍문관의 정3품 관직) 이사균(李思均)이 아뢰기를,
> "신의 집 앞에 버려진 시체가 있는데, 낙형(烙刑)을 당한 여자의 시체입니다. 아뢰지 않을 수 없습니다." 하였다.
> (주상이)이 전교하기를,
> "이것은 반드시 여인의 질투로 범한 짓일 것이다. 한성부(漢城府)로 하여금 검시하고, 삼성(三省; 의정부·의금부·사헌부)이 교좌(交坐; 합석)하여 추국(推鞫)하게 하라." 하였다.
> 　　　　　　　　　　　　　　　　　　(『중종실록』 중종 5년 2월 3일)

　이틀 후인 2월 5일 진상을 들은 중종은 의금부에 범인을 잡으라고 명령했다.

죽이고 살리는 권한은 전적으로 위에 있는 것이요 아래에 있는 것이 아니니, 노비와 주인 사이라도 마음대로 심술을 부려 죽인다면 그 해는 이루 말할 수 없다.

지금 여자 시체에 대한 검장(檢狀)을 보니, **온몸이 매 자국으로 거의 온전한 살이 없고, 심지어는 단근질하고 목을 졸라 그 참혹한 형상을 이루 말할 수 없다.** 내가 매양 사형에 대한 복주(覆奏)를 결단함에 있어서, 항상 신중히 심의하게 하면서도 혹시나 잘못되지 않을까 염려하는데, 뜻밖에도 도성 안에서 감히 나의 권한을 범하여 거리낌없이 이렇게 함부로 죽이니 이것이 어찌 하루아침의 작은 분한으로 때리고 싸우는 자의 짓이랴?

이것은 반드시 사족(士族)의 부녀 중에 투기가 심하고 사나운 자의 것일 것이므로, 내가 매우 통탄하여 삼성(三省)으로 하여금 추국하게 하고 또 후한 상을 걸어 널리 광고하여 잡게 한다.

--------------- (중략) ---------------

범인은 끝내 잡히지 않았는데, 이러한 살인은 이조 500년 내내 끊이지 않았다. 주인에게 살해되어 산과 들에 버려진 노비의 시체를 보는 것은 흔한 일이었다.

관아에서 양반이 아닌 백성을 자의적으로 체포, 고문을 통한 신문을 마구 하니 해마다 죽는 자가 엄청났다.

다음은 이를 보여주는 기록이다.

비변사가 아뢰었다.

"신들이 (명나라) 유 총병(劉總兵; 유정)의 이자(移咨)를 보건대, 형벌을 완화하여 백성을 보호하도록 극언하면서 간곡히 부탁하기를 마지 않았으니, 이는 바로 어진 자의 말입니다. 지난날 이 제독(李提督; 이여송) 이하도 우리나라의 형벌이 너무 과중함을 경계하지 않는 자가 없기에, 신들이 그 까닭을 궁구해 보니, 대개 주상께서는 살리기를 좋아하는 덕을 가지셨으나 아랫사람이 봉행하는 자가 없어 그렇게 된 것이었습니다.

근래 10여 년 이래 무신(武臣)으로서 외방(外方)에 나가 봉사(奉使)하는 자는 오로지 위엄과 사나움으로 주를 삼아, 두 손아귀에 가득히 차는 큰 곤장을 특별히 만들고는 소금물에 담구고 겉을 빨갛게 칠하여 군령장(軍令杖)이라 이름합니다. 그리고는 하인이 응대하는 데 실수하거나 지공(支供; 필요한 물품을 줌)이 풍성치 않으면 곧 이 곤장으로 두들기는데, **한두 대를 지나지 않아 시체로 끌려 나가게 되니**, 율문(律文)에 실린 태장의 규정이 폐지된 것입니다.

대벽(大辟; 사형)에 이르러서는 감사(監司)도 감히 함부로 처단하지 못하는 것이 율문인데 근자에는 비록 적과 대치하고 있는 경우가 아니어도 사람을 거리낌 없이 죽이고 있습니다. 우선 들은 것으로 말하면, 전라도 부안(扶安)에서는 군량을 **약탈한 자를 감사가 한꺼번에 10여 인이나 참살(斬殺)하였고**, 경상도 등지에서는 토적(土賊)을 잡는다는 명목으로 **무식한 무부(武夫)가 포도장(捕盜將)이 되어 도둑인 듯싶은 자가 있으면 허실을 따지지도 않고 머리를 부쉬 어떤 때는 20여 인이나 죽이기도 하였으며**, 조정의 명으로 출사(出使)한 자는 비록 미관이라도 (백성을) 형추(刑推; 정강이를 때리며 신문)하지 않는 자가 없습니다.

근래 중국 장수를 보건대, 기율은 심히 엄중하나 효수(梟首)까지 하는 것은 지극히 드문 일로서 거의 없다시피 합니다. 지난해 제독이 숙천(肅川)에 이르러 촌부(村婦)를 겁탈하고 어린아이를 밟아 죽인 (명나라) 병졸이 있자 친히 기패(旗牌)에 머리를 조아린 연후에 비로소 군법을 시행하여 감히 함부로 죽이지 못하는 뜻을 보였으며, 또 은량(銀兩)을 주어 장례비용에 충당하게 하였습니다.
옛사람이 이르기를 '**나라를 장차 흥성시키려면 백성을 (자기 몸의) 상처처럼 보고, 장차 멸망하게 하려면 백성을 초개(草芥; 풀과 지푸라기)처럼 본다.**' 하였으니, 말이 이에 미침에 어찌 한심하지 않겠습니까. 삼가 원하건대 성명(聖明)께서는 더욱 체념(體念; 깊이 생각함)하시어 중외에 신칙하여 형국(刑鞫)할 즈음에 함부로 죽여 살리기를 좋아하는 천지의 덕을 손상시키지 말고 천명(天命)의 도를 계속 잇게 하소서."

(『선조실록』 선조 27년 2월 14일)

부민고소금지법으로 관원의 횡포를 백성이 고소할 수 없게 되었으니, 관리들은 그 생사여탈권마저 쥔 셈이었다. 이조 500년 간 관이 불법적으로 백성을 얼마나 죽였는지는 추산하기도 어렵다. 적어도 해마다 수백 명이 억울한 죽음을 당한 것 같은데, 500년 간 10만 이상이었던 것 같다.

이여절 사건

정조·순조 연간에 주요 벼슬을 한 이여절(李汝節, ? ~ ?)이란 자가 있다. 이 자의 일생을 보면 이조에서 인권이나 민권의 개념조차 있었는지 의문이 든다.

이여절은 무신으로 정조 13년(1789)에 단천 부사(端川府使),

1790년에 부령 부사(富寧府使)를 지냈고, 정조 18년(1793) 창원 부사(昌原府使)가 되었다. 무신인 이여절이 연이어 지방 수령이 된 것은 지방사회가 변화한 탓이다.

　18세기 중엽에 이르면 지방의 선비들도 중앙의 정치세력과 결탁하여 지방사회에서 큰 영향력을 발휘하게 되었다. 이에 능력 있는 신하들은 지방관직을 맡기를 꺼려하게 되었고, 그 결과 지방관의 자질이 더욱 낮아져 가렴주구는 더욱 심해졌다. 과거를 통해 벼슬길에 나간 대부분의 문신들은 지방관에 임명되는 것을 '귀양을 간 고을 수령'이라 부르며 기피했다. 이에 따라 중앙정치에 진출하기 어려운 음관(蔭官)이나 무신들이 지방관직에 진출했다. 지방관직은 지방의 토호들과 결탁해서 재산을 모으는 데에는 매우 유용했기 때문에 탐학한 자들이 선호했다.
　정조 18년 7월 23일 사헌부의 지평 남이익(南履翼)이 창원 부사 이여절이 법 이외로 매질을 혹독하게 하여 죄 없는 백성들을 두세 명 죽였으니 엄벌에 처하라고 상소했다.
　왕은 경상 관찰사(감사) 조진택(趙鎭宅)에게 상세히 조사하라고 명했다. 경상 감사 조진택이 조사하였는데, 이여절을 옹호하는 내용의 장계를 보냈다.
　다음은 그 내용이다.

　　해부(該府; 창원부)의 우두머리 아전과 형리들을 힐문하여 사실을 조사하였습니다.

각각의 사람들이 공술한 바에 의하면 김강(金鋼)·김상룡(金尙龍)·정중현(鄭重鉉) 등이 어사를 사칭한 실정이 남김없이 탄로되었으니, 엄하게 조사하고 끝까지 핵실(覈實; 사건의 실상을 조사함)하는 사이에 비록 형장을 맞다가 죽음에 이르렀다고 하더라도 진실로 이상한 일이 아닙니다. 더구나 여러 죄인들이 전후로 죽은 것이 모두 전염병에서 연유되었다는 것은 증인의 공술이 한결같으니, 더 말할 것이 있겠습니까. 정중현은 애당초 형장을 한 대도 치지 않고 단지 가두어 놓기만 하였고, 병으로 인해 죽은 사실이 여러 사람들의 공초에 명백하여 의심할 나위가 없습니다.

9월 8일 의금부가 조진택의 장계를 보고하며 "함부로 죽인 것으로 논할 수 없습니다. 해당 부사(이여절)를 논죄하는 한 가지 건은 그대로 내버려 두소서."라고 임금에게 아뢰었다. 그리고 어사를 사칭한 공범 나경기(羅褧奇)와 김삼용(金三用) 등을 핵실할 것을 권했다.

정조는 이를 따라 경상 관찰사 조진택이 조사하여 엄벌할 것을 명했다.

정조 19년(1795) 봄, 달성에 위치한 경상도 감영 앞에서 한 아낙네가 격쟁(擊錚)을 했다. 격쟁은 일반 백성이 민원을 호소하는 한 가지 방식으로 주변의 시선을 끌기 위해 꽹과리를 치면서 소란을 피워 관리의 눈에 띈 후, 억울함을 호소할 기회를 얻는 것이다.

격쟁을 한 사람은 창원의 유학(幼學; 벼슬하지 않은 유생) 정준(鄭埈)의 아내였다. 남편이 억울하게 죽은 사정을 호소하기 위해 창원에서 머나먼 달성까지 와서 격쟁을 한 것이다.

정준의 아내는 회초리를 몇 대 맞고서 경상 관찰사 조진택을 만났다.

【격쟁을 하면 호소할 기회를 얻을 수는 있지만, 소란을 피웠다고 하여 약간의 형식적인 벌이 주어졌다.】

감영의 동헌에서 정준의 아내가 한 눈물의 호소는 창원 부사 이여절이 사소한 문제로 인해 정씨가의 사람 세 명과 황하윤(黃河允) 삼부자를 잡아들여 심한 매질과 고문으로 죽게 하더니, 급기야 정씨가의 외아들인 자신의 남편 정준을 끌어내어 심하게 매질하여 죽였다는 것이었다.

경상감사 조진택은 사관(查官; 조사관)을 정해서 진상을 조사하게 했다.

이여절에게 가족을 잃은 사람들은 처음에는 관찰사가 보낸 사관이 와서 이여절을 조사하자, 정준의 아내를 칭송하며 적극적으로 이여절의 죄를 고발했다. 그러나 이여절은 곧 사람을 풀어 피해 가족을 하나하나 찾아다니며 공갈·협박으로 입을 다물도록 했다. 정준의 아내마저 고을 밖으로 내몰아, 다시는 고을 안에 들이지 못하도록 했다. 그리고 정준의 아내가 사관을 만날 경우에는 남은 마을 사람들을 치도곤 쳐서 다 죽이겠다고 협박까지 했다.

경상감사 조진택은 이여절에게 유리한 내용이 적힌 사관의 사계(査啓; 조사 보고서)를 임금에게 올렸다.

그러나 영남으로 파견된 암행어사 유경(柳畊)은 이여절이 저지른 범죄를 알아냈다.

> ### 암행어사(暗行御史)
>
> 조선시대 왕의 특명사신으로 수령의 득실(得失; 훌륭한 정치와 탐학한 정치)과 백성의 어려움을 탐문해 돌아와서 임금에게 사실대로 아뢰는 것이 직무이다. 왕이 신임하는 당하(堂下; 정3품 하계 통훈대부 이하) 관원을 임시적으로 임명하여 지방군현에 비밀리에 파견해 위장된 복장으로 암행하게 했다. 암행어사는 수의(繡衣) 또는 직지(直指)라고도 한다.
> 일반적인 어사는 이조(吏曹)에서 임명하고 그 거동이 공개적인 것에 비해, 암행어사는 왕이 친히 임명할 뿐 아니라 그 임명과 행동을 비밀에 부친 점에서 특색이 있다.
> 암행어사는 마패(馬牌) 한 개, 유척(鍮尺) 두 개를 지급받았다.
> 마패는 역마 사용권을 부여하는 증패로 1마패에서부터 5마패까지 5종이 있었는데, 암행어사에게는 2마패가 지급되었다. 유척은 영조척(營造尺)으로서, 형구(刑具)의 남조(濫造) 여부를 검열하는 데 사용했다.
> 암행어사는 명령을 받은 즉일 출발이 원칙이었다. 역마를 타고 한두 명의 대리(帶吏; 곁에서 시중을 두는 하급 관리)를 데리고 목적지로 향했다.
> 임무를 마치고 귀환하면 암행어사는 서계(書啓; 보고서)와 별단(別單; 부속문서)을 각 한 통씩 작성해 왕에게 복명하는 날에 제출한다. 별단은 서계에 미진한 사항, 연도제읍(沿道諸邑)에 관한 시찰사항 등을 담은 의견서로서, 어사 자신의 교양과 정치적 식견을 개진하는 것이었다. 별단은 작성 의무가 있는 것은 아니었다.
> 정조는 암행어사와 관련하여 규정을 정비했다. 정조는 암행어사의 활동 내용과 활동 방식을 규정한 『팔도어사재거사목(八道御史齎去事目)』을 반포했다.
> 조선 후기 지방 수령의 비리를 규찰하고 처벌하기 위해 암행어사는 빈번히 파견되었다. 그러나 이는 미봉책으로 그다지 효과가 없었다.

살인 말고도 곽씨 성의 여인이 강제로 이여절의 첩이 된 일도 알게 되었다. 암행어사 유경은 창원의 주막에서 곽씨녀의 외할아버지를 우연히 만나 기막힌 사연을 들었다.

정조 18년(1794) 봄 현풍 곽씨의 집성촌인 현풍(玄風)에서 자라난 아리따운 처녀 곽씨녀는 어머니를 따라 창원 인근에 있는 외가에 들렀다. 단오를 맞아 외가의 어르신들과 창원 성주사에 불공을 드리러 가는 길에, 때마침 봄, 순시를 나온 창원 부사 이여절 일행과 맞닥뜨렸다.

 부사 일행이 지나가면 양인들은 길바닥에 엎드려야 하므로 곽씨녀 일행은 길옆으로 나가 엎드렸다. 곽씨녀는 부사의 얼굴을 보고 싶어 고개를 들었는데, 말을 탄 이여절과 눈이 마주쳤다. 부사 일행은 곽씨녀 일행을 따라 성주사까지 왔고, 기어이 곽씨녀의 외가를 알아냈다. 바로 다음 날 곽씨녀를 데리고 오라는 이여절의 명을 받은 아전이 외가로 찾아왔다. 외조부는 양인(良人)인 외손녀를 첩으로 만들 수 없어 서둘러 고향으로 돌려보냈다.

 이여절은 창원의 외가를 핍박하기 시작했다. 구실을 붙여 외숙을 잡아들여, 외할아버지에게 아들을 죽이고 싶지 않으면 곽씨녀를 내놓으라고 협박했다. 아들을 죽일 수는 없어 외손녀에게 사정을 전했다.

 이여절은 관아로 찾아온 곽씨녀를 겁탈하려고 했는데, 얼굴에 상처를 입었다. 이여절은 양인이 수령을 해치려 했다는 죄목으로 곽씨녀를 옥에 가두고, 곧이어 나라의 권위에 대항한 죄를 적용하여 노비로 삼았다. 곽씨녀는 할 수 없이 이여절에게 몸을 허락하고 말았다. 이여절은 노비를 부사의 방에 자주 들이는 것이 규범에 맞지 않는다며, 다시 양인으로 올려주고 첩으로 삼았다.

 암행어사 유경은 서울로 돌아와 6월 4일 서계를 올렸다. 내용은 진주(晋州)의 전 병사(兵使) 백사은(白師誾), 상주 목사(尙州牧使) 유한돈(兪漢敦), 자인 현감(慈仁縣監) 박효성(朴孝成), 현풍 현감(玄風縣監) 현중조(玄重祚), 고성 현령(固城縣令) 정택창(鄭宅昌), 의령 현감(宜寧縣監) 구충원(具忠元), 소촌 찰방(召村察訪) 김기보(金基普)를 모두 백성을 잘 다스리지 못했다는 이유로 죄를 매긴 것이었다.

유경은 별도로 이여절의 죄를 아뢰었다.

> 창원 부사 이여절은 행동이 거칠고 패려스러운데다 성격마저 잔인하고 혹독해서 곤장을 치고 형벌을 가해 수년 동안 목숨을 잃게 한 숫자가 무려 31인이나 됩니다. 그중에서도 황하윤(黃河允) 삼부자가 한꺼번에 목숨을 잃은 일과 정현(鄭鉉) 등 3인이 아무 죄 없이 피살된 일과 양가(兩家)의 독자(獨子)인 정준이 형장을 맞다 목숨을 잃은 일은 더욱 참혹하기만 합니다. 나문(拿問; 죄인을 체포하여 심문함)하여 엄하게 치죄하소서.

유경의 보고서와 경상 감사 조진택의 사계를 비교한 정조는 사계의 내용은 이여절이 자기 변명한 것에 불과하다고 보았다.

6월 11일 정조는 조진택을 잡아와 구초(口招)를 받은 뒤 법대로 엄히 치죄(治罪)하라고 명했다. 그리고 더 자세한 사정을 알기 위해 유경을 창원 안핵 어사(昌原按覈御史)로 삼아 보냈다. 정조는 특별히 새로 임명된 경상 감사와 동행하면서 회추(會推; 같이 추국함)한 뒤 조정에 돌아와 계문(啓聞)하도록 했다.

창원으로 간 유경은 피해자의 가족들을 하나하나 불러들여 조사했는데 정준의 처도 만나 사연을 들었다. 이여절은 특명으로 안핵(按覈; 매우 자세히 조사하여 살핌)하는 상황에서도 피살자의 가족과 친척들에게 공갈을 치고 아전을 위협하면서 오로지 기만하려고만 했다.

유경은 곽씨녀를 불러 이제 이여절을 떠날 수 있겠느냐고 물었다. 곽씨녀는 단호히 떠날 수 있다고 대답했다(이여절에서 벗어난 곽씨녀는 고향에 돌아가지 않고 몸을 숨겼다. 이후 그녀가 어디로 갔는지 아는 사람은 아무도 없었다).

안핵 어사 유경은 자신이 조사한 이여절 사건을 치계했다. 이여절이 장살(杖殺)한 인명이 25인이고, 형구(刑具)도 제도에 어긋나고 형신(刑訊)도 제멋대로 잔혹하게 가했다는 내용이었다.

8월 24일 정조는 의금부도사(義禁府都事; 의금부의 종6품 관직)를 파견하여 시임(時任)·원임(原任) 대신 및 판의금부사의 의논을 수합하게 하고, 또 의금부 당상관 및 비국(備局; 비변사) 당상관들에게도 각각 의견을 개진하라고 명했다.

영의정 홍낙성(洪樂性)은 사형을 주장했고 좌의정 유언호(兪彦鎬))는 사형을 면해 주고 섬에 유배 보내자고 했다. 우의정 채제공(蔡濟恭)은 관장(官長)에게 목숨을 내놓게 할 경우 조정에서 임명한 관원의 권위가 없어질까 염려된다면서 사형에 반대했다. 영중추부사 김이소(金履素)와 판중추부사 이병모(李秉模)도 사형에는 반대했다.

이조판서 윤시동(尹蓍東)은 목숨을 빼앗긴 20여 인 가운데 아무 죄도 없었던 사람이 4인이고 4인 가운데 그 고을의 자제 아닌 사람이 3인이었으니 사형을 면할 수 없다고 말했다.

병조판서 심환지(沈煥之)는 '부잣집 아들은 저자에서 죽지 않는다[千金之子 不死於市].'는 옛날 속담이 있기는 하나 이여절이 요행히 살아날 경우, 국법은 서지 않을 것이라 했다.

예조판서 민종현은 『대전통편(大典通編)』의 「형전(刑典)」을 보면 관리가 함부로 형신하다가 죽게 했을 경우 목숨을 내놓게 하는 법 조문이 없으나 정현 등을 죽게 한 것이 공적인 일 때문이었는지 아니면 사적인 일 때문이었는지가 사형 여부의 관건이 된다고 했다. 이를 완벽하게 조사를 한 뒤 결정해야 한다고 주장했다.

의금부의 관원 정호인(鄭好仁)과 조엄(趙襆)은 사형을 주장했다.

이에 정조는 여러 의논 가운데 예조판서의 말이 매우 적당하다고 했다. 이어 조진택을 나문(拿問)한 뒤에 이여절을 다시 엄하게 신문하여 자복(自服)을 받아내라고 명했다.

의금부가 조진택을 나문했다. 의금부는 조진택의 원정(原情; 억울함을 하소연한 글)을 가지고 대신들에게 의견을 물었다.

좌의정 유언호는 "이여절이 두 정가(鄭家)의 일에 대하여 이미 모두 감영에 보고했다고 한다면 참작해서 용서해 줄 길이 있을 듯하다. 그리고 조진택은 원래 예전에 조사를 세밀히 하지 못한 잘못이 있어 유배된 만큼 그것으로 그의 죄를 징계할 수도 있을 것이다."라고 말했다.

우의정 채제공은 "이여절이 감영에 보고하고 허락을 받은 사실이 일단 명백해진 이상 함부로 형을 가해 사람을 죽였다고 하여 목숨을 내놓도록 단안을 내릴 수는 없다. 조진택은 잔혹하게 형을 가했는지의 여부에 대해서 한 번도 사실대로 조사하지 않았으니, 관찰사의 책무가 정말 이런 것이란 말인가. 조정의 기대를 저버린 죄에 대해 엄히 논하는 것이 또한 마땅하다."라고 의견을 개진했다.

판중추부사 이병모는 "이여절이 감영에 보고한 내용을 보니 왕부(王府; 의금부)에서 공초(供招)한 것과는 전혀 딴판이다. 무턱대고 일률(一律; 사형)로 논할 수는 없다 하더라도 차율(次律; 유배형)의 중전(重典; 엄격한 법률)을 적용하는 것이 마땅하다."라고 했다.

9월 21일 의금부가 대신들의 의견을 임금에게 아뢰었다. 이에 임금이 이여절에게는 차율을 적용하고, 조진택은 관찰사의 책무를 성실히 수행하지 못한 죄를 적용하되 유배하지는 말고 삭탈관직 처벌을 내리라고 판하(判下)했다. 이에 조진택은 삭탈관직되고, 이여절은 위원군(渭原郡)으로 유배를 갔다.

이여절 사건은 정조 임금 연간에 계속 문제가 되어 여러 차례 대간들의 탄핵도 있었지만, 국가의 권위를 세운다는 면에서 끝내 이여절을 사형시키지는 않았다. 결국 이여절은 정조 24년에 사면되었고 정조 말년에는 장진 부사(長津府使)가 되었다.

순조 원년(1801년) 정월 수렴청정 중인 정순대비(貞純大妃)는 천주교를 엄금하라는 금압령을 내렸다. 이에 정약용 등 많은 신도가 체포되고 황사영(黃詞永)은 피신했다. 장진 부사 이여절은 황기운(黃基雲)이라는 천주교 신자 한사람을 잡아다 40여 차례 주리를 트는 고문을 가해 황사영이라는 허위 자백을 받아냈다. 함경 감사가 이 무고를 알아내어 이여절은 엄중한 조사를 받았는데 뇌물을 받은 것도 드러났다. 사형에 처해야 했으나 영의정 심환지가 반대하자 정순대비는 남해현에 충군(充軍)하는 처벌을 내렸다.

그러나 이여절은 이내 사면되었고, 전주 부사가 되었다.

1808년에는 전라좌도 암행어사 이면승(李勉昇)이 전주 부사 이여절이 불법을 저지른 일을 보고했다. 어떤 처벌을 받았는지는 실록에 나오지 않는다. 이후 순조 22년(1822) 이여절은 전라좌수사에 임명되었다.

현재 한국 사회는 건국 초에도 그랬지만 이른바 '민주화 시대'를 맞은 지 수십 년이 지났어도 권력이 있으면 무엇을 해도 된다는 권력 만능주의, 권력은 법과 도덕을 초월할 수 있다는 권력 초월주의, 도덕 허무주의가 여전히 사람들의 마음 한구석에 똬리를 틀고 있다. 이는 엄연히 이조의 유산이다. 권력을 가진 자들이 상상을 초월하는 비행을 저지르고도, 외적이 침입했을 때 나라를 내팽개치고 달아나도 죽을 때까지 부귀영화를 누리는 것을 500년 내내 목격했으니 말이다.

홍경래의 난과 사후 처리

홍경래의 난 사후 처리 과정에서도 이조의 본질이 잘 드러난다.

순조 12년(1812) 4월 19일 관군은 성문 밑에 판 땅굴에 화약 1,700근을 터트려 성문을 부수고 진입하여 정주성을 함락했다. 생포한 남녀가 2,983명이었다. 이들을 어떻게 했는가. 실록은 순무영(巡撫營)이 독자 처리한 것처럼 기술하고 있다.

> **순무영(巡撫營)**
>
> 조선 왕조에서 전쟁이나 지방에 변란이 났을 때 임시로 설치한 군영(軍營). 조선 영조 4년(1728) 이인좌의 난이 나자, 처음으로 순무영을 설치했다. 순무영은 이후 홍경래의 난, 병인양요, 신미양요, 동학 봉기 때도 설치됐다. 순무사는 순무영의 책임자로 군무(軍務)를 맡고 지방관의 비리도 조사했다.

순무영에서 아뢰기를,

" …… 생포한 남녀 2,983명 안에서 여자는 842명이고, 남자는 10세 이하가 224명이니, 다스리지 않는 데 부쳐 모두 풀어주었습니다. 그 외 **1,917명**은 모두 적 중에서 이른바 친기(親騎)·장초(壯抄)·총수(銃手)·창수(槍手) 등으로서 적의 혈당(血黨)이 되었던 자들인데, 은유(恩諭)를 여러 번 반포했음에도 끝내 감격해 뉘우치지 않고 더욱 사납고 완고하여 왕사(王師)에 감심(甘心)했던 자들이니, 결코 한 시각이라도 천지간에 살려 둘 수 없는지라, **모두 진 앞에서 효수하였습니다.** …… " 하였다.

(『순조실록』 순조 12년 4월 27일)

정주성을 함락시킨 후 임금의 지시를 받지 않고 포로로 잡은 남녀 가운데 10세가 넘는 남자는 모두 목을 베 효수했다는 보고인데 이조에서 이는 불가능하다. 역적을 처분하는 것은 군주의 고유 권한으로 신하가 자의적으로 행사했다면 군주권 침해로 대역죄에 해당한다. 실록을 편찬할 때 이 학살 행위를 순무영이 자의적으로 한 것으로 곡필한 것이다. 순무영의 많은 장수 가운데 단 한 사람도 거명하지 않고 순무영이라는 기관이 주체인 것처럼 기술하여 모두 면책시키는 절묘한 곡필이다.

　죽이지 않은 여자와 10세 이하의 남자아이 1,066명은 진압 공신들에게 노비로 분배했다.

　정복전에서 점령 지역에서 어린아이와 여자만 살리고 남자는 모두 죽이는 일은 가장 잔혹한 일인데, 드문 예에 속한다. 이조는 포로로 잡은 자국의 백성을 이렇게 처리했다. 이후 평안도 지역 주민은 이조를 원수로 여겼다. 일제시대에 이른바 '경평전'이 치열했는데 홍경래 난의 후과이다. 일제시대에 평안도 사람들은 독립하여 서울 출신이 집권하기보다는 독립하지 않는 것이 더 낫다고 했다.

　【전두환은 1980년 5월 체포 구속한 광주사태 관련자를 단 한 명도 사형시키지 않고 여러 차례 특사로 풀어주고, 1982년 12월 크리스마스 특사로 전원 석방했다. 전두환은 '살인마' 소리를 듣는데 순조 이공(李玜)은 무어라 불러야 하나.】

　조선의 형정(刑政)을 살펴보면 이씨 왕조와 그 지배층인 양반은 백성을 상대로 일상적으로 테러를 자행했다는 결론을 내릴 수밖에 없다.

　테러는 특정 목적을 가진 개인이나 단체가 살인, 납치, 유괴, 저격, 약탈, 폭탄 등을 통한 대량 살상 등 다양한 방법의 폭력을 행사하여 사회적 공포 상황을 조성하는 행위로 정의된다. 테러의 주체가 국가인 국가 테러도 있는데, 기이하게도 이조의 국가 테러는 자국민을 상대로 한 것이었다(외세에는 양같이 순했지만). 문치(文治)가 아닌 잔혹한 공포정을 유지한 이조는 인과 의가 넘치는 유교 국가가 아니라 주민이 공포에 떠는 '테러 국가'라 할 수 있다.

▍을사보호조약과 한일합방조약

1905년 11월 일본 특파대사 이토 히로부미가 서울에 와서 대한제국 황제 이희(李熙)에게 외교권을 일본에 넘기라고 닦달했다. 무분별하게 외세를 끌어들여 한반도를 열강의 각축장으로 만들어 두 차례나 전쟁을 유발했으니 더 이상 외교권을 행사해서는 안 된다는 것이었다. 이희는 내용이야 어떻든 외교권의 형식만은 보존해 달라고 애원했으나 이토는 거절했다. 이희는 이토가 제시한 조약안을 수정해 협약을 체결하라고 각부 대신들에게 명했다. 대신들은 처음에는 조약 체결을 거부했으나 일본군이 궁궐을 포위한 가운데 어찌할 수 없음을 깨달았다. 그래도 임금에게 충성하는 신하들은 일본 정부가 어떠한 경우에도 대한제국 황실의 안녕을 보증한다는 1개 조를 추가하고, 한국이 부강해지면 외교권을 반환한다는 취지를 조약 서문에 명기할 것을 요구했다. 이토는 즉시 수락했다. 이리하여 제2차 한일협약이 체결되었다.

【장지연(張志淵, 1864~1921)은 '시일야방성대곡(是日也放聲大哭; 이 날을 목을 놓아 통곡하노라)'이라는 제목의 글을 써서 제2차 한일협약을 체결한 이른바 '을사오적'을 규탄했다.

지난번 이등(伊藤) 후작이 내한했을 때에 어리석은 우리 인민들은 서로 말하기를, "후작은 평소 동양 삼국의 정족(鼎足) 안녕을 주선

하겠노라 자처하던 사람인지라 오늘 내한함이 필경은 우리나라의 독립을 공고히 부식케 할 방책을 권고키 위한 것이리라."하여 인천항에서 서울에 이르기까지 관민상하가 환영하여 마지않았다. 그러나 천하 일 가운데 예측키 어려운 일도 많도다. 천만 꿈밖에 5조약이 어찌하여 제출되었는가. 이 조약은 비단 우리 한국뿐만 아니라 동양 삼국이 분열을 빚어낼 조짐인즉, 그렇다면 이등 후작의 본뜻이 어디에 있었던가? 그것은 그렇다 하더라도 우리 대황제 폐하의 성의(聖意)가 강경하여 거절하기를 마다하지 않았으니 **조약이 성립되지 않은 것인 줄 이등 후작 스스로도 잘 알았을 것이다.**

그러나 슬프도다. **저 개돼지만도 못한 소위 우리 정부의 대신이란 자들은 자기 일신의 영달과 이익이나 바라면서 위협에 겁먹어 머뭇대거나 벌벌 떨며 나라를 팔아먹는 도적이 되기를 감수했던 것이다.** 아, 4천년의 강토와 5백년의 사직을 남에게 들어 바치고 2천만 생령들로 하여금 남의 노예 되게 하였으니, 저 개돼지보다 못한 외무대신 박제순과 각 대신들이야 깊이 꾸짖을 것도 없다. 하지만 명색이 참정(參政)대신이란 자는 정부의 수석임에도 단지 부(否)자로써 책임을 면하여 이름거리나 장만하려 했더란 말이냐. 김청음(金淸陰, 김상헌)처럼 통곡하며 문서를 찢지도 못했고, 정동계(鄭桐溪, 정온; 병자호란 시기 이조참판이었던 정온은 항복을 반대하여 할복자살하려 했으나 사람들이 치료해서 살았다.)처럼 배를 가르지도 못해 그저 살아남고자 했으니 그 무슨 면목으로 강경하신 황제 폐하를 뵈올 것이며 그 무슨 면목으로 2천 만 동포와 얼굴을 맞댈 것인가.

아! 원통한지고, 아! 분한지고. 우리 2천만 동포여, 노예 된 동포여! 살았는가, 죽었는가? 단군과 기자 이래 4천 년 국민정신이 하룻밤 사이에 홀연 망하고 말 것인가.

원통하고 원통하다. 동포여! 동포여!

이 신문 사설 때문에 장지연은 애국자 취급을 받는데, 이는 대한제국과 대한민국이라는 나라의 정신적 불구를 잘 보여주는 일이다.

장지연은 이토 히로부미는 후작이라 존칭하며 비난하지 않고 불가항력상태였던 대한제국의 대신만 비난한다. 일본군이 대한제국 전체를 점령한지 오래이고 서울은 일본군이 곳곳에 총검을 번뜩이며 감시하고 있었다. 조약 체결 당시 경복궁이 일본군에 포위되었던 것은 모두가 아는 바였다.

과연 '을사오적'은 비난을 받아야 하는가. 우선 전제군주국가에서 신하들은 자율권이 없다. 조약 체결도 무한한 권력을 가졌다는 황제의 명령에 따른 것이었다. 그리고 일제의 강압하에 이루어졌다는 것은 당시 열강의 외교관들도 모두 인정한 사실이고 국사 교과서도 이를 꼭 언급한다. 그래서 을사늑약이라 표현하기도 한다. 강박에 의한 계약은 무효이고 체결 당사자는 비난받지 않는다. 그리고 '을사오적'이 적극적으로 외교권 이양에 찬성했다 할지라도 원천 무효이다. 전제군주국에서 조약 체결은 군주가 인정하지 않으면 아무 소용이 없는 것이다(오너가 아닌 삼성전자 사장이 삼성전자를 일본에 팔아먹는 계약서에 서명해도 아무 의미가 없다는 것은 누구나 안다). 이를 잘 아는 이토 히로부미이지만 한국의 대신들도 찬성했다는 정치적 선전효과를 노린 것이었다.

진정 비난받을 자는 이토 히로부미와 일본 국왕 무쓰히토 등 일본 집정자이지만 당시 이들을 공개적으로 비난한 한국인은 없었다. 처벌 받을까 겁이 나서. 장지연이 이토와 무쓰히토를 비난하는 논설을 썼다면 그는 참으로 용기있는 사람이라 할 것이다. 그러나 왜

놈은 겁이 나서 욕을 못하겠고 만만한 게 망해가는 나라의 껍데기 감투를 쓴 힘없는 조선놈이었다. 동학운동 이전이라면 조정 대신을 비난하는 것은 사형에 처해질 수 있는 죄였다. 나라가 기우니 조정 대신 비난도 아무렇지도 않게 할 수 있게 되었다. 강박하에 찬성한 대신들을 비난하면 아무 위험이 없고 애국지사라는 명성도 얻으니 참으로 편리한 일이었다. 이때 '을사오적'을 처단하겠다는 사람은 있어도 일본에 가서 그 고관대작을 죽이겠다는 자나 조선을 점령한 그 많은 일본군이나 장교, 장군을 처단하겠다는 이는 없었다. 만만한 게 조선놈이고 왜놈은 무서웠다. 반면에 『제국신문』은 을사조약에 대해 특정인을 비난하지 않고 "한때 분함을 참으면 100년 화근을 면함이라." 하면서 후일의 자주력을 기르고, 국민이 자중할 것을 역설했다.

【1909년 10월 경상남도 진주에서 지방신문 《경남일보》가 창간되었다. 《경남일보》는 1910년 10월 11일자 「사조(詞藻)」란에 한일강제병합을 비난하며 8월 30일 자결한 황현(黃玹)의 「유시(遺詩)」를 게재하고 평(評)을 달았다. 이로 인해 《경남일보》는 「신문지법」 제21조 위반으로 10월 25일까지 10일간 정간되었다.
장지연은 주필로 초빙되어 1911년 10월 진주로 이사했다. 《경남일보》는 1910년 11월 5일자를 일본 천황의 생일인 천장절(天長節) 기념호로 발행했다. 1911년 11월 2일자에는 천장절을 기념해 2면을 일장기와 오얏 문양으로 장식해 '축천장절(祝天長節)'이라 표기하고 기념 한시(漢詩)를 무기명으로 게재했다. 장지연은 1913년 신병을 이유로 《경남일보》 주필을 그만두었다.
장지연은 조선총독부 기관지인 《매일신보》 1914년 12월 23일자부터

1918년 12월까지 약 700여 편의 글을 기고했다. 이 가운데는 조선총독부의 시정(施政)과 일제강점기 동북아시아 지역에서의 일본의 역할을 긍정적으로 서술하는 글들이 있다.】

요즈음의 '친일파' 비난도 그러한 면이 있다. 죽은 친일파를 비난하는 목적이 일본에 복수하려는 첫 걸음이라면 수긍이 간다. 그러나 친일파 규탄에 열 올리는 정파가 집권해도 일본과 전쟁하여 복수하겠다는 말도, 단교하겠다는 말도 없다. 친일파라면 이를 가는 한국인은 많은데, 위안부 문제를 가지고 특정 성향의 한국 정부를 맹비난하는 자는 부지기수인데 일본에 전쟁하여 선조의 굴욕을, 민족의 수모를 씻자고 하는 자는 하나도 없는 이유가 무엇인가. 일본과 대한민국이 전쟁하면 패배하고 보복을 받을까 겁이 나서. 전쟁이 아닌 다른 방법으로라도 일본의 죄를 응징하겠다고 하지도 않는다. 그러다가는 더한 응징을 받으니까. 그에 비해 (조선놈인) 친일파 비난은 정의로워 보이는 일이고 전혀 위험하지 않다.

그리도 반일 감정이 센 나라에서 월왕 구천처럼 와신상담하여 일본에 전쟁하여 치욕을 씻자는 여론이나 그것을 기획하는 정치집단이 없는 이유는 무엇인가. 일본은 아무리해도 이길 수 없다는 판단이 마음 깊은 곳에 있거나 일제의 지배를 진정으로 수치스러워하지 않기 때문일 것이다.

죽은 사자를 맨주먹으로 치면 용감하다는 칭송을 받을 수 있는 나라가 지구상에 있는가. 이 나라에서는 가능하다. 부조리한 인간 세상에서 정의를 세우는 일에는 위험이 따르게 마련이다. 87년 이

전까지 민주화 투쟁은 위험한 일이었다. 그 후 이 나라는 털끝만한 위험도 감수하지 않고 아주 안전하게 정의로워질 수 있는 방법 또는 비법이 많아졌다. 역사를 모르면서도 '식민사관'을 비판하는 것도, '식민사학자'를 매국노니, 친일파이니 하고 비난하는 것도 정의로운 사람이 되는 방법의 하나이다. 그러니 정의로운 사람이 너무나 많아졌다. 반면에 정의로운 세상이 되었다고 보는 사람은 거의 없다.

이후 일본에서는 한국을 일본의 일부로 병합하자, 자치식민지로 하자, 위임통치로 하자는 등 여러 가지 구상이 있었다. 결국 1909년 7월 병합으로 결론지었다. 이를 위해 1910년 상반기 열강인 러시아와 영국의 사전 승인을 받았다.

1909년 10월 26일 안중근((安重根, 1879년 9월 2일~1910년 3월 26일)이 만주 북부의 주요 도시 하얼빈에서 이토 히로부미를 사살했다. 이토는 러시아 재무장관 블라디미르 코코프초프(Vladimir Nikolayevich Kokovtsov, 1853~1943)와 회담하기 위해 하얼빈에 열차로 도착하여 내려오다가 사살되었다. 당일로 대한제국 황제 이척이 애도 전보를 보냈다.

일본 천황 폐하에게 직접 전보하기를,

"바로 오늘 이토 공작(公爵)이 하얼빈(哈爾賓)에서 흉악한 역도에게 화를 당하였다는 보고를 받고 놀랍고 통분한 마음을 금할 수 없습니다. 이에 삼가 똑같은 마음으로 지극한 뜻을 표시하는 바입니다." 하였다.
또 이토 공작과 공작 부인에게도 직접 전보를 보냈다.

《순종실록》 2년 10월 26일

다음 날, 이 전보에 대한 답례 전보가 왔다.
일본국 천황 폐하가 직접 전보를 보내왔다. 그 전보문에,

"이토 히로부미(伊藤博文)가 화를 당한 데에 대하여 심심한 동정(同情)을 표시하여 준 것을 짐은 감사하게 여기는 바입니다."
하였다.

《순종실록》 2년 10월 27일

10월 28일 이척은 이토에게 문충공이라는 시호를 주었다.

태자태사(太子太師) 이토 히로부미가 죽은 것과 관련하여 조령(詔令)을 내리기를,

"태자태사 이토 히로부미는 뛰어난 기질에 세상을 구제할 지략을 지녔고, 시대의 운수를 만회시키고 문명을 발전시키는 일에 수고를 아끼지 않았으며, 자신의 한 몸을 아랑곳하지 않고 스스로 맡아 나섬으로서 단연 동양의 지주(砥柱)가 되었다. 일찍이 평화로운 큰 국면을 이룩하는 것을 기본으로 삼았으며 더욱이 한국과 일본과의 관계에 대하여 주의를 돌렸다. 그리하여 일찍부터 우리나라에 왕래하면서 위태롭고 어려운 국면을 부지하고 수습하여 나갔으니, 그것은 전적으로 그의 큰 계책에 기인한 것이었다.

지난번에 통감으로서 대궐에 상주하여 있으면서 수시로 만나 정성을 다하여 인도하였으며 태사의 임무를 맡아 우리 태자를 보좌하고 인도하여 예학(睿學)을 진취시키는 데 모든 것을 다 하였다. 노령에도 불구하고 먼 길을 동반하여 순행하였으며 휴식할 사이도 없이 계속하여 만주로 행차하였다. 속히 무사히 돌아오면 길이 의지하려고 하였는데 뜻밖의 변고가 생겨 놀라운 기별이 문득 올 줄을 어찌 생각이나 하였겠는가? 놀랍고 아픈 마음 끝이 없다.
고(故) 이토 태사의 상(喪)에 특별히 의친왕(義親王) 이강(李堈)을 보내어 치제(致祭)하고 장사 지내는 자리에 참가하게 하며, 장사에 소용되는 물품을 궁내부로 하여금 실어 보내주게 하라. 특별히 문충(文忠)이라는 시호를 추증(追贈)하라." 하였다.

《순종실록》 2년 10월 28일

이날 이척은 다시 애도 전보를 보냈다.
일본 천황 폐하에게 직접 전보를 보내기를,

"지난번에 이토 공작이 화를 당하였다는 기별을 듣고 근심이 끝이 없었지만 그래도 한 가닥 희망을 가지고 마음속으로 속히 회복되기를 빌었습니다. 그런데 지금 갑자기 세상을 떠났다는 소식을 듣고 보니 애통한 마음을 어찌 금할 수 있겠습니까? 더구나 공작이 당한 흉악한 변고가 우리나라 사람의 손에 의하여 생겨났다고 하니 온 조정이 몹시 놀라며 어찌할 바를 모르고 있습니다. 이에 끝없는 애도의 뜻을 표하는 바입니다."
하였다.

《순종실록》 2년 10월 28일

또한 이날 내각 고시(內閣告示) 제32호를 공포했다. 내용은 다음과 같다.

> 태자태사 이토 공작이 세상을 떠난 데에 대한 조의를 표시하기 위하여 오늘부터 사흘 동안 한성(漢城) 안에서 음악가곡(音樂歌曲)을 정지할 것을 명령한다.

10월 29일 태황제 이재황은 박제빈(朴齊斌)을 일본에 가서 이토 히로부미의 상에 치제(致祭)하라고 명했다.

> 태황제 폐하(太皇帝陛下)가 승녕부 부총관(承寧府副總管) 박제빈(朴齊斌)을 보내어 이토 히로부미 태사의 상(喪)에 치제(致祭)하고 장례(掌禮)에 참가하라고 명하였다.
> 《순종실록》 2년 10월 29일

박제빈은 이재황이 지은 이토를 애도하는 대한태황제지문(大韓太皇之祭文)을 가지고 갔다. 한문으로 쓰인 이 제문의 내용은 다음과 같다.

> 한국태황제 이희(李熙)는 승녕부 부총관 박제빈을 보내어 고 태자태사 공작 이등박문 문충공(文忠公)의 영전에 제사지내게 한다.
> 하늘이 동아(東亞)에 복을 내려 뛰어난 인물을 내리셨네. 폭풍, 우레와 같은 위엄으로 막하(幕下)를 부리고 은택과 형벌로 국가를 경륜하며 왕을 받들고 패업을 안정시켜 유신을 크게 도왔으니 받은 작위는 공작이요 공훈은 기린각(麒麟閣)에 빛나네.

두루 대국을 헤아려 어진 이와 친하고 이웃나라와 우호를 맺으며 선지자로서 늦은 자를 깨우치니 진실로 현자라. 결함과 부패를 고치고 우리나라의 근본을 배양함에 일찍이 가르침에 열심이었고 손잡고 이끌며 보호하고 길러 광명함에 날로 이르니 의로움은 은나라 반경(盤庚)이요 은혜는 친척보다 낫도다. 의지함이 깊고 두터워 대궐에 근심은 풀렸네.

어찌 알았으랴. 끔찍한 전보가 북쪽 변방에서 올 줄을. 변고는 기쁨 가운데 생기고 재난은 안정 속에서 나오네. 저 하늘의 해도 빛을 잃고 세상은 전란에 휩싸이네. 지난 여름 작별할 때, 그 말 아직도 생생하니 휴가에 만나로 오겠다던 그때가 내년인데 세자와 짝이 되어 외로운 나를 위로 했지. 그 말이 귓가에 생생한데 모든 일은 추억으로 흘러갔네.

이제 근신(近臣)을 보내어 멀리 정성어린 제사를 드리니 영혼이라도 깨었거든 흠향하기를 바라노라. 상향(尙饗)

11월 4일 대한제국 황족, 궁내관(宮內官), 각 부(各部)의 관리들이 장충단(獎忠壇)에서 이토 추도회를 거행했다.

이날 이척은 이토 히로부미가 피살된 것과 관련하여 백성들에게 조령(詔令)을 내렸다.

다음은 그 내용이다.

나라를 경영하는 요체는 나라의 근본을 튼튼하게 하여 만백성을 보전하는 데에 있다. 요즘 안팎의 정세가 어수선하여 국운의 흥망에 대하여 예견할 수 없고 짐의 나라 형편이 외로우며 허약하여 일본의 보호에 의거하지 않으면 어떻게 그 존립을 보장할 수 있겠는가? 그래서 황제의 자리에 오른 초기에 종묘에 맹세하여 고하고 이전에 있어본 적이 없는 개혁을 단행하였다. 그리하여 겉치레를 버리고 실질을 취하여 나라를 발전시켜 나갈 큰 계책을 정하고 밤낮으로 조심하면서 일에 못 미쳐 갈까봐 걱정하였다.

태자태사 이토 공작은 정성을 다하여 일본 중흥의 큰 위업을 도왔으며 지금까지 대신(大臣)의 중책을 지닌 40여 년 동안 그는 크게 법률을 제정하고 큰 계책을 세우며 늘 중요한 요직에 있으면서 항상 동양(東洋)의 평화로 일관하고 대명(大命)을 받들었다. 통감의 임무를 맡아서는 두 나라의 이해관계의 공통된 근본 의리에 근거하여 짐의 국정을 지도하고 고락을 같이 나누었으며 짐도 그의 정성에 의지하고 신뢰하여 유신(維新)을 시작하는 큰 업적이 점차 이룩되게 되었다. 더구나 늙은 몸으로 태자를 도와주고 키워주었으며 바로잡아주고 도와주는 데에 성의를 다하며 변함이 없었다. 생각건대, 그는 일본 제국의 기둥과 주춧돌이 될 뿐 아니라 진실로 짐의 국가의 사표(師表)로 그의 공훈과 덕행은 지난 옛적에도 비길 만한 사람이 없었다.

그런데 지난번에 우리나라 국경을 벗어나서 도중에 하얼빈을 지나다가 짐의 고약한 백성의 흉측한 손에 상하여 갑자기 세상을 떠날 줄을 어찌 생각하였겠는가? 이제 그의 장사하는 날을 당하고 보니 마음이 더욱 아프다. 생각건대, 그와 같은 고약한 도당이 세계 형세에 어두워서 이따금 일본의 두터운 우의를 무시하려고 하다가 마침내는 전에 없던 변괴를 빚어냈으니 이는 바로 짐의 국가와 사직을 해치는 자이다. 짐의 신민으로서 나의 이 뜻을 어기고 흉악한 짓을 더 발생시키는 자가 있으면 민중들이 어떻게 편안하게 살며 국시(國是)가 어떻게 공고해질 수 있겠는가? 너희 신민들은 서로 이끌고 서로 경계함으로써 나의 뜻을 본받도록 하라.

11월 5일 일본 동경에서 이토의 장례식이 국장으로 거행되었는데 한국정부 대표로 농상공부 대신 조중응(趙重應)이 참석했다. 한국에서도 장례식이 열려 1만 명이 참석했다.

1910년 7월 데라우치 마사다케가 병합하라는 일본정부의 명령을 받고 새로운 통감으로 부임했다. 이씨 왕조에 충성하는 몇몇 신하들은 국호를 보존해주고 황실이 왕호를 사용할 수 있게 해달라고 병합에 조건을 붙였다. 일본은 이를 수락했는데 국호는 한국이 아니라 조선으로 정했다.

1910년 8월 22일 순종 이척은 한국 통치를 일본 황제에게 양여하라는 조칙을 내렸다. 이는 자신의 가산(家産)을 비싸게 처분하는 것이었다. 이날 전권을 위임받은 총리대신 이완용은 조약을 체결했다. 다음은 조약 내용이다.

1. 한국 황제 폐하는 한국 전체에 관한 일체 통치권을 완전히 또 영구히 일본 황제 폐하에게 양여함.
2. 일본국 황제 폐하는 앞 조항에 기재된 양여를 수락하고, 완전히 한국을 일본 제국에 병합하는 것을 승락함.
3. **일본국 황제 폐하는 한국 황제 폐하, 태황제 폐하, 황태자 전하와 그들의 황후, 황비 및 후손들로 하여금 각기 지위를 응하여 적당한 존칭, 위신과 명예를 누리게 하는 동시에 이것을 유지하는데 충분한 세비를 공급함을 약속함.**
4. **일본국 황제 폐하는 앞 조항 이외에 한국 황족 및 후손에 대해 상당한 명예와 대우를 누리게 하고, 또 이를 유지하기에 필요한 자금을 공여함을 약속함.**

5. 일본국 황제 폐하는 공로가 있는 한국인으로서 특별히 표창하는 것이 적당하다고 인정되는 경우에 대하여 영예 작위를 주는 동시에 은금(恩金)을 줌.
6. 일본국 정부는 앞에 기록된 병합의 결과로 완전히 한국의 시정을 위임하여 해당 지역에 시행할 법규를 준수하는 한국인의 신체 및 재산에 대하여 전적인 보호를 제공하고 또 그 복리의 증진을 도모함.
7. 일본국 정부는 성의충실히 새 제도를 존중하는 한국인으로 적당한 자금이 있는 자를 사정이 허락하는 범위에서 한국에 있는 제국 관리에 등용함

일본 정부는 8월 25일 조약을 공포하려 했다. 그러나 대한제국 정부가 29일로 연기해달라고 했다. 8월 27일 대한제국 황제 즉위 4주년 축하기념식을 치르고 연회를 즐기기 위해서였다. 8월 27일 대연회가 열리고 대한제국의 대소 신료들은 일본 통감과 더불어 즐거운 시간을 보냈다.

8월 28일 고종 이희의 형인 이희(李熹, 이재면)를 흥왕(興王)으로 봉하는 책봉식이 열렸다. 의식을 마치자 흥왕이 된 이희는 기녀와 창부를 불러 술과 고기로 밤새 연회를 열었다. 이희는 친왕 직위를 받았을 뿐 아니라 대일본제국 황족이 되어 일본 제국이 번영하는 한 자손 대대로 부귀영화를 누릴 수 있게 된 것이 기뻤다.

8월 29일 한일합방 조약이 공포되었다.

이날 일본 황제 무쓰히토는 3천만 엔의 은사금을 조선귀족, 구한국의 관리, 양반과 유생, 효자, 절부, 가난한 홀아비, 과부, 고아, 독신에게 뿌렸다. 이 혜택을 받은 자는 8만 명이 넘었다. 은사금은 연

리 5%의 공채로 주어졌다. 흥왕 이희는 은사금 83만 엔, 그 아들 이준용은 16만 3천 엔을 받았다. 순종 이척의 장인 윤택영(尹澤榮)은 은사금 50만 4천 엔을 받았다. 이완용은 은사금 15만 엔, 송병준은 10만 엔을 받았다.

일본 정부는 한일합방 조약의 3조와 4조는 이론의 여지가 없게 잘 지켰다.

일본 황제 무쓰히토는 고종 이희를 덕수궁 이태왕(李太王), 순종 이척을 창경궁 이왕(李王), 황태자 이은(李垠, 1897~1970)을 이왕세자(李王世子)로 책립했다. 그리고 흥왕 이희(李熹), 의왕(義王) 이강(李堈, 1877~1955)을 공으로 책립했다.

이렇게 탄생한 왕공족(王公族)은 일본 황족과 비슷한 대우를 받았다. 왕공족 관리를 위해 조선총독부 산하에 이왕직(李王職)이라는 기관을 설치했고 연간 150만 원(엔)을 지급했다. 이는 일본 최고 귀족이 연간 10만 엔을 받은 것의 15배였다. 나중에는 180만 엔으로 올랐다.

백만장자의 본래 뜻은 재산이 백만 엔인 사람이다. 백만 엔이 훨씬 넘는 생활비를 해마다 받으니 왕공족의 살림살이는 한일합병 이전보다 나아졌다.

【당시 1엔은 2010년 현재 화폐가치로 원화 2만 원으로 계산하기도 하고 5만원 이상으로 보기도 한다.】

이왕세자 이은은 1911년 일본의 육군유년학교(陸軍幼年學校)에 들어갔다. 1915년에는 일본의 육군사관학교에 입학하여 1917년 졸업했다. 1920년 일본의 왕족인 나시모토노미야 마사코(梨本宮 方子, 한국 이름 이방자)와 결혼했다.

1926년 순종 이척이 죽자, 이왕세자 이은은 2대 이왕(李王)이 되었다. 일본 육군 장교로 복무하여 1940년 육군 중장으로 승진했다. 1943년 일본의 제1 항공군 사령관으로 임명되어 복무하다가 일본이 항복한 뒤에 예편했다. 1947년 일본 헌법이 시행되면서 이왕의 지위를 잃었다. 같은 해 10월 18일에는 일본 황족의 명단에서 제외되었으며 일본 국적도 잃었다.

이은은 1957년 일본 국적을 취득했으나 생계가 막막해 미국 이민을 추진하기도 했다. 그러나 아들인 이구의 대학 졸업식에 참석하기 위해 미국으로 건너갔다가 1959년 3월 뇌경색으로 쓰러진 뒤 다시 일본으로 돌아왔다.

1962년 12월 15일 국가재건최고회의는 이은 부부의 대한민국 국적 회복을 고시(告示)했다. 이은은 1963년 11월 22일 의식이 없는 상태로 귀국했다. 1970년 5월 1일에 사망하여 고종이 묻혀 있는 경기도 남양주시 금곡동의 홍유릉(洪裕陵) 영원(英園)에 안장되었다.

의왕 이강의 차남 이우(李鍝)의 최후는 상징적이다.

1912년생인 이우는 1917년 자신의 종숙(從叔)이자 흥선대원군의 장손인 이준용이 사망하자 그의 양자로 입적되어, 이준용이 갖고 있던 공(公)의 지위를 계승했다. 그러므로 그에 대한 공식 칭호는 전하(殿下)였다.

이우는 일본 학습원 중등과를 마치고 1926년 4월 3년 과정의 일본유군유년학교에 30기로 입학했다. 1929년 4월 45기로 일본 육사에 들어가 1933년 7월 졸업했다. 같은 해 10월 25일에 포병 소위로 임관하면서 근위 포병 제1연대에 배속되었다. 야전포병학교를 수료하고, 1934년 12월에 육군포공학교(陸軍砲工學校) 보통과에 입학했다.

【육군포공학교는 포병과 공병의 장교 양성을 위해 일본 육군이 1889년 설립한 교육기관. 육군사관학교 졸업 후 임관한 포병, 공병 양과의 소위는 다시 육군포공학교에 입학하게 되어 약 1년 반의 수학 후 3분의 1에서 4분의 1 정도의 우수자를 선발해 1년간 고등교육을 실시했다.】

1935년 5월 3일 박영효의 손녀 박찬주(朴贊珠, 1914~1995)와 결혼했다.

1935년 10월에 포병 중위로 진급했고 1936년 8월 1일에 도쿄 야전중포병 제8연대로 배속되었고, 같은 해 11월에는 육군포공학교 고등과를 졸업했다.

1937년 중일전쟁 발발 직후에 소속 연대가 만주로 파견되어 1년간 근무했으며, 1938년 3월 대위 진급 후 야전포병학교 교관으로 전임했다가 동년 12월 54기로 일본육군대학에 입학, 1941년 7월 졸업했다. 태평양전쟁이 발발하자, 1942년 3월에 육군대학교 연구부 부원으로 전보되어 5월에는 말레이, 필리핀 등 각 전선을 시찰했다. 1944년 3월에 중국 산서성 태원(太原)으로 전출되어 일본군의 만주 일대 후방경계부대였던 제1군 사령부 참모장교로 1945년 5월까지 근무했다.

1945년 6월 일본군 중좌(중령)로 진급하였는데, 일본 본토결전에 대비해서 히로시마 제2총군 교육참모로 부임하라는 명령을 받아 7월 초 부임했다.

　1945년 8월 6일, 이우는 정시에 기마헌병 2명의 호위를 받으며 말을 타고 출근 중 히로시마에 원자폭탄이 투하되어 폭심지로부터 710m 떨어진 후쿠야(福屋) 백화점 부근에서 원자 폭탄에 피폭되었다. 이우의 시종무관 요시나리 히로시(吉成弘) 소좌는 무좀 때문에 말을 탈 수 없어서 이우의 관용차를 타고 한 시간 먼저 사령부에 출근해 피폭을 면했다. 요시나리는 원폭 투하 직후부터 지옥이 된 히로시마 시내에서 행방불명된 이우를 찾아 돌아다녔다. 저녁 무렵, 찾지 못한 채 녹초가 되어 사령부로 돌아오자 이우가 수용되어 있던 니노시마(似島)의 육군 검역소로부터 연락이 와 그곳으로 달려갔다.

　니노시마는 히로시마 항에서 남쪽으로 3km 떨어진 섬으로 일본군의 검역소가 있었는데, 원자폭탄이 투하되자 임시 야전병원으로 이용되어 1만 명으로 추산되는 피폭자가 실려 왔다.

　이우는 오후 4시경 혼가와(本川) 아이오이 다리(相生橋) 아래에서 흙투성이로 발견되었다.

　【히로시마에 떨어진 원자폭탄 리틀 보이는 조준점이 아이오이 다리였다. 실제는 아이오이 다리에서 240미터 떨어진 시마 외과병원의 600미터 상공에서 폭발했다. 아이오이 다리 근처에 있던 사람들은 폭발과 동시에 재가 되었다. 이우는 방향 감각을 잃고 폭심지에 더 가까운 쪽으로 피신했던 것이다.】

　이우는 발견 당시에는 의식불명이었으나 검역소로 후송되어 의식을 회복했다. 그러나 자정을 넘으면서 심한 피폭 증상을 보였고

8월 7일 새벽 5시경 사망했다.

　이튿날인 8월 8일 아침 요시나리 히로시는 이우의 시신을 출관(出棺)했다. 이우의 시신은 비행기에 실려 경성 비행장에 도착했다. 오후 요시나리는 시종무관으로서 상관을 지키지 못한 것을 자책하는 유서를 쓰고 이우가 숨을 거둔 육군검역소 임시 구호소의 민가(民家)에서 자결했다. 오른손으로는 군도(軍刀)로 배를 찌르고, 왼손의 권총으로 머리를 쏘았다.

　8월 9일 만주국 황제 부의는 히로히토에게 이우의 사망을 위로하는 조전(弔電)을 보내왔다.

　8월 15일 정오 히로히토의 항복 방송이 있었고 오후 5시 경성 운동장(동대문 운동장)에서 이우의 장례식이 거행되었다.

　조선군사령부 주관의 육군장으로 거행되었는데, 조선총독 아베 노부유키, 정무총감 엔도 류사쿠, 제17방면군 사령관 고쓰키 요시오, 천황 대리로서 궁내부 식부 차장 호조 도시나가가 참석했다.

　이처럼 일본은 이씨 왕가에 대한 약속을 끝까지 지켰다.

　이강의 장남 이건(李鍵, 1909~1990)은 군 경력이 이우와 거의 같다. 스포츠카 매니아로 유명했는데, 영국제 스포츠카인 앨비스 스피드 20(Alvis speed 20), 미국 피어스 애로우(Pierce-Arrow) 사의 대형 리무진 등 많은 차량을 소유하고 있었다. 전후 1955년 일본 국적을 택했다. 일본 이름은 모모야마 겐이치(桃山虔一)이다.

　【왕공족은 일본 제국의 만수무강을 기원했다. 민주 공화정을 꿈꾼 자는 아무도 없었다.】

* 순종의 일본 방문 *

　대한제국이 일본에 병합되면서 대한제국 왕실에 대한 예우 규정이 마련됐다. 이척의 호칭은 이왕(李王)이라 했고, 처소는 창덕궁이었다. 이재황의 호칭은 이태왕(李太王)이었고, 덕수궁에 거처했다.

　1917년 6월 3일 일본 신문들은 8일 이척이 서울을 떠나 일본을 방문하여 '천기(天機)에 봉사(奉伺)'할 것이라고 보도했다. '천기봉사'는 신하가 임금을 배알한다는 뜻이다. 이때 일본 국왕은 요시히토(嘉仁)였다.

　6월 8일 이척은 새벽에 창덕궁을 나와 서울 남대문 역에서 7시 50분발 부산행 임시 특별열차를 탔다. 수행원은 조선 총독 하세가와 요시미치(長谷川好道)를 비롯하여 10여 명의 일본 관리들과 의사, 요리사, 이발사, 상궁, 궁중 나인 등 모두 60여 명이었다. 학생과 일반주민이 몰려들어 창덕궁에서부터 남대문 역까지 거리를 가득 메웠다. 이들의 표정은 매우 착잡했다. '우리 임금님이 일본으로 잡혀 간다'는 소문이 떠돌았기 때문이었다.

　6월 9일 오전 8시 30분 이척은 부산항에서 일본 군함에 실려 오후 6시 30분 시모노세키 항에 도착했다.

　10일부터 열차 편으로 여러 역을 거쳐 12일 동경역에 이르렀는데, 도착하는 역마다 수 많은 일인들이 일장기와 욱일기(旭日旗)를 들고나왔다. 일본으로서는 환영할 만한 일이었다.

　14일 아침 일본 황궁의 접견실인 봉황간(鳳凰間)에서 봉사 의식이 거행됐다. 이척은 조선 총독 하세가와와 이 씨 왕실의 찬시장(贊

侍長)인 윤덕영을 좌우에 대동했다.

　요시히토와 이척은 1907년에 한 번 만난 적이 있었다. 헤이그 특사 사건으로 이척이 대한제국 황제로 즉위하자 당시 일본 황태자였던 요시히토는 이토 히로부미의 주선으로 이척의 즉위를 축하한다는 명목으로 조선에 왔다. 이척은 제물포까지 마중 나갔다. 그때 요시히토는 황태자였으므로 아랫사람이 윗사람을 배알하는 형식으로 이척을 만났다.

　육군 대원수 복장을 한 일본 국왕 요시히토에게 이척은 허리 굽혀 절하고 손에 쥐고 있던 천기봉사 문서를 들어 올렸다. 일본 정부가 작성한 문서였는데 한국어로 번역된 것을 이척이 읽고 그다음에 어용괘(御用掛; 일본 국왕을 모시는 관리)가 일본어로 작성된 문서를 읽었다. 그 내용은 다음과 같다.

　　성상 폐하, 척(拓)은 일찍이 수도에 올라와서 천기를 봉사하려고 하였으나, 머리에는 고질병이 있고 몸이 허약하여 전례(典禮)를 능히 지키지 못하고 지금까지 미루어 오기에 이르렀나이다.
　　다행하게도 오늘에 이르러서 천안(天顔)을 지척에서 뵈옵고 천기를 봉사함으로써 여러 해 동안 쌓인 회포를 풀기에 이르러 충심으로 기쁘고 영화롭게 생각하옵니다.
　　세자 은(垠)을 오랫동안 궐하(闕下)에 두시고 늘 폐하의 가르침과 기르심을 받도록 하옵시고 학문과 덕이 바르게 진보하게 하여 주심에 깊이 감명을 받사옵니다. 또한 이번에 척이 수도로 올라옴에 이르러 폐하께서 특별히 베풀어주신 우대에 황송함과 감격을 마지 않사옵니다. 이에 삼가 예를 올리나이다.

낭독을 들은 다음 요시히토는 '위로의 말'을 했고, 이를 통역을 통해 들은 이척은 두 번 절하고 물러 나왔다. 이어 동간(桐間; 일본 황후의 접견실)으로 가서 똑같은 의식을 거행했다. 그 다음에는 일본 왕실의 종묘인 현소(賢所)에 참배했다. 오후에는 일본 황태자인 히로히토(裕仁)의 처소에 가서 역시 봉사 의식을 거행했다.

이척은 일본의 명승지를 유람하고 6월 28일 서울로 돌아왔다. 이후 조선의 민심은 크게 변했다. '왜놈 임금'에게 신하의 예를 행했다는 것이 알려지자 민중이 격분했다.

1917년 11월 10일 오후 5시 20분경 이척이 거처하는 창덕궁의 대조전(大造殿)에서 대화재가 일어났다. 대조전은 이척과 왕비의 침전으로 이들이 늘 머무는 곳이었다. 이들은 간신히 빠져나왔다. 일인들이 창덕궁을 서둘러 복구한다고 경복궁의 전각을 헐어 옮기는 바람에 경복궁이 크게 훼손됐다. 화재의 원인은 끝내 밝힐 수 없었는데, 대조전이 화기(火氣)가 전혀 없는 곳이었으므로 방화로 볼 수밖에 없다. 이 사건은 민심 이반의 결과인 듯하다.

* * *

> 보론 1

무갈 제국, 버마 왕조의 마지막 군주는 어떻게 되었는가?

영국은 아시아 여러 나라를 식민지로 만드는 가운데 여러 왕조를 멸망시켰다. 이들 나라의 왕실은 국망(國亡) 후 어떻게 되었는가.

무갈 제국의 멸망

1857년 5월 인도에서 세포이의 반란이 일어났다. 18세기 초부터 쇠퇴한 무갈 제국은 이 무렵에는 명목상으로만 존재할 뿐 영국 동인도 회사와 수백의 군소 영주들이 인도를 통치하고 있었다. 무갈 제국 황제는 인도 황제로 인정받기는 했으나 델리만 통치하고 있었다. 세포이들은 델리를 점령하고 82세의 무갈 제국 황제 바하두르 샤 2세(Bahadur Shah II)에게 지지를 강요했다. 바하두르 샤 2세는 거절할 수 없었다. 그는 생존한 아들 가운데 장남인 미르자 무갈(Mirza Mughal)을 세포이 지휘관으로 임명했으나 세포이는 거부했다.

9월 14일 영국군은 델리에 총공격을 시작했다. 바하두르 샤 2세는 2대 황제 후마윤(Humayun)의 영묘(靈廟) 구역으로 피신했다. 윌리엄 홋선(William Hodson)이 지휘하는 동인도 회사의 2천 기병대가 포위하자 바하두르 샤는 죽이지 않는다는 조건으로 9월 20일 투항했다. 항복의 징표로 보검 2개를 홋선에게 건넸다. 이 검은 빅토리아 여왕에게 전해졌다(지금도 빅토리아 여왕 컬렉션의 일부이다).

다음날인 9월 21일 홋선은 바하두르 샤 2세의 아들인 미르자 무갈과 미르자 히즈르 술탄(Mirza Khizr Sultan), 그리고 손자인 미르자 아부 바크르(Mirza Abu Bakr)에게 투항을 요구했다. 홋선은 왕자들을 호송하려 병사 10명을 보냈다. 왕자들은 소가 끄는 수레를 타고 이송되었다. 수레가 델리의 관문에 이르자 군중이 몰려와 에워싸기 시작했다. 홋선은 왕자들을 수레에서 내리라고 명령하고 상의 겉옷을 벗게 했다. 이어 홋선은 한 부대원의 카빈 소총을 뺏어 이들을 사살했다. 그리고 시체를 뒤져 인장과 보석으로 장식한 칼을 얻었다. 홋선은 시체를 경찰서 앞에 전시하게 했다.

영국군은 델리를 약탈, 파괴하고 무차별 학살을 자행했다.

1858년 4월 바하두르 샤 2세의 재판이 시작되었다. 41일간 지속된 재판에서 바하두르 샤 2세는 반란 선동 등의 사유로 유죄 선고를 받았다. 영국 정부는 버마의 항구 도시 랑군으로 추방하도록 했다. 10월 바하두르 샤 2세는 생존한 아들 둘과 더불어 랑군으로 이송되었다. 11월 1일 영국 정부는 인도 직할 통치를 선언했다.

바하두르 샤 2세는 1862년 11월 7일 새벽 5시 향년 87세로 세상을 떠났다. 영국인 판무관 데이비스(H. N. Davies)는 당일 오후 4시 슈웨 데곤 파고다(Shwe Degon Pagoda) 인근에 그의 시신을 매장했다.

버마와 청의 전쟁

1752년 몽(Mon) 족의 부흥 한타와디 왕국(Restored Hantha-waddy Kingdom)이 유서 깊은 버마의 타웅우 왕조(Taungoo dynasty)를 멸망시키자 버마 북부의 마을 촌장이었던 알라웅파야(Alaungpaya, 재위 1752~1760)는 왕으로 즉위하여 콩바웅 왕조(Konbaung dynasty)를 세웠다.

그는 1759년에 이르러 부흥 한타와디 왕국을 멸망시켜 버마를 재통일하고 또한 부흥 한타와디 왕국에 무기를 공급해 지원하던 프랑스와 영국 세력도 축출했다. 프랑스 동인도 회사는 1740년대에 버마의 항구 도시 탄링(Thanlyin)을 차지했고, 영국 동인도 회사는 1753년 버마의 이라와디 삼각주 남서쪽 끝에 위치한 케이프 네그라이스(Cape Negrais)를 점령했었다. 알라웅파야의 버마군은 1756년에는 탄링을, 1759년에는 케이프 네그라이스를 탈환했다.

알라웅파야는 1758~59년 청과 버마의 국경지대에 파병해 청이 영토로 삼은 지역을 점령했다.

【청과 버마의 국경은 명확하지 않았다. 국경지대에 사는 샨(Shan) 족의 추장들은 청과 버마의 타웅우 왕조 양쪽에 조공했다. 1730년대에 청은 운남성과 버마의 국경 지대에 통제를 강화하고 버마가 자신의 영역으로 간주해온 지역의 추장을 청 편으로 끌어들였다.】

일부 샨 족의 추장은 운남성으로 피신해 청의 개입을 요청했다. 보고를 받은 청의 건륭제(乾隆帝, 재위 1735~1795)는 재정복을 천명했다. 운남성의 청 관리들은 '이이제이'로 문제를 해결해야 한다고 믿어 샨 족을 동원했다. 그러나 이 전략은 효과가 없었다.

알라웅파야의 차남으로 콩바웅 왕조의 3대 군주가 된 신뷰쉰(Hsinbyushin, 재위 1763~1776)은 1765년 아유타야 왕조(Ayutthaya Dynasty)가 지배하는 시암(Siam, 태국)을 침공했다.

그러나 버마는 태국과의 전쟁과 동시에 청나라와 전쟁을 치러야 했다.

1765년 초 운남성에 가까운 버마 동단에 위치한 켄퉁(Kentung, 景棟)에 주둔한 2만 버마군이 시암 원정에 투입되자 운귀총독(雲貴總督 : 운남성과 귀주성 관할) 유조(劉藻)는 운남성의 녹영(綠營 : 한족 군부대)에 켄퉁을 공격하라고 명령했다.

겨울 녹영군 3천 5백이 버마 영내로 진격, 켄퉁 요새를 공격했으나 오랜 전투 경험으로 단련된 버마군에게 패했다. 거의 같은 때인 1766년 1월 버마군은 시암의 수도 아유타야를 포위했다. 1766년 2월 건륭제가 양응거(楊應琚)를 운귀총독으로 임명하고 유조를 호북순무(湖北巡撫)로 강등시키자 유조는 칼로 목을 찔러 자결했다.

신임 운귀총독 양응거는 운남성과 65km 거리에 있는 도시 바모(Bhamo)를 거쳐 이라와디 강을 따라 남하해 버마 수도 아바(Ava)로 진격할 계획을 세웠다. 반면에 신뷰쉰은 청군을 버마 영토 깊숙이 유인해 포위 섬멸전을 벌리려 했다. 버마는 바모 남쪽 수 마일 거리에 위치한 이라와디 강변의 카웅톤(Kaungton) 요새에 전력을 집중하고 기다렸다. 카웅톤에는 프랑스 포술장이 지휘하는 버마 포병 부대가 배치되었다(탄잉이 함락되면서 포로가 된 프랑스 포병들).

1766년 겨울 양응거는 1만 4천의 녹영 부대로 버마 침공을 개시해 12월 바모를 손쉽게 함락했다(신뷰쉰은 바모를 사수하지 말고 포기하라고 명령했었다). 바모를 보급기지로 삼은 청군은 카웅톤을 포위 공격했으나 함락시키지 못했다. 콜레라와 이질, 말라리아에 시달리던 청군은 1767년 봄 버마군에 역포위되어 참패했다(전사 1899명, 병사 3708명).

  1767년 4월 버마군은 1년이 넘는 포위전 끝에 아유타야를 함락시켜 아유타야 왕조는 멸망했다. 태국은 버마에 병탄되는 듯했다.

  양응거는 승전했다고 허위 보고를 했는데 이를 눈치챈 건륭제는 북경으로 소환하여 자결을 명령했다. 건륭제와 조정 대신들은 어떻게 버마 같은 '야만인의 소국'이 중국에 대적할 수 있는지 도무지 이해할 수 없었다. 한족의 전투력에 의심을 품어오던 건륭제는 이제 팔기군이 나설 때라고 보았다. 건륭제의 명령으로 청군의 패배를 분석한 학사들은 전투력이 약한 녹영을 투입한 것이 패전의 원인이라고 보고했다.

  1767년 봄, 건륭제는 그의 사위이기도 한 일리 장군(伊犁將軍) 명서(明瑞)를 운귀총독 겸 병부상서로 임명하여 버마 원정군을 지휘하게 했다. 이는 청과 버마와의 전쟁이 국경 분쟁에서 전면전으로 확대됨을 의미했다. 명서는 다년간 신강 지역에서 위구르 족과 전투를 치룬 경험이 있었다. 청의 버마 원정군은 만주 팔기와 몽고 팔기, 운남의 녹영으로 구성되었는데 총병력이 5만에 이르렀다(팔기군은 3만, 녹영군은 1만 2천). 버마가 산이 많은 데다가 정글 지역이므로 기병은 소수였고 절대다수가 보병이었다. 명서는 전염병을 우려하여 1767년 겨울이 오자 버마 원정을 시작했다.

신뷰쉰은 시암의 잔여 세력 소탕을 위해 버마군을 상당수 시암에 남겨 두었으므로 청과의 국경에 배치된 버마군은 2만 정도였다. 명서는 군을 두 갈래로 나누어 버마의 수도 아바를 포위하려는 계획을 세웠다. 12월 두 갈래로 진군하는 청군과 교전한 버마군이 대패하자 상황의 위급함을 깨달은 신뷰쉰은 시암에 주둔한 버마군을 급히 소환했다(이 때문에 태국은 독립할 수 있었다).

에르뎅게가 지휘하는 몽고 팔기는 아바 동북의 카웅톤 요새에서 막혔으나 명서가 지휘하는 청의 주력인 만주 팔기 1만 5천은 1768년 1월 초 아바 북쪽 48km지점에 이르렀다.

신뷰쉰은 피신하라는 신하들의 간청을 '알라웅파야의 아들인 나와 형제 왕자들은 한 팔로라도 중국인과 싸울 것'이라 말하며 단호히 물리쳤다. 신뷰쉰은 성 밖으로 나와 진을 쳤다.

보급선이 늘어진 명서의 부대는 버마군이 유격전을 벌여 보급을 방해하자 물자 부족으로 더 이상의 진군이 어려워졌다. 명서는 수비 전술을 펴며 몽고 팔기가 도달할 것을 기대했다. 그러나 에르뎅게는 카웅톤 요새 공격에 몽고 팔기의 손실이 컸으므로 명서의 독촉에도 불구하고 운남성으로 철수했다. 반면에 시암에 주둔했던 버마군은 아바에 도착하기 시작했다.

3월 마하 티하 투라(Maha Thiha Thura, ? ~1782)가 지휘하는 버마군은 버마 북부의 청군 보급기지인 센위(Hsewi)를 함락했다(센위를 지키던 청군 병력은 5천). 이에 신뷰쉰은 마하 티하 투라를 버마군 총사령관으로 임명했다.

센위 함락으로 명서가 지휘하는 만주 팔기는 보급선이 모두 끊어졌다. 이 만주 팔기는 동토의 러시아 국경 지대에 주둔하던 부대였으므로 버마 중부의 찌는 듯한 더위에 기진맥진해졌고 말라리아에 걸려 죽어가기 시작했다.

명서는 철군을 결정했다. 마하 티하 투라가 지휘하는 버마 보병 1만과 기병 2천이 추격했다. 버마군은 아바 동북쪽 80km에 위치한 고지대인 마이묘(Maymyo, 현재의 핀우 르윈 Pin U Lwin)에서 청군을 완벽히 포위했다. 3일간의 격전 끝에 만주 팔기는 전멸했다. 버마군은 칼자루가 적의 피에 젖어 미끈거려 칼을 쥘 수 없을 정도였다. 1만 5천의 청군 가운데 포로가 되어 목숨을 부지한 자는 2천 5백 명이었다. 나머지는 거의 모두 전사 또는 병사였다.

포위망을 뚫고 탈출에 성공한 자는 수십 명이었다. 부상을 입은 명서는 탈출이 가능했으나 변발을 잘라 탈출하는 병사에게 주며 황제에게 전해주라 명령하고는 자결했다(건륭제는 에르뎅게를 처형했다).

이제 버마와의 전쟁은 청 제국의 위신이 걸린 중대 문제가 되었다. 1768년 4월 청 조정은 명서의 죽음을 발표하고 건륭제는 그의 처남인 군기대신(軍機大臣) 부항(傅恒)을 버마 원정군 사령관으로 임명했다. 전쟁이 시작되기 전 외교로 문제를 해결하려는 시도가 양측에 있었다. 신뷰쉰도 청의 대원정이 예상되자 우려했다. 그러나 건륭제는 어떠한 타협도 있을 수 없다고 선포하고 버마 전토 정복을 기획했다.

청의 사신이 시암과 라오스에 파견되어 청의 의도를 전하고 동맹을 요구했다. 신뷰쉰은 시암에 주둔한 버마군을 거의 모두 철수시켰다. 이에 시암의 저항 세력은 수도 아유타야를 수복할 수 있었고 이듬해인 1769년 말에는 전토를 되찾았다. 버마는 수년 간 힘든 전쟁 끝에 시암을 정복했으나 무위로 돌아가고 이제는 자국의 존망을 걱정하는 상황에 이르렀다.

1769년 4월 운남성에 도착한 부항은 6만 원정군을 지휘하게 되었다.

부항은 이전에 성공한 몽고의 버마 원정(쿠빌라이 치세)과 명의 버마 원정을 연구했다. 이에 따르면 3로로 군을 보내어 바모와 이라와디 강을 경유해야 했다. 한 부대는 바모와 카웅톤을 정면 공격하고, 나머지 두 부대는 카웅톤을 우회하여 이라와디 강변을 따라 남하하여 아바에 이르는 것으로 작전계획을 세웠다. 복건성의 수군이 이라와디 강을 따라 남하하면서 육군을 지원하기로 했다.

버마는 4개 부대를 편성해 3개 부대는 청군을 상대하고 나머지 한 부대는 청의 보급선을 끊는 임무를 수행하기로 계획을 세웠다. 마하 티하 투라가 최고사령관이었다. 시암 전역에서 돌아온 프랑스 해군 장교 출신의 피에르 드 밀라르(Pierre de Milard, 1736~1778)가 지휘하는 프랑스 머스켓 총병과 포병대원도 청과의 전쟁에 투입되었다.

【피에르 드 밀라르는 1756년 탄링으로 가는 프랑스 군함 2척에 탔다. 알라웅파야는 이해 7월 탄링을 함락하고 프랑스 군함 2척을 속여 나포

했다. 알라웅파야는 포로로 잡은 프랑스 장교와 사병을 버마군에 편입
시켰다. 프랑스 부대는 시암과의 전쟁, 청과의 전쟁에 큰 공헌을 했다.】

　버마군이 진군해오자 부항은 우기가 끝날 때까지 기다리자는 참모들의 의견을 물리치고 아직 우기가 끝나기 전인 10월 공격을 단행했다. 청군 3개 부대는 합동 공격으로 바모를 함락했다. 이어 남하하여 카웅톤 요새 동쪽 19km에 위치한 쉔야웅빈(Shwenyaungbin) 마을에 요새를 설치했다(부항은 요새를 건설하고 배를 건조하려 목수 수천 명을 데려왔다).
　그러나 이후 부항의 작전계획은 제대로 이행되지 않았다. 이라와디 강 서안에 이른 부대는 머뭇거렸고 버마군이 오자 동안으로 후퇴했다. 이라와디 강 동안을 따라 남하하기로 한 부대는 진군을 멈추었다. 이 때문에 이라와디 강에 있는 청의 수군이 노출되었다. 버마 수군이 청의 군함을 모두 격침했다. 이에 청군은 카웅톤 요새를 함락하려 결집했다. 카웅톤 요새는 4주간의 청군 공격을 버텨냈다. 열대 전염병에 걸려 쓰러지는 청군이 늘어났는데, 부항도 말라리아에 걸렸다. 버마군은 청의 통신선을 끊고는 후방에서 청군에 다가왔다. 12월 초 버마군은 청군을 완벽하게 포위했다. 또한 버마군은 쉔야웅빈의 청군 요새를 격전 끝에 함락했다. 요새를 지키던 청군은 도주하다가 카웅톤 인근의 골짜기 갇혔다.

　전멸의 위기에 처하자 부항을 포함한 청군 지휘부는 협상을 요청했다. 청군은 이미 2만의 병력을 잃은 상태였다. 버마 지휘부는 청

군을 섬멸할 수 있는 상황이었으므로 협상에 응하지 않으려 했다.

그러나 최고사령관 마하 티하 투라는 현명한 정치적 결정을 했다. 전년에 마이묘 전투에서 청군에 섬멸전을 벌여 성공했으나 강대국의 자존심에 상처를 입혀 그 후과(後果)로 치르는 전쟁이었다. 그보다 더한 섬멸전을 벌이다가는 청이 국력을 기울여 재침할 것이고 이는 버마 멸망을 가져올 가능성이 큰 전쟁일 것이었다.

마하 티하 투라는 참모들을 설득했다.

> 전우들이여, 강화를 하지 않으면 저들은 또다시 침략할 것이다. 우리가 격파하면 또 다시 올 것이다. 우리나라는 중국의 침략을 계속 물리치느라 세월을 보낼 수는 없다. 우리는 다른 할 일이 많기 때문이다. 살육을 그만하고 저들 백성과 우리 백성이 평화로이 살도록 하자.

마하 티하 투라는 장군들에게 중국과의 전쟁은 나라를 멸망시킬 악성종양으로 급변하고 있다고 지적했다. 청군의 병력 손실에 비해 버마군의 피해는 적었으나 인구 비례로 살펴보면 더 심했다. 그러나 장군들은 동조하지 않았다. 마하 티하 투라는 국왕 신뷰쉰과도 상의하지 않고 청군에 다음과 같은 조건을 내걸었다.

1. 청은 청의 영내로 피신한 추장들과 반군, 주민을 모두 버마로 송환한다.
2. 청은 역사적으로 버마의 일부인 샨 족에 대한 버마의 주권을 존중한다.

3. 모든 전쟁포로는 석방한다.
4. 청 황제와 버마 국왕은 우호 관계를 재수립하고 친선 국서와 선물을 소지한 사절을 교환한다.

부항을 비롯한 청군 지휘부는 이 조건에 동의했다.

1769년 12월 13일(22일이라고도 한다) 카웅톤에서 청의 장령 13인, 버마 장령 14인이 강화조약에 조인했다. 청군은 보유한 장비 가운데 가지고 갈 수 없는 배를 불태우고 대포를 녹였다. 이틀 후 무장한 버마군이 주시하는 가운데, 굶주린 청군은 타이핑 계곡으로 나아갔다. 이들은 철군하는 도중에 수천이 쓰러져 죽었다.

건륭제는 이 강화조약을 못마땅하게 여겼다. 부항이 방물을 소지한 사절의 교환을 규정한 조항이 버마가 굴복하고 조공을 바치기로 한 것과 다름없다고 말했으나 건륭제는 이를 받아들이지 않았다. 건륭제는 샨 족 추장과 주민을 송환하는 것과 교역 재개도 허가하지 않았다(부항은 1770년 말라리아로 사망).

버마 국왕 신뷰쉰도 장군들이 자신과 상의하지 않은 것에 격분하여 조약문을 찢었다. 신뷰쉰은 마하 티하 투라에게 여자옷을 보내고는 샨 족 거주 지역으로 추방했다(마하 티하 투라의 딸은 신뷰쉰의 태자인 싱우 Singu와 결혼했다.).

【마하 티하 투라는 1776년 신뷰쉰 사후 재상으로 권세를 누리고 여러 차례 킹 메이커 역할을 했다. 그러나 1782년 6대 국왕 보다우파야(Bodawpaya, 재위 1782~1819)에 의해 반역죄로 처형되었다.】

이후 강화조약의 조항 가운데 지켜진 것은 하나도 없었다. 건륭제는 10년간 운남성에 군을 대규모로 배치하여 버마를 압박했고 교역은 20년간 금지했다.

버마도 인명 피해가 컸고 청의 재침에 대비해 청과의 국경에 군을 대부분 배치해야 했으므로 태국을 재침할 여력이 없었다. 태국은 청이 버마를 침공하는 바람에 독립하고 국가를 정비할 수 있었다.

1790년 청과 버마는 다시 국교를 맺었다. 청은 이를 조공 관계로 간주했고 버마는 대등한 관계로 인식했다.

버마와 영국의 전쟁

1822년 버마는 마니푸르(Manipur)와 아삼 지방을 정복했는데, 이 때문에 인도를 지배하고 있던 영국 그리고 아바(Ava) 왕국과 국경을 마주하게 되었다. 마니푸르와 아삼을 차지할 생각이 있던 영국은 마니푸르와 아삼 원주민의 반란을 지원하고 파병했다. 버마 역시 강경하게 나서 1824년 1월 영국군과 버마군이 교전하기에 이르렀다. 아라칸(Arakan)에서의 국경 충돌로 3월 5일 공식적으로 전쟁이 일어났다. 1차 영국-버마 전쟁의 시작이었다.

영국은 정글 지대인 아삼과 마니푸르에서 고전했다. 시인이자 장군인 우사(U Sa)가 지휘하는 4천의 버마군은 5월 벵갈 지방으로 진격하여 라무 전투(Battle of Ramu)에서 영국군을 격퇴시켰다. 영국은 일거에 전세를 만회하려 5월 11일 랑군(현재의 양곤) 항에 1만 병력(영국군 5천, 인도 세포이 용병 5천)을 상륙시켰다. 사령관은 아치볼드 캠벨(Archibald Campbell) 장군이었다. 기습을 당한 버마군은 초토작전을 펴 텅 빈 랑군을 포기하고 시 외곽에서 동서로 10마일에 걸친 진지를 구축했다.

바기다우(Bagyidaw) 버마 국왕은 아라칸과 아삼 지방에 주둔한 버마군을 불러들여 랑군에 상륙한 영국군을 막도록 했다. 11월 버마군 최고사령관 반둘라(Bandula)는 랑군 외곽에 3만 버마군을 집결시켰다. 반둘라는 수적 우위를 믿었지만, 무장이 영국에 훨씬 열세였다. 버마군은 절반인 1만 5천만 머스켓 소총을 갖추었다. 영국군의 포탄은 폭발성이었으나 버마군의 포탄은 비폭발성이었다. 그리고 영국군은 콩그리브 로켓(Congreve rocket)을 보유했다.

11월 30일 반둘라는 영국군에 대한 정면공격을 시작했다. 영국군은 우월한 화력으로 버마군의 돌격을 막았다. 12월 7일 로켓이 위력을 발휘하는 가운데 영국군이 우세를 점하기 시작했다. 12월 15일 버마군의 모든 진지는 무너졌다. 버마군 사상자는 2만 3천이나 되었다.

영국의 예상과 달리 이 전쟁은 장기전이 되었다. 1825년에는 아라칸과 랑군에서 가까운 다누뷰(Danubyu)에서 치열한 전투가 벌어져 영국군이 승리했다. 다누뷰 전투에서는 반둘라가 전사했다. 11월 중순 버마는 남은 전력을 다해 버마 중부 프롬(Prome)까지 북진한 영국군을 공격했다. 영국군을 포위하는데 거의 성공했으나 영국군은 우월한 화력으로 이겨나갔다.

12월 1일 캠벨은 4천의 병력을 이끌고 프롬 외곽에 위치한 버마군 진지를 공격했다.

12월 2일 버마군 지휘관 네 묘(Ne Myo)는 영국 군함의 포탄에 맞아 전사했고 5일까지 영국군은 버마군을 궤멸시켰다. 더 이상 전쟁을 할 수 없게 된 버마 당국은 영국이 제시한 강화 조건을 받아들일 수밖에 없었다.

영국은 모두 5만 병력을 동원하고 1,300만 파운드(2010년 달러 가치로 480억 달러)로 추산되는 엄청난 전비를 투입한 끝에 승리할 수 있었다. 영국군 사상자도 1만 5천이나 되었다. 1826년 2월 얀다보 조약(Treaty of Yandabo)이 체결되어 1차 영국-버마 전쟁이 끝났다.

얀다보 조약으로 영국은 마니푸루, 아삼, 아라칸 지방을 얻었고 1백만 파운드의 배상금도 받았다. 그리고 영국과 버마는 통상조약을 체결했다.

1852년 인도 총독 달하우지 경(Lord Dalhousie)은 해군 준장 조지 램버트(George Lambert)를 버마에 파견했다. 램버트의 임무는 얀다보 조약으로 파생된 양국 간의 여러 문제를 처리하는 것이었다. 램버트는 전쟁을 일으키려 랑군 항구를 봉쇄하고 버마 국왕의 배를 나포했다. 이리하여 2차 영국-버마 전쟁이 일어났다.

영국군 사령관은 해군 소장 찰스 존 오스틴(Charles John Austen, 1779~1852) 제독이었다. 찰스 존 오스틴은 『오만과 편견』의 저자 제인 오스틴(Jane Austen, 1775~1817)의 남동생이다. 영국군은 4월 12일 랑군을 점령했다. 국력이 쇠약해진 버마의 저항은 미미했다. 영국군은 금은으로 장식된 버마의 파고다와 불상을 약탈했다.

7월과 8월 인도 총독 달하우지 경은 랑군을 방문해 전황을 검토했다. 버마 전부를 합병하고 싶었으나 영국의 군사 경제적 형편에 비추어 이는 무리였다. 결국 하부 버마(Lower Burma)만 병탄하기로 했다.

10월 7일 찰스 오스틴이 콜레라로 병사하자 고드윈(Henry Godwin) 육군 소장이 영국군을 지휘하여 10월 9일 프롬을 점령했다. 1853년 1월 20일 영국 정부는 일방적으로 하부 버마 병합을 선언했다. 강화조약은 끝내 체결되지 않았다.

1878년 버마에서 왕위 계승 분쟁이 나자, 버마 주재 영국 판리공사가 철수하여 공식 외교관계가 끊겼다. 영국은 또 다른 전쟁을 고려했으나 아프리카와 아프가니스탄에서 전쟁을 치르고 있었으므로 또 다른 전쟁을 치를 수 없었다.

영국과 두 차례 전쟁으로 영토를 잃고 이권을 내준 버마는 1880년대에 들어 프랑스에 접근하여 독립을 보존하려 했다. 1883년 5월 버마 고위 사절단이 공업에 관한 정보를 수집한다는 명목으로 유럽으로 향했다. 실제로는 파리로 가서 프랑스 외상 쥘 페리(Jules Ferry)와 협상을 시작했다. 페리는 끝내 영국대사에게 버마가 프랑스제 무기 구입과 동맹 문제를 협상하려 한다고 인정했다. 이에 영국은 민감한 반응을 보였다. 결국 1885년 10월 버마를 보호령으로 삼는다는 최후통첩을 전했고 버마가 거절하자 프렌더가스트(Harry Prendergast) 장군을 사령관으로 하는 9천의 원정군을 보내어 3차 영국-버마 전쟁이 일어났다.

  영국 군함은 이라와디 강을 거슬러 11월 26일 아바에 접근했고 국왕 티바우(Thibaw)는 사절을 보내 항복하겠다는 의사를 전달했다. 27일 티바우는 버마군에 무기를 내려놓으라고 명령했다. 28일 영국군은 수도 만달레이(Mandalay : 1859년 천도)를 함락하고 티바우를 포로로 잡았다. 1886년 1월 1일 영국 의회는 버마를 인도의 일부로 합병한다고 선언했다.

  한편 영국의 침략에 독립을 수호하려는 버마인의 무장 투쟁은 만달레이 함락 즉시 시작되었다. 영국군이 이라와디 강을 거슬러 신속히 진군하여 만달레이를 함락했으므로 부대 대부분이 전투를 치르지 않아 전체 버마군이 입은 손실은 적었다. 거의 전국적으로 항쟁이 일어났다. 이 항쟁은 1896년까지 지속되었다. 티바우 국왕의 사촌인 흐테이크틴 흐마트(Hteiktin Hmat) 왕자와 흐테이크틴 테인(Hteiktin Thein) 왕자 등 많은 왕족 남자들, 그리고 귀족들이 저항군 지도자가 되었다. 이들은 전사하거나 포로가 되어 처형되거나 정글의 열병에 걸려 죽었다.

  고전하던 영국군은 이 항쟁에 동조하는 것으로 의심이 드는 마을들을 불사르고 마을 주민의 재산을 몰수 또는 파괴하는 방식을 써서 진압에 성공했다.

  티바우와 임신 중인 수파얄라트(Supayalat) 왕비, 유아인 두 공주, 왕비의 두 자매, 왕비의 모친은 포로가 된 다음날 영국 기선에

태워져 인도의 항구 도시 라트나기리(Ratnagiri)로 유배되었다. 버마에 남아있는 한 저항 운동의 구심점이 되기 때문이었다. 영국 정부는 처음 5년간 월 10만 루페(rupee)의 연금을 주다가 절반으로 줄였고 1916년 12월 티바우가 사망할 무렵에는 또 절반으로 줄였다. 수파얄라트 왕비는 티바우의 유해를 버마로 보내어 장례를 치르려 했으나 영국 정부가 거절하여 처소의 뜰에 가매장했다. 1919년 영국 정부는 강제로 유해를 꺼내 라트나기리에 묻었다. 왕비는 1919년 만달레이로 귀환하여 1925년 세상을 떠났다. 자손은 딸만 4명이었는데 영국 정부의 냉대로 불행한 일생을 보냈다.

서구 열강이 인도, 베트남, 버마 등 역사가 오랜 동양 국가를 식민지로 만드는 과정을 보면 하나 같이 영토 일부를 획득, 발판으로 삼아 점진적으로 전 영토를 식민지화했다. 그리고 그 과정에서 그 나라 정부와 전쟁을 치렀다. 이에 비해 국력이 더욱 미약한 조선은 일본에 병탄될 때까지 한 치의 영토도 뺏기지 않았다. 이는 조선의 지정학적 중요성 때문이었다.

【육당 최남선은 "우리 조선은 망하는 대도 실패했다."고 한탄했다. 외세의 침략에 저항하다 장렬하게 망한 버마와 베트남과 달리 조선 왕실은 일본 황실의 일원이 되어 부귀영화를 누렸으니.】

거문도 사건으로도 알 수 있듯이 서구 열강은 세력 균형 차원에서 한 나라가 조선의 일부라도 점유하는 것을 결사반대했다. 다시 말해 조선은 세력 균형을 이용해 독립을 유지하며 근대화를 추진할 시간적 여유가 있었다. 그러나 기회는 활용할 역량이 없으면 있으나 마나한 것이다. 역량이 없으면 심지어 기회가 왔는지조차 인식할 수 없다.

윤치호는 외침에 맞서 싸우지 않고 도주만 하려는 이 씨 왕조의 태도에 누구보다 크게 실망한 사람이었다. 그의 일기에는 이를 개탄하는 대목이 많이 보인다.

1935년 10월 26일 토요일

이탈리아군이 에티오피아에서 험한 꼴을 당하고 있다. 셀라시에라는 에티오피아 국왕은 용감하고 현명한 사람인가 보다. 그와 그의 아들은 에티오피아군의 선봉에 서서 이탈리아 침략자들과 싸우고 있다. 에티오피아 병사들은 무기도 변변치 않을 뿐만 아니라 군화조차 신지를 못했다. 정말이지 극명한 대조가 아닐 수 없다. 에티오피아 국왕의 이 감탄할만한 태도와 침략자에 맞서 단 한 번도 군대를 직접 지휘한 적이 없는 조선 국왕들의 수치스런 행위 말이다.

조선 왕조는 외침을 당하면서 전혀 백성을 보호하지 못했으며 강대국에 기대어 왕조를 유지하려는 책동 이외의 것을 해본 적이 없다. 한일 합방 이후 독립운동은 거의 모두 공화정 수립을 목표로 했으며, 전제군주정은 물론 입헌군주정 수립을 내세운 독립운동 단체도 찾기 힘들었다. 극소수 지식인 이외에는 공화주의가 전파되지 않은 상황에서 이는 놀라운 일인데, 조선 말 제국주의에 이 씨 왕조가 멸망하는 과정에서 이 왕조의 반민족적 본질이 적나라하게 드러났기 때문이었다. 이 씨 왕조는 '신민(臣民)'에게 철저히 버림받았다.

한일 합방은 한민족에게 깊은 상처를 주었지만, 이러한 왕조가 소멸되어 독립할 경우 왕조가 아닌 다른 정체(政體)로 국가 발전을 기할 수 있었다는 점이 큰 위안이라 하겠다.

조선은 정부 차원의 전쟁을 치르지 않고 식민지가 된 유일한 나라이기도 하다. 또한 그 왕실이 식민지 모국의 황족으로 편입되어 우대받은 유일한 나라였다. 국가로서의 조선은 멸망했으나 왕실이 끝난 것은 일본이 이왕직을 폐지한 1947년이었다.

보론 2
베트남의 프랑스 식민지화 과정

1차 사이공 조약

프랑스는 베트남의 카톨릭 탄압을 구실로 1858년부터 무력으로 베트남 식민지화를 추진했다.

1856년 일어난 2차 아편전쟁에서 전세가 불리해지자, 1858년 6월 청 조정은 내각대학사(內閣大學士) 계량(桂良)과 이부상서 화사납(花沙納)을 흠차대신으로 천진(天津)에 파견하여 유럽 열강과 교섭하게 했다.

내각대학사 계량과 이부상서 화사납은 러시아(6월 13일)를 시작으로 미국(6월 18일), 영국(6월 26일), 프랑스(6월 27일)와 차례로 천진에서 조약을 체결했다. 이 4개의 천진 조약(天津條約)은 서로 약간의 차이가 있으나 모두 최혜국 대우 조항을 포함하여 조약 체결 4개국이 동일한 혜택을 보장받았다. 다음은 그 주요 내용이다.

(1) 조약을 체결한 국가들의 외교사절은 가족을 동반하고 북경에 상주하며 청의 내각대학사 또는 그와 동등한 대관과 동등하게 접촉한다.
(2) 이미 개방된 5개 항구 외에 우장(牛莊), 등주(登州), 한구(漢口), 구강(九江), 진강(鎭江), 남경(南京) 등 11개 항을 추가로 개방한다.

(3) 외국인의 내지 여행과 통상활동 및 기독교 포교를 허가한다.
(4) 양자강을 외국 상선에 개방한다.
(5) 상해에서 세칙(稅則) 개정에 대해 교섭한다.
(6) 영문 텍스트를 조약의 정문(正文)으로 삼아 해석상의 문제를 해소한다.
(7) 영국에 400만 냥, 프랑스에 200만 냥의 배상금을 지불한다.
(8) 청은 모든 공문서에서 외국인을 '이(夷)'라고 호칭하지 않는다.

서양 외교관의 북경 상주는 청과 서양 제국(諸國)의 위상이 동등하다고 인정하는 것이었으므로 청이 가장 꺼린 것이었다.

천진 조약 체결로 청으로 보낸 해군을 이동시킬 수 있게 되자 나폴레옹 3세는 즈누이(Rigault de Genouilly) 제독의 지휘하에 군함 15척과 해군육전대 1천을 베트남 완(阮) 왕조의 수도 투언 후에(Thuan Hue, 順化)에 가까운 다낭(Da Nang) 항으로 보냈다.

스페인도 전년에 디아즈(Diaz) 주교가 처형된 데 대한 보복으로 필리핀 주둔 스페인군 1천 명(스페인 보병 550, 필리핀 보병 450)을 베트남에 파병했다.

프랑스-스페인 연합군은 1858년 9월 1일 약간의 함포사격으로 다낭 항을 점령했다.

이후 이질, 콜레라 등으로 병력 손실이 커져 투언 후에로 진격이 어려워지자 즈누이는 다낭에 수백 명만 남기고 코친차이나(베트남 남부 지방)의 쟈딘 성(城), 즉 사이공을 공격했다. 프랑스-스페인 연합군은 1859년 2월 사이공을 함락해 근거지로 삼았다.

그런데 4월 오스트리아-사르디니아 전쟁(Austro-Sardinian War, 2차 이탈리아 독립전쟁)이 일어나 프랑스가 사르디니아를 지원, 이탈리아에 군대가 묶였으므로 프랑스는 베트남에 증원군을 보낼 수 없었다. 그러므로 즈누이 제독 후임으로 임명한 빠쥬(François Page) 제독에게 협상을 통해 영토가 아닌 카톨릭 포교의 자유만을 얻으라는 훈령을 내렸다.

프랑스의 사정을 안 베트남은 협상에서 지연책을 썼다.

오스트리아-사르디니아 전쟁이 7월에 끝났다. 그러나 천진 조약 비준 문제로 2차 아편전쟁이 속개되었다.

천진 조약 비준서를 어디서 교환하느냐가 문제가 됐다. 청이 영국, 프랑스, 미국과 체결한 천진 조약에는 "서명한 날로부터 1년 이내에 북경에서" 비준서를 교환한다고 규정됐다. 그러나 외국 사절이 수도인 북경에 오는 것을 꺼린 청 조정이 북경이 아닌 상해에서 비준서를 교환한다고 발표했다. 하지만 영국 정부와 프랑스 정부는 북경에서 비준서 교환을 강행하기로 결정했다.

1859년 6월 중순에 영국 대표와 프랑스 대표가 천진 조약 비준서를 교환하기 위해 21척의 군함과 수병 2,200명으로 구성된 영국 함대와 함께 천진의 외항(外港)인 대고(大沽)에 도착했다. 이들은 천진을 관통하는 강인 백하(白河)를 거슬러 북경으로 가려고 했다. 대고 포대의 책임자인 셍게 린첸은 영국 함대가 대고에 상륙하는 것을 꺼려 3km 북쪽에 있는 북당(北塘)에 상륙하라고 권고했다. 그러나 영국 함대는 뜻을 굽히지 않고 6월 24일 밤 백하 입구에 설치된 장애물을 제거했다.

  25일 아침 영국 함대는 백하를 거슬러 올라가기 시작하면서 대고 포대에 포격을 가했다. 대고 포대가 반격하여 하루 밤낮에 걸쳐 전투가 벌어졌다. 영국 함대는 군함 6척이 침몰되거나 대파되고 사망자 89명, 부상자 345명이 발생하는 큰 피해를 입었다. 함대 사령관 호프(James Hope)마저 중상을 입었다.

  이때 미국 동인도 전대 사령관 조사이어 탯놀(Josiah Tattnall)이 영국 함대의 철수를 도왔다. 이는 중국에서 중립을 지킨다는 미국 정부의 정책을 위반한 것이었다. 탯놀은 "피는 물보다 진하다(Blood is thicker than water)"는 말로 자신의 행동을 정당화했다.

  영국 함대가 대고 포대의 공격으로 큰 피해를 입었다는 소식이 전해지자 영국 신문들은 청이 조약을 파기했으니 이에 보복하기 위해 북경을 공격해 점령해야 한다고 주장했다. 그러나 천진 조약에 의하면 영국과 프랑스의 함대는 백하에 진입할 권리가 없었다. 카를 마르크스는 프랑스 공사가 런던에 주재할 권리가 있다고 하여 프랑스 공사가 원정대를 이끌고 템스 강에 침입할 권리가 있는 것은 아니라는 비유를 통해 이 점을 적절히 지적했다. 조약을 어긴 것은 청이 아니라 영국이었다. 영국 외무장관 러셀(John Russell)도 이 점을 인정했다.

  7월 말 미국 공사 워드(John Ward)가 북당에 상륙하여 청과 비준서를 교환했다.

  8월 1일 함풍제(咸豊帝, 재위 1850~1861)는 영국, 프랑스와 맺은 천진 조약을 파기하고 오히려 두 나라에 배상금을 요구하는 상유(上諭)를 포고했다. 이에 영국과 프랑스는 엘긴과 그로를 재기용하여 다시 청을 침략하기로 결정했다.

1860년 2월 영국 파머스턴 내각은 그랜트(James Hope Grant) 장군을 사령관으로 하여 1만 1,000명, 프랑스는 몽토방(Cousin Montauban) 장군을 사령관으로 하여 6,700명의 병력을 파병했다.

빠쥬 제독은 1860년 4월 청에 있는 프랑스 군을 도우러 떠났다(다낭의 프랑스군은 3월에 철수). 사이공에는 수비대 800명(프랑스군 600명, 스페인군 200명)만 남았다. 베트남군 1만이 사이공 포위전을 시작했다.

1860년 10월 프랑스는 청과 북경조약을 체결하여 여유가 생겼다.

1861년 1월 프랑스 원정군의 해군 지휘관인 샤르네(Léonard Victor Charner, 1797~1869) 제독은 육군 3,500명과 군함 70척을 이끌고 베트남으로 향해 사이공 인근에 상륙했다. 2월 25일 키호아(Ky Hoa) 전투의 승리로 사이공 포위를 풀었다.

이에 베트남 조정은 판타인전(Phan Thanh Giản)을 사이공에 파견하여 협상하게 했다. 프랑스 대표 루이 아돌프 보나르(Louis Adolphe Bonard)과 에스파냐 대표 카를로스 팔란카(Carlos Palanca)와 협상하여 1862년 6월 5일 1차 사이공 조약이 체결되었다. 베트남은 이를 임술화약(壬戌和約)이라 부른다.

모두 12항목인데 다음은 그 주요 내용이다.

• 자딘, 비엔호아, 딘뜨엉 등 3개 성을 할양한다.

- 기독교 포교의 자유를 보장한다.
- 다낭, 발랏, 꾸엉옌 등 3개의 항구를 개항한다.
- 에스파냐-프랑스에 전쟁배상금을 지불한다.
- 메콩강을 개방한다.

 1차 사이공 조약으로 프랑스는 코친차이나의 3개 성(省)을 할양받고 다낭 등 3개 항을 개항시켰다. 1863년에는 캄보디아를 보호령으로 만들었고 1867년에는 코친차이나 6개 성 전역을 점령했다. 이후 프랑스에 협력하려는 베트남인이 급증했다. 이중에는 카톨릭 신자들이 많았다.

청불전쟁

 1873년 3월 프랑스 상인 뒤푸이(Jean Dupuis)가 무기를 배에 싣고 홍하(紅河)를 거슬러 운남성으로 향했다. 뒤푸이는 청의 한구(漢口)에 기반을 둔 무역상으로 운남성에 주둔한 청군에게 무기를 팔아 치부하고 있었다. 1866~68년에 걸친 프랑스 메콩강 탐험대의 탐사로 통킹(Tonking, 東京: 베트남 북부 홍하 삼각주를 중심으로 하는 지역, 하노이를 뜻하기도 한다)으로부터 홍하를 통해 운남성에 이르는 무역이 유망하다는 것이 알려졌는데, 뒤푸이가 이를 시도한 것이다.
 베트남 관리가 무기를 적재한 것을 알고는 저지했으나 뒤푸이는 물리치고 운남성으로 들어갔고 5월에 주석을 싣고 하노이로 돌아왔다. 뒤푸이는 소금을 싣고 두 번째로 홍하를 통해 운남으로 가려 했는데 이번에는 베트남 당국이 무력으로 막았다. 이에 뒤푸이는 하노이 일부 지역을 점거하고는 코친차이나 총독 뒤프레(Jules-Marie Dupré) 제독에게 도움을 요청했다. 뒤프레는 상해에 있는 프랑스 해군장교 가르니에(Francis Garnier)를 불러 사건 해결을 위임했다. 가르니에는 프랑스 메콩강 탐사대에 참가한 바 있었다.

11월 초 병력 200명을 이끌고 하노이에 도착한 가르니에는 기습 공격으로 11월 20일 하노이 성을 함락시키고 12월 12일까지 통킹 삼각주 지역의 주요 도시를 모두 점령했다. 유영복(劉永福, 1837~1917)의 흑기군(黑旗軍)이 하노이를 위협하자 가르니에는 남딘(Nam Dinh, 南定)에서 돌아와 흑기군과 전투하다 12월 21일 매복에 걸려 전사했다. 유영복은 광동의 객가 출신인데, 태평천국운동에 가담한 비밀결사 천지회(天地會) 잔당의 지도자였다. 태평천국이 멸망하자 유영복은 그의 사병인 흑기군을 이끌고 베트남 국경 지대로 남하하여, 운남성과 베트남의 국경 지대 무역로를 장악했다.

가르니에 사후 코친차이나의 정무감찰관 필라스트르(Paul Philastre)는 1874년 1월 하노이에 도착해 베트남 정부와 협상을 시작했다. 1874년 3월 뒤프레와 베트남 대표 완문상(阮文祥)은 2차 사이공 조약을 체결했다. 2차 사이공 조약은 프랑스의 코친차이나 지배를 인정하고, 외국으로부터 베트남이 독립되어 있음을(즉 청과의 종속 관계를 부정) 전제한 다음 프랑스의 국익에 위반되는 조약을 다른 나라와 체결하지 않는다는 것이었다. 1875년 5월 프랑스가 이 조약 내용을 청의 총리아문에 통고하자 청은 베트남이 예로부터 중국의 속국임을 주장, 승인을 거부했다. 그러나 마가리 사건으로 영국의 압박을 받고 있었으므로 적극적인 조치는 취할 수 없었다.

프랑스는 2차 사이공 조약에 만족하지 않고 베트남 전역을 식민지로 삼으려 했다.

1879년 프랑스에서는 강베타(Léon Gambetta)가 이끄는 온건공화파가 집권했는데 강베타는 "통킹에야말로 프랑스의 미래가 있다"고 말할 정도로 베트남 식민지화에 열성인 인물이었다.

1880년 베트남이 청에 조공 사절을 보내어 원조를 요청하자 청은 대응책을 모색했다. 청은 무력 대응을 할 여력이 없었으므로 흑기군과 베트남 의병 집단을 원조하여 프랑스군을 견제했다.

1880년 1월 프랑스 주재 청 공사 증기택은 프랑스 외무장관을 방문해 베트남 문제를 거론했다(증기택은 당시 영국·프랑스·러시아 주재 대신이었다). 11월 프랑스 정부는 주청 프랑스 공사 부레(Frédéric. A. Bourée)를 통해 중국의 베트남 종주권 주장을 승인할 수 없다고 천명했다. 또한 1881년 1월 프랑스 외무부는 러시아 주재 공사를 통해 증기택에게 베트남은 프랑스 보호국이며 베트남 북부 지역 문제는 중국과 무관하다고 주장했다(이때 증기택은 리바디아 조약 개정 문제로 러시아에 머물고 있었다). 6월 베트남 사신이 북경에 도착해 청의 원조를 요청했다. 청은 9월 증기택을 통해 프랑스 외무부에 조회문을 보냈다. 내용은 1874년의 2차 사이공 조약을 인정할 수 없으며 프랑스가 통킹 지역에서 군사행동을 벌여 중국과 충돌하는 일이 없기를 바란다는 것이었다.

1881년 말 프랑스인 2명이 광산 탐사를 위해 홍하를 거슬러 운남으로 가려 했는데 중간에 베트남 관리가 저지했다. 이 소식을 들은 코친차이나 총독은 사이공 조약에 위배된다고 베트남의 완 왕조에 항의하고 사이공 주둔 프랑스군 사령관 앙리 리비에르(Henri Rivière)에게 600명의 군사를 주어 통킹으로 보냈다. 1882년 4월 앙리 리비에르는 불과 600명의 군사로 하노이를 점령했다. 리비에르는 베트남의 보호국화, 하노이 할양 등 4개 항을 베트남에 제안하였으나 베트남 황제 사덕제(嗣德帝)는 거부하고 청에 사신을 보내 원군을 요청했다. 이에 청은 9월 운남과 광서에 주둔하는 청군을 베트남 영내로 진입시켜 홍하 이북의 베트남 국경에 인접한 주요 도시 랑썬(Lam Son), 박닌(Bac Ninh) 등에 진주시키고 광동함대 소속 군함 20척을 통킹만으로 이동시켰다.

청은 임오군란으로 조선에도 파병했으므로 무력이 아닌 협상으로 문제를 해결하려 했다. 프랑스의 뒤클레르크(C. T. E. Duclerc) 내각도 온건책을 채택, 주청 프랑스 공사 부레가 이홍장과 협상하도록 했다. 11월부터 협상이 벌어져 12월말 홍하를 경계로 통킹을 두 나라의 세력범위로 분할하기로 합의했다(협상 과정에서 베트남은 철저히 배제되었다). 그러나 프랑스에서는 1883년 2월 제국주의 팽창을 주장하는 쥘 페리(Jules F. Ferry)가 수상이 되었다.

부레와 이홍장의 합의를 혐오한 리비에르는 3월 27일 하노이와 동부 해안 사이의 통신로를 확보하기 위해 병력 520명을 직접 이끌고 하노이 동쪽의 남딘 요새를 점령했다. 리비에르가 부재한 동안 베트남군과 흑기군은 하노이 공격을 시도했으나 하노이의 프랑스 요새를 지키던 대대장 빌레(Berthe de Villers)는 2개 중대를 이끌고 3월 27일과 28일에 걸쳐 베트남군을 기습하여 대승을 거두었다. 6천의 베트남군 가운데가 사상자가 1천이나 되었다. 프랑스군은 부상자 4명뿐이었다. 베트남군 사령관 황계염(黃繼炎)과 흑기군 지도자 유영복의 불화가 이 패전의 주요 요인이었다. 하노이 서쪽 방면으로 공격하기로 예정되었던 유영복은 소수의 부대만 보내어 프랑스 요새를 공격하다가 쉽게 격퇴되었다.

이 승전 소식에 페리 수상은 부레를 소환하고 합의를 파기했으며, 통킹으로 증원군 파병을 결정했다. 한편 베트남에 파견된 청의 이부주사(吏部主事) 당경숭(唐景崧, 1841~1903)은 4월 황계염과 유영복을 화해시키고 흑기군이 프랑스군을 공격하도록 설득했다.

1883년 5월 10일 유영복은 리비에르에게 탁 트인 벌판에서 승부를 겨루자는 내용의 플래카드를 내걸었다. 프랑스의 위신이 걸렸다고 본 리비에르는 19일 새벽 병력 450명과 야포 3문을 이끌고 하노이 서쪽 3마일 떨어진 곳에 진을 친 흑기군을 공격하러 출정했다. 대나무 숲이 무성한 파피에 다리(Pont de Papier) 인근에 매복한 흑기군 1천 5백명의 기습에 프랑스군은 포위되었다. 프랑스군은 악전고투 끝에 포위망을 뚫고 하노이로 돌아 올 수 있었으나 리비에르와 빌레는 전사했다. 프랑스군 전사자는 35명, 부상자는 51명이었다. 흑기군은 2명의 대대장을 포함하여 전사 50여 명, 부상자 56명이었다.

리비에르가 전사했다는 소식이 5월 26일 전해지자, 프랑스 해군

장관 페이롱(Peyron) 제독은 "프랑스는 그의 영광스런 자식들을 위해 보복할 것이다"고 선언했다. 프랑스 정부는 프랑스와 쥘 아르망(François Jules Harmand)을 정무판무관(政務辦務官)으로, 부에(Alexandre Bouet) 준장을 육군사령관으로, 쿠르베(Anatole-Amédée-Prosper Courbet) 제독을 해군사령관으로 임명하여 대규모로 파병했다(프랑스 의회는 전비 550만 프랑 집행을 가결).

6월 초 통킹에 도착한 부에는 고립된 프랑스 요새들을 정비했다. 남딘을 방어하고 있던 프랑스 대대장 바댕(Pierre de Badens)은 7월 19일 포위하고 있던 황계염의 베트남군을 격퇴했다. 7월 쿠르베 제독이 지휘하는 프랑스 함대가 알롱(Along) 만에 도착해 통킹에서 프랑스군은 공세를 취할 수 있을 만큼 전력이 우세해졌다.

7월 30일 부에, 쿠르베, 아르망 3인이 하이퐁에서 만나 논의 끝에 푸호하이(Phu Hoai)에 주둔한 흑기군을 공격하고 베트남 수도 투언 후에의 수비망을 공격하며 보호령을 받아들이라는 최후통첩을 보내기로 결정했다. 페리 내각은 청의 반발을 우려해 후에 공격 재가를 망설였으나 주청 프랑스 공사 트리쿠(Arthur Tricou)는 중국은 프랑스의 '남자다운 행동'에 순종할 것이라며 설득했다.

8월 15일 부에는 폭우가 쏟아지는 가운데 병력 2,500을 3대로 나누어 푸호아이의 흑기군 3천을 공격했다. 흑기군이 완강히 저항한데다가 탄약이 떨어져 프랑스군은 파피에 다리로 퇴각했다. 흑기군은 진지에서 개활지로 나와 추격했으나 봉(Vong) 마을에 포진한 슈발리에(Chevallier)의 해병 대대가 일제 사격을 가해 큰 피해를 입었다. 이날 밤 폭우로 홍하의 방죽이 무너져 하노이와 푸호아이

사이의 평원을 휩쓸어 더 이상 전투가 불가능해졌다.

푸호아이 전투에서 프랑스군은 피해가 전사자 17명, 부상자 62명이었다. 흑기군은 전사 300명, 부상 800여 명의 손실을 입어 피해가 월등히 컸으나 프랑스군은 명확히 승리를 거두지 못했다.

8월 18일 프랑스 함대는 베트남 수도 후에를 관통하는 향강(香江) 입구의 투언 안(Thuan An, 順安) 요새를 1시간이 조금 넘게 포격했다. 투언 안 요새도 구식 대포를 발사했으나 사정거리가 짧아 프랑스 함대에 포탄이 이르지도 못했다. 19일 새벽 쿠르베 제독은 프랑스 함대에 재차 포격명령을 내렸다. 20일 새벽 프랑스군 1천이 해안에 상륙하기 시작했다. 프랑스군은 투언 안 북쪽 요새를 점령하여 오전 9시가 조금 넘는 시각에 프랑스 깃발을 올렸다. 그러나 투언 안 남쪽 요새와 프랑스 포함의 포격전은 해가 질 때까지 계속되었다. 21일 아침 요새 건너편 해안에 프랑스군이 상륙하여 요새에 접근했으나 베트남군이 밤새 철수하여 텅 비어 있었다. 3일간의 전투에서 베트남군 사상자 수는 약 2천 500명이었다. 반면에 프랑스군은 전사자 없이 오직 10여 명의 부상자만 나왔다.

이에 베트남의 완 왕조는 협상 사절을 보내 아르망과 협상했다. 8월 25일 이른바 아르망 조약(후에 조약)이 체결되었다. 이 조약의 주요 내용은 다음과 같다.

(1) 프랑스가 통킹과 안남(安南: 베트남 중부 지방)에 대한 보호권을 갖고 중국을 포함한 모든 외국과의 관계도 관장한다.
(2) 수도 투언 후에에 프랑스 통감(Resident General)이 상주한다.

(3) 통킹에 접한 해안의 성(省) 하나를 프랑스에 할양한다.
(4) 프랑스군이 홍하 유역을 무기한 점령하고 베트남군은 통킹에서 철수한다.
(5) 구완다이 등 3개 항구를 개방한다.
(6) 프랑스군이 흑기군을 토벌한다.

이 조약에 따라 프랑스는 흑기군 토벌에 나섰다. 8월 31일 프랑스군 1천 8백이 퐁(Phong)과 팔란(Palan) 마을에 포진한 흑기군을 공격했다. 포함의 포격에 팔란 마을을 방어하던 흑기군은 도주하여 프랑스군은 손쉽게 점령했다. 9월 1일 새벽 프랑스군은 퐁 마을을 향해 나아갔다. 퐁은 하노이 서쪽 35km 떨어진 요새도시 손타이(Son Tay)로 가는 길목에 있는 요지였다. 퐁 마을에 주둔한 흑기군 1천 2백은 베트남군 3천의 지원을 얻었다(이들은 후에 조약을 인정하지 않았다). 윈체스터 소총으로 무장한 흑기군은 완강히 버텼으나 프랑스군은 격전 끝에 퐁 마을을 점령했다. 부에는 전술적 승리를 거두었으나 흑기군을 섬멸하지 못해 프랑스 본국에서 비난을 받았고 곧 사임했다.

프랑스 정부는 흑기군을 섬멸할 공세를 준비하면서 협상으로 청의 유영복 지원을 중지시키려 했다. 7월 상해에서 이홍장과 트리쿠가 협상에 나섰으나 가을 증기택은 프랑스는 중국과 전면전을 벌일 담력이 없다는 평가보고서를 총리아문에 보냈다. 의화(議和) 타결을 주장하는 이홍장의 주장은 채택되지 않고 대외강경론이 득세해 청 조정은 후에 조약이 무효라고 선언했다. 좌부도어사(左副都御使) 장패륜, 공과급사중 진종간(秦鍾簡)이 대표적인 주전론자로 흑기군 지원보다는 청군 동원을 적극 주장했다. 청 조정은 병부상서 팽옥린(彭玉麟)을 광동에 파견하고 양광총독 장수성과 함께 베트남 북부를 고수하면서 프랑스군이 공격할 경우 적극 대응하라고 지시했다. 이어 공개적으로 흑기군 지원에 들어갔다. 프랑스와 청의 전쟁 가능성이 고조되자 1883년 가을 광동성에서는 반외세 시위가 일어나 광주의 유럽 상인들에게 재산피해를 입히기도 했다. 이에 프랑스 등 유럽 국가들은 교민 보호를 위해 광주에 군함을 보냈다.

1883년 12월 프랑스 의회는 추가로 전비 2천만 프랑을 의결했다. 청과 프랑스는 베트남 북부에서 무력충돌을 일으켰다. 12월 14일 쿠르베 제독이 5천 병력으로 요새도시 손 타이를 공격했다. 베트남군과 청군도 있었지만 흑기군이 손 타이 방어의 주축이었다. 치열한 전투 끝에 프랑스 군은 16일 손 타이를 점령했다. 흑기군과 운남군은 홍호아로, 광서군은 박닌으로 철수했다.

프랑스와 아프리카 식민지로부터 증원군이 도착하여 1884년 2월 프랑스 통킹 원정군은 1만이 넘게 되었다. 3월 12일 프랑스 원정군의 선공으로 박닌 전투가 벌어져 2만의 청군과 3천 흑기군은 참패했다. 4월 8일 서태후는 패전에 대한 책임을 물어 화의를 주장했던 공친왕의 권한을 박탈하고 군기대신과 총리아문대신 다수를 교체했다. 이로서 서태후는 공친왕 세력을 일소했다.

4월 12일에는 프랑스군이 손쉽게 홍호아를 점령했다. 전세가 불리해지자 청은 4월 말 프랑스의 요구대로 강경론자 증기택을 프랑스 주재 대신 직에서 해임하고 협상에 응했다(증기택은 영국·러시아 주재 대신 직은 유지했다).

5월 11일 천진에서 청 대표 이홍장과 프랑스 대표 푸르니에(François Fournier)가 5조로 이루어진 간단한 강화조약을 맺었는데, 청이 아르망 조약을 승인하고 철병을 약속하는 내용이었다.

　한편 프랑스와의 전쟁이 불리하게 되자 청은 프랑스 함대의 북상을 우려했다. 이에 대비하기 위해 조선에 주둔하던 병력 중 절반인 1,500명에 철수령을 내렸다. 전영(前營)·중영(中營)·정영(政營) 등 3영의 청군 1,500명은 오장경이 인솔하여 5월 27일 철수를 시작해 6월 4일 봉천에 도착했다. 총령(總領) 오조유(吳兆有)가 남아 잔류한 청군을 통솔했다.
　베트남에 주둔한 청군이 철수하는 과정에서 분규가 일어나 청과 프랑스는 공식적으로 전쟁을 치르게 되었다.
　6월 23일 아직 철수 명령을 받지 못한 청군이 남산(藍山) 지방을 접수하러 오는 프랑스군을 박레(Bac Le, 北黎)에서 매복, 공격하여 피해를 입혔다. 프랑스는 공식 사과와 거액의 배상금을 요구했다. 청은 협상에는 응했으나 사과와 배상금 지불을 거절했다. 이에 프랑스는 일본과 동맹을 맺을 수 있는지 그 가능성을 타진했다.
　협상이 진행되고 있는 가운데 8월 5일 프랑스 극동함대의 일부는 대만 북단에 위치한 기륭 포대를 공격하여 파괴하고 상륙해 기륭과 인근의 탄광을 점령하려 했다. 통킹에서 청군 철수를 요구하기 위한 협상용 작전이었다. 그러나 흠차독판대만군무(欽差督辦臺灣軍務) 유명전(劉銘傳)이 다음날 반격하여 철수해야 했다(유명전은 6월에 부임).

8월 22일 협상이 결렬되자 프랑스 정부는 쿠르베 제독에게 복건함대 공격을 명령했다.

8월 23일 쿠르베 제독이 지휘하는 프랑스 극동함대는 복건성 마강(馬江) 정박하고 있던 복건함대를 공격하여 11척 가운데 9척을 격침했다.

26일 서태후는 광서제의 이름으로 국내에 선전상유(宣戰上諭)를 내렸다. 국제법에 비추어 볼 때 이는 선전포고는 아니었다. 청의 최고위층은 확전을 원치 않았으나 주전론이 들끓었으므로 여론 무마용으로 선전상유를 내린 것이다. 프랑스 역시 전쟁이 국제적인 문제로 비화하는 것을 원하지 않아 공식적으로 선전포고하지 않았.

서태후의 명령에 당경숭은 그가 조직한 운남군을 이끌고 홍하를 넘어 진군했다.

10월 1일 프랑스 해군육전대 1,800명은 대만의 기륭에 상륙했다.

《한성순보》는 7월 22일 간행된 28호에서 청불전쟁을 전했는데, 이후 구체적으로 전황이 조선에 알려졌다. 미국 공사 푸트도 청불전쟁 소식을 윤치호에게 알려주었고, 개화파인 윤치호는 김옥균 등에게 이를 전해주었다. 김옥균 등은 이 소식에 고무됐다.

고토 쇼지로는 청불전쟁이 격화되자 프랑스로부터 거사 자금을 얻으려 했다. 고토는 불어에 능숙한 자유당 간사 고바야시 구스오(小林樟雄)와 함께 주일 프랑스 공사 시엥키에비치(J. A. Sienkiewicz)를 찾아갔다. 고토가 "조선에서 일이 발생하면 청은 배후에 새로운 문제를 안게 되므로 그만큼 프랑스가 유리해질 것입니다"라고 말하자 시엥키에비치는 자유당 당수 이타가키가 관계하고 있는지를 물었다. 고토가 거짓으로 이타가키의 발상이라고 하자 시엥키에비치는 아타가키를 데려오라고 했다.

1884년 9월 9일 이타가키가 고토와 고바야시를 데리고 프랑스 공사관을 방문했다.

이타가키는 다음과 같이 말했다.

"우리는 프랑스가 일본인의 모범이 되어야 한다고 생각한다. 극동에서 프랑스의 영향력이 더 커지기를 바란다. 현재 일본은 중국을 두려워하고, 중국을 격파할 수 없으며, 조선 문제를 중국에 넘긴 것처럼 보일 수도 있다. 그러나 일본이 조선에서 지배권을 강화하기를 바라고, 프랑스는 월남에서 한 행동을 조선에서도 하기를 바란다. 그러나 조선이 유럽 국가와 체결한 조약이 오히려 방해가 되고 있다. 조선 문제에 정통한 고토가 이를 설명할 것이다."

이어 고토가 말했다.

"우리의 계획은 조선의 독립을 회복시키는 데 있으며, 우리는 극비로 이곳에 왔으므로 일본 정부는 전혀 우리의 행동을 모른다. 다케조에는 중국의 주장에 대해 아무런 반대도 하지 못하고 있어 우리는 일본 정부나 다케조에를 믿을 수 없다. 임오군란 사후처리로 일본에 온 김옥균과 박영효는 조선을 독립국으로 만들고 중국인을 쫓아내기 위해 어떤 방침을 취해야 하는지, 또 어디에 상담해야 하는지를 나에게 물었다. 그들은 이제 영국을 비롯해 열강과 조약을 담판하고 있어서 사태는 한층 용이하게 되었노라고 말했다. 2년 전 국왕도 이 계획에 찬성해서 영국과 미국과의 조약이 체결됐다고 한다. 이에 나는 무엇보다 군대 양성이 필요하다는 점을 조선인들에게 역설했다."

시엥키에비치는 "만일 중국이 이런 개혁 계획을 알게 되면 대원군을 석방하여 조선 궁내에서 다시 한 번 혁명을 일으키게 할 것이 아닌가"하고 질문했다.

고토는 "조선이 이제 열강과 조약을 체결했으므로 그것은 불가능하다"고 답변했다.

고토는 "프랑스가 자신들이 요청한 것에 동의하면 조선은 프랑스의 수중에 들어갈 것이며 조선이 현재 필요한 것은 100만 엔(500만 프랑)을 차관으로 받는 것"이라고 말했다.

이에 시엥키에비치는 "조선이 제공할 수 있는 보증이 무엇이냐"고 질문했다.

고토는 "조선의 광산이 보증이며 채광권을 프랑스에 줄 것"이라고 대답했다.

1884년 12월 일어난 갑신정변은 청불전쟁에도 영향을 주었다. 갑신정변으로 일본과의 전쟁 위기가 고조되자 청의 서태후는 일본이 프랑스보다 더 청에 위협적이라고 보고 1885년 1월 프랑스와의 협상을 지시했다. 이에 따라 2월과 3월 파리에서 청 대표가 프랑스 대표와 협상했다.

4월 4일 청과 프랑스가 파리에서 정전협정을 체결했다.

이날 이홍장은 천진에서 주청 프랑스 공사 파트노트르(Jules Patenôtre)와 청불 간 강화조약을 체결했다. 주요 내용은 다음과 같다.

(1) 청은 프랑스와 베트남 사이에 체결된 현행 조약과 장래의 조약을 존중한다.
(2) 청이 남부 여러 성에서 철도를 부설할 경우 프랑스 사업자와 상의한다.
(3) 프랑스는 기한을 정하여 대만과 팽호도(澎湖島)로부터 군대를 철수한다.

이는 청이 베트남에 대한 종주권을 포기하고 프랑스의 베트남 지배를 승인한 것이었다. 베트남의 완 왕조는 존치되었으나 실질적으로 전 영토가 프랑스 식민지가 되었다. 이 조약을 인정하지 않고 프랑스를 축출하려는 무장 투쟁이 베트남에서 일어났으나 1888년 말에는 거의 진압되었다.

베트남의 근왕(勤王) 운동

1885년 7월 쿠르시(Roussel de Courcey)가 1천 호위병을 거느리고 베트남 주둔 프랑스군 총사령관으로 부임했다. 완 왕조의 실권자 톤턷투옛(尊室說)은 어린 황제 함의제(咸宜帝)를 데리고 투언후에를 탈출해 산악 지대에 거점을 마련하고 황제의 이름으로 근왕

령(勤王令)을 발표했다.

> …… 朕은 부덕한 사람으로 이제 (프랑스에 점령당한) 상황에 직면하여 앞장서 나갈 능력이 없다. 수도는 함락되었고, 짐의 수레도 어디론가 가버렸다. 이 모든 것에 짐은 책임을 지며, 아울러 무한히 부끄러움을 느낀다.
> 그러나 우리 모두가 도덕적 의무감에 사로잡혀 있으니, 관리건 학자건 고하를 막론하고 누가 나를 저버릴 것인가. 머리가 좋은 자는 묘안을 제공하고, 힘이 있는 자는 힘으로 싸우고, 재산이 있는 자는 물자를 제공하라. 만백성은 어떠한 고난도 참고 견디며, 어떠한 위험도 피하지 말라. 이렇게 하는 것만이 의로운 길이다.
> 약자를 부축해 주고, 허약한 자를 붙잡아주며, 고난에 직면하여 위험을 덜어주기 위해 누구도 노력을 아끼지 말라. 다행히 하늘의 가호가 있으면 우리는 혼란을 질서로, 위험을 안정으로 바꿀 수 있을 것이며 마침내 우리의 땅 전부를 되찾게 될 것이다. 이러한 상황 하에서는 국가의 운명이 바로 백성의 운명임에 틀림없다.
> 우리 모두가 함께 일하며 우리 자신의 운명을 개척해 나아가야 하며, 그리고 함께 쉬어야 할 것이다. 이것이 최선의 방책이 아니겠는가? ……

이 조칙은 지식 계층을 대상으로 한 것인데, 베트남 각지의 유학자와 지주들이 이에 호응하여 농민을 이끌고 저항 운동을 전개했다. 쿠르시는 강력한 무력 탄압책을 폈으나 프랑스 정부는 유화책을 쓰기로 하여 과학자 폴 베르(Paul Bert)를 북부와 중부의 통감으로 임명했다. 폴 베르가 항복한 저항 운동 지도자들의 생명을 보장해 주자 프랑스군의 우세한 무력에 고전하던 많은 지도자들이 항복했다. 저항 운동의 목표는 프랑스 세력을 몰아내고 외래 종교 즉 카톨릭을 없애는 것이었다. 이 때문에 많은 베트남 카톨릭 신자가 살해되었다. 향촌 사회의 지배층이 대부분이었던 저항 운동 지도자들은 연대하지 못하고 고립적으로 활동했다.

1888년 11월 프랑스군은 함의제를 체포하여 알제리로 유배했다(함의제는 1943년 알제리에서 사망). 근왕 운동의 정신적 지주인 황제가 체포되어 유배되자 저항 운동은 거의 사라졌다.

> 보론 3

목은(牧隱) 이색(李穡)은 나라를 팔려 했는가?

위화도 회군

나하추를 제거한 여세를 몰아 주원장은 북원(北元)에 최후의 일격을 가하려 했다. 홍무 20년(1387) 9월 정미일 남옥을 정로대장군에 임명하고 15만 대군을 이끌고 북원 황제 토구스 테무르의 본거지를 공격하게 하였다.

11월 요동 도사에서 보낸 세작(細作; 정보원)들이 고려에 횡행하자 우왕은 서북면 도순무사 정희계(鄭熙啓), 서북면 도안무사 최원지(崔元沚), 니성, 강계, 의주의 만호들에게 비단 한 필씩을 주어 격려하였다. 또 사전(寺田)의 조세 절반을 군량미로 저장하게 하였으며 각 도 안렴사들에게는 장수들의 능력과 수령의 근무 성적을 매월말에 도당에 보고하게 하였다.

나하추 평정을 축하하러 보냈던 지문하부사 장방평(張方平)이 요동도사의 입국 거절로 돌아왔다. 우왕 책봉이 허구임이 역력해졌다. 좌시중 반익순(潘益淳)은 최영에게 이 일을 알리고는 말하였다.

"공(公)은 선왕이 의지하고 중히 여기었으며 온 나라가 촉망합니다. 이제 나라가 위태하게 되었는데 왜 힘껏 도모하지 않습니까."

최영은 탄식하며 말하였다.

"집정(執政)한 자들이 이익을 좋아하고 악한 짓을 하여 스스로 화를 부르니 늙은이가 어찌하겠소."

 원로대신들이 회의를 열어 한양(漢陽)에 산성을 수축할 것과 전함을 수리할 것을 결정하였다. 이때 요동에서 도망쳐 나온 사람이 도평의사사에 고하기를, "명 황제가 앞으로 처녀, 수재 및 환자(宦者) 각 1천 명과 마소 각 1천 필을 요구할 것이다" 하였다.

 최영은 도평의사사에 나가 "그렇다면 군사를 일으켜 공격해야 할 것이다" 라고 자신의 의견을 내놓았다.

 12月 경오일 명 태조는 요동에 기존의 요동도지휘사사에 추가로 삼만위지휘사사(三萬衛指揮使司)를 설치하라는 령을 내렸다. 이틀 후인 임신일에는 호부(戶部)에 명하여 고려왕에게 철령(鐵嶺) 이북·이동·이서의 땅은 개원(開元)에 속하며 이 지역의 토착군민과 여진인, 몽고인, 고려인 등은 요동도사의 관할하에 둔다는 자문을 보내게 하였다.

 한편 같은 달 고려에서는 정국을 급변시키는 사건이 벌어졌다.

 우왕은 도당으로 하여금 국가와 왕실의 토지나 그에 속한 노비 및 일반 백성을 침탈한 자들을 조사하도록 하였다. 이러한 때에 권신 염흥방의 가노(家奴)가 전 밀직부사 조반(趙胖)의 땅을 빼앗다가 죽는 사건이 일어났다.

 전 밀직부사 조반이 염흥방의 가노 이광(李光)을 배주(白州)에서 베었다. 처음에 이광이 조반의 토지를 뺏으니 조반이 염흥방에게 애걸하여 돌려받았다. 이광이 또 그 땅을 뺏고 능욕하니, 조반이 이광에게 애청하였는데 이광은 더욱 포악하게 굴었다.

조반이 분을 이기지 못하고 수십 명의 말 탄 사람으로 포위하여 이광을 베고 그 집을 불태우고는 서울로 와서 염흥방에게 말하려 하였다. 염흥방이 이 일을 듣고 크게 화를 내며, 조반을 모반했다고 무고하여 순군(巡軍)으로 하여 조반의 어머니와 처를 잡아들이도록 하고 400여 명의 기병을 배주에 보내 조반을 잡도록 하였다. 기병이 벽란도(碧瀾島)에 이르자, 뱃사공이 "조반은 이미 5명의 말 탄 사람과 함께 서울로 갔다"고 하였다.

(『高麗史節要』, 禑王 13年 12月)

이광은 전국에 산재한 염흥방의 농장을 관리하는 관리인의 하나였다. 이광의 횡포는 염흥방이 어떠한 방식으로 토지를 늘렸는지 잘 보여준다.

우왕 14년(1388) 정월 초하루 염흥방은 우왕에게 강권하여 조반을 수배하였다. 체포된 조반은 순군옥에서 심문을 받았는데 "6, 7명의 탐욕스러운 재상들이 사방에 종을 놓아 남의 노비와 토지를 빼앗고 백성들을 해치며 학대하니 이들이 큰 도적이다. 지금 이광을 벤 것은 오직 국가를 돕고 백성을 해치는 도적을 제거하려 한 것인데, 어찌 반란을 꾀한다고 하느냐."라고 항변하였다. 염흥방은 고문을 통해 기어코 반역 사건으로 몰려 했다.

5일 우왕은 최영의 집을 방문하여 좌우를 물리치고 대책을 논의하였다. 사전 문제의 심각성을 절감하고 있던 우왕과 최영은 조반의 옥을 계기로 무력으로 이 시기 사전 겸병으로 악명 높은 염흥방·임견미 등의 권신들을 무력으로 제거하기로 합의를 보았다. 즉 친위 쿠데타를 일으키기로 결단을 내린 것이다.

7일 우왕은 조반과 그의 모친, 아내를 석방시키면서 "재상들이 이미 부유하니 봉록을 주는 것을 중지하고 먼저 먹을 것이 없는 병졸에게 주어라"라는 령을 내렸다(7일은 고려에서 관리들에게 봉록을 주는 날이었다). 이날 염흥방이 체포되어 순군옥에 갇혔다.

8일 우왕은 최영과 이성계에 명하여 병력을 동원, 왕궁을 숙위하게 하고 영삼사사 임견미, 찬성사 도길부(都吉敷) 체포령을 내렸다. 임견미는 "7일 만에 녹을 주는 것은 옛 제도이다. 지금 까닭 없이 폐지하니 어찌 임금된 도리인가. 옛부터 임금이 그릇된 것을 신하로서 바로 잡은 자가 있다"고 하며 무력으로 맞서려 하였다.

임견미는 사람을 보내 그의 도당이 모이게 하려했으나 이미 갑옷 입은 기병이 집을 둘러싸고 있었다. 임견미의 집은 남산 북쪽에 있었는데 조금 뒤에 남산을 쳐다보니 기병이 열을 지어 포진하고 있었다. 임견미는 전의를 잃고 순순히 붙들렸는데 탄식하며 말했다. "광평군(廣平君; 이인임)이 나를 그르쳤도다."

이전에 임견미와 염흥방이 병권을 쥔 최영을 꺼리어 항상 해치려 하였으나 이인임이 굳이 말렸기에 이런 말을 한 것이다.

10일에는 우시중 이성림(李成林; 염흥방의 이부형(異父兄)), 찬성사 반복해(潘福海), 대사헌 염정수, 지밀직 김영진(金永珍; 임견미의 사위), 밀직부사 임치(林㮹) 등을 순군옥에 가두었다.

11일 염흥방, 임견미, 도길부, 이성림, 염정수, 반복해, 김영진, 임치를 베어 죽이고 그 족당(族黨)인 찬성사 김용휘, 삼사우사 이존성(李存性; 이인복의 손자로 이성림의 사위), 판개성 임제미(林齊味; 임견미의 아우), 밀직 홍징(洪徵; 염흥방의 매부), 밀직 임헌(任

獻), 전법판서 이송(李竦), 임헌의 세 아들 임공위(任公緯), 임공약(任公約), 임공진(任公縝), 반덕해(潘德海; 반복해의 형), 개성윤 정각(鄭慤; 반복해의 매부), 임견미의 문객인 박인귀(朴仁貴), 이희번(李希蕃), 우시중 반익순(潘益淳; 반복해의 부친), 우사의대부 신권(辛權; 임견미의 조카사위), 대호군 신봉생(辛鳳生; 도길부의 사위), 집의(執義) 이미생(李美生; 임견미의 族子), 홍징의 세 아들 홍상연(洪尙淵), 홍상빈(洪尙淵), 홍상부(洪尙淵), 임견미의 가신 김만흥(金萬興) 등을 참수했다. 또한 임견미 등의 집을 몰수하였다.

우왕은 이어 환관 김량(金亮)과 김완(金完)을 경기 좌우도 찰방(察訪) 겸 제창고 전민사(諸倉庫田民使)로 임명하여 보내어 권신들이 탈점한 토지와 백성을 조사하여 그 주인에게 돌려주게 하였다.

15일에 우왕은 인사 발령을 하여 최영을 문하시중, 이성계를 수문하시중, 이색을 판삼사사, 우현보(禹玄寶)·윤진(尹珍)·안종원(安宗源)을 문하찬성사, 문달한(文達漢)·송광미(宋光美)·안소(安沼)를 문하평리, 성석린을 정당문학, 왕흥(王興)을 지문하사, 인원보(印原寶)를 판밀직사사로 임명하였다.

18일 다시 이미 처형당한 자들의 족당 50여 명을 참수했다. 서성군(瑞城君) 염국보(廉國寶; 염흥방의 형), 염치중(廉致中; 염국보의 아들), 안조동(安祖同; 염국보의 사위), 성균제주(成均祭酒) 윤전(尹琠; 염흥방의 사위), 호군 최지(崔遲; 염흥방의 사위), 대호군 김함(金涵; 반복해의 매부), 호군 임맹양(林孟陽; 임제미의 아들) 등이다.

19일 비로소 관리들에게 녹봉을 주었다.

곧이어 전민변정도감을 설치하여 권세가들이 탈점한 토지와 노비를 조사하고 안무사를 각 도에 파견하여 권세가들의 수족이 되어 불법 탈점을 자행한 가신과 노복을 잡아 베어 죽였는데 그 수가 1,000여 명에 달했다.

운곡(耘谷) 원천석(元天錫)은 우왕의 탐학한 권세가 숙청을 찬양하여 시를 지었다.

의를 떨쳐 인을 베풀고 새로이 호령하니	奮義施仁號令新
개연한 영단(英斷)에 천신(天神)이 감동하네.	慨然英斷動天神
날뛰던 무리들을 하루아침에 다 소탕하니	一朝淸掃白拈賊
나라에 헐벗은 백성이 모두 없어졌네.	四海渾無赤脫民
늠름한 위엄이 강포한 무리들을 치니	凜凜威加强暴類
화목한 즐거움이 곤궁한 이들에게 흘러넘치네.	熙熙樂洽困窮倫
우러러 북두칠성 별빛이 환히 빛남을 보니	仰看星斗文章煥
나라의 터전이 억만년 봄인 줄 비로소 깨달았네.	方覺皇基億萬春
순 임금이 사흉(四兇)을 제거한 것과 똑같이	正似虞時去四兇
사방 백성들이 세상이 변함을 모두 기뻐하네.	四方咸樂變時雍
온 나라 백성들이 생업을 편안히 하고	率濱民俗應安業
권세 떨치던 못된 것들 벌써 자취를 감추었네.	當道豺狼已絶蹤
물결 고요하고 바람 잠잠하니 바다 빛 너그럽고	浪靜風恬寬海色
구름 걷히고 해 떠오르니 하늘 얼굴도 숙연하네.	雲收日杲肅天容
이제부터 성한 덕이 먼 곳까지 흘러가	自今盛德流諸遠
화하(華夏)와 만이(蠻夷)가 다 함께 복종하리.	華夏蠻夷盡服從

벼슬 바다에 뜨고 가라앉는 것도 반드시 원인이 있으니	宦海浮沉必有因
밝고 밝은 머리 위에 푸른 하늘이 있네.	明明頭上在蒼旻
가련하구나! 간사한 권력배와 토호 무리들	可憐比黨權豪輩
망령되게도 사직의 충량한 신하라고 자처하다니.	妄謂忠良社稷臣
영화로운 이름 얻고도 목숨을 보존하기 어려우니	旣得榮名難保命
많은 이익 탐내다가 자기 몸을 잊었구나.	專征厚利頓忘身
토지가 바로 집을 망치는 화근이니	土田眞是侯家崇
남의 땅을 빼앗자마자 사람을 빠트리네.	纔得兼併卽陷人

하늘이 이 백성을 마음대로 살게 하려면	天使斯民得意居
간사하고 흉악한 무리들을 모두 처형해야 하리.	姦凶黨輩盡登車
예전에는 노략질하는 구름 속의 송골매였지만	昔爲摽掠雲間鶻
지금은 물 속에서 헤엄치는 물고기를 부러워하네.	今羨潛游水底魚
하루아침에 심신이 취해 어리어리하니	一朝心神醉兀兀
백년의 영화와 부귀가 한낱 꿈이구나.	百年榮貴夢遽遽
헐뜯고 기리는 것이 은사의 정원에는 미치지 못하니	毀譽不到林泉下
두어 자 되는 낚싯대와 한 상자의 책뿐일세.	數尺漁竿一笈書

돌고 도는 것이 하늘의 운수인데	循環是天運
이 이치 헤아리기 참으로 어렵네.	此理固難量
상제께서 형감(衡鑒)을 여시고	上帝開衡鑒
우리 임금께서는 기강을 펼치시니	吾王布紀綱
강퍅한 무리들은 모두 죄를 받고	豪强皆伏罪
백성들은 함께 빛을 보네.	黎庶共瞻光
다른 나라까지 위풍이 떨치고	異域威風振
동방에 교화의 날이 길어지니	東方化日長

가시 숲에는 묵은 독기가 걷히고	棘林收瘴毒
난초 밭에는 아름다운 향기 퍼지네.	蘭圃播馨香
포악한 자를 막으니 나라의 운이 영원하고	禁暴謀猶遠
쓰러진 곳을 바로잡으니 도업이 번창하네.	扶顚道業昌
아아! 늙고 병든 이 몸도	嗚呼抱衰疾
강개한 마음으로 충성되기를 사모하니	慷慨慕忠良
태평곡을 한가롭게 부르며	閑放太平曲
장수를 비는 술잔을 임금께 올리네.	祝君擎壽觴

원천석(元天錫, 1330~)

고려 말 조선 초의 은사(隱士). 자는 자정(子正), 호는 운곡(耘谷). 정용별장을 지낸 원열(元悅)의 손자이며 종부시령을 지낸 원윤적(元允迪)의 아들로 원주 원씨의 중시조이다.

진사(進士)가 되었으나, 권세가의 횡포를 개탄하여 치악산에 들어가 농사를 지으며 이색(李穡) 등과 교유하며 지냈다. 일찍이 이방원을 가르친 일이 있어 그가 즉위 후 기용하려 불렀으나 응하지 않았다. 이방원이 집으로 찾아갔으나 만나지 못했다.

『耘谷詩史』에 실려 있는 회고시 등을 통해 그가 끝내 조선왕조에 출사하지 않은 것은 고려왕조에 대한 충성심 때문인 것을 알 수 있다. 이씨조선 성립의 진실을 쓴 야사(野史) 6권을 저술했으나 증손 대에 불태워졌다.

2월 초 최영은 여러 재상들과 함께 요동을 공격하느냐 화친을 청하느냐 가부를 의논하였는데 모두 화친하자는 견해였다. 그러나 이 때 요동도사가 파견한 이사경(李思敬)이 압록강을 건너와 철령(鐵嶺) 이북·이동·이서가 명의 영토라는 방문을 붙였다.

이어 설장수(偰長壽; 설손의 장남)가 남경으로부터 돌아와 구두로 주원장의 교시를 전하였다. 고려가 보낸 말이 쓸모없다는 것과 철령 이북을 요동에 귀속시키겠다는 내용이었다.

【철령의 위치에 대해서는 여러 견해가 있다. 池內宏은 압록강 연안의 황성(皇城)으로 보았고 和田淸은 지금의 강원도와 함경남도 사이에 있는 철령으로 보았다. 연구자의 견해가 차이가 나는 것은 고려와 명이 인식하는 철령이 다른 것에 기인하는 듯 하다.】

우왕은 5도에 성을 수축하라 명하였고 여러 원수(元帥)들을 서북면에 보내어 명의 침략에 대비하게 하였다. 최영이 문무백관을 소집하여 철령 이북 할양 여부를 물으니 모두 불가하다 하였다. 우왕은 최영과 요동 원정을 밀의하고는 개경의 방리군(坊里軍)을 동원하여 한양에 중흥성(重興城)을 수축하게 하였다.

우선 외교적 해결을 위해 2월 하순 밀직제학 박의중을 밀직제사 박의중(朴宜中)을 보내어 철령위 설치 철회를 요청하는 표문을 전하게 하였다.

3월 서북면 도안무사 최원지(崔元沚)가 서북면의 상황을 보고하였다.

> 요동 도사(遼東都司)가 지휘(指揮 : 지휘사의 약칭) 두 사람을 보내어 군사 1천여 명을 거느리고 와서 강계에 이르러 철령(鐵嶺)에 위(衛)를 세우려 하는데 명 황제가 이 위를 설치하기 위하여 진무(鎭撫) 등의 무관들을 미리 임명하였고 그들이 모두 요동에 도착하였습니다. 앞으로 요동으로부터 철령위까지 70개의 역참(驛站)을 설치하고 역참마다 백호(百戶)를 두려합니다.

이 보고를 들은 우왕은 동강(東江)에서 돌아오면서 말 위에서 울며 한탄했다.

"여러 신하들이 나의 요동 공격 계획을 듣지 않더니 이렇게 되고 말았구나!"

철령위와 역참 설치는 앞으로 크게 군사를 일으켜 고려를 치겠다는 뜻으로 해석할 수 있었다. 역사적 경험으로 비추어 보아 중국을 통일한 왕조가 한반도로 침략하는 일은 흔히 있어온 터라 고려는 국운을 걸고 대응할 수밖에 없었다.

우왕은 전국 8도의 정병을 징발하라는 명령을 내리며 명을 치겠다고 공언하였다. 재추들은 곧 올 명의 사신을 기다려 명의 진의를 알자고 하여 왕이 이에 따랐다. 명의 후군도독부(後軍都督府 ; 명의 군 통솔기관인 오군도독부의 하나)에서 보낸 요동백호(遼東百戶) 왕득명(王得明)이 개경에 도착하자 우왕은 나가지 않고 판삼사사 이색이 백관을 영솔하고 맞이하였다. 왕득명은 철령위 설치를 정식 통보하였다.

이색이 돌아가 황제에게 고려의 시정을 잘 전해달라고 부탁하였으나 왕득명은 "천자의 처분에 달린 일로 나의 마음대로 할 수 없다"고 대답하였다.

이를 들은 최영은 크게 노하여 왕에게 아뢰어, 방문을 가지고 서북면과 동북면에 온 명의 군사를 죽이게 하였다. 명의 군사 21명이 살해되었고 이사경 등 5명은 구금하였다.

명의 사신이 돌아가자, 우왕은 국내의 죄수들을 모두 사면하고 문하찬성사 우현보에게 명하여 개성을 지키게 하고 원정군을 편성하였다.

우왕은 포부가 큰 인물이었다. 어린 나이에 왕위에 올라 권신들의 횡포에 시달렸으면서도 꾸준히 국왕으로서의 입지를 다지고 있었다. 조반의 옥사를 기회로 하여 일거에 권신들을 숙청할 정도로 과단성이 있었다. 우왕은 일찍부터 요동 원정에 대한 의지를 밝혔다.

어느 날 신우가 정몽주의 집에 가니 마침 정몽주가 기로(耆老)들을 모아 연회를 베풀고 있었다. 최영이 술잔을 들어 권하니 신우가 말하기를 "내가 술을 마시기 위해 온 것이 아니다. 부왕 때의 늙은 재상들이 모두 모여 있다는 말을 듣고 부왕을 보는 듯하여 온 것이다"하고 또 말하기를 "나무가 먹줄을 쫓으면 곧게 되고 임금은 간언을 들으면 현명해진다고 들었다. 경은 나라의 이해에 관하여 말하지 않는가. 음주는 진정 좋아하는 바가 아니다"라고 하였다. 최영이 갓을 벗고 감사의 말을 하기를 "전하의 이 말은 국가의 복입니다. 원컨대 전하께서는 항상 이 말을 잊지 말 것이며 또한 신이 앞서 바친 편지에 있는 바를 실행하시기를 비옵니다"라고 하였다. 신우가 "꿈에 경과 대적하여 싸워 이기고 나서 내가 탄 말을 본즉 나귀였다. 이것이 무슨 징조인가"라고 말하였다. 윤환(尹桓)·이인임(李仁任)·홍영통(洪永通)·조민수(曺敏修)· 이성림(李成林)·이색(李穡) 등이 머리를 조아리며 말하기를 "옛적에 원 세조는 꿈에 나귀를 보면 길하다 하여 항상 뜰에 나귀를 매여다 두고 꿈을 꾸려 하였으나 꾸지 못하였습니다. 이제 전하는 꿈에 나타났으니 그 얼마나 상서로운 일입니까. 태평성세를 눈앞에 바랄 수 있습니다. 다만 신들은 늙어 미처 보지 못할 것이 두렵습니다"고 하였다. 신우가 매우 기뻐하여 통음하고 최영에게 활을 주고 말하기를 "경과 함께 사방을 평정하고 싶다"고 하였다.

이때 최영과 우리 태조(이성계)는 이름을 떨쳐 상국(上國)의 조정에까지 알려져 있었다. (상국의) 사신 장부(張傅)와 주탁(周倬) 등이 국경에 이르러 우리 태조와 이색에 대해 물었다. 신우는 최영을 내보내어 교외에 머물게 하고 우리 태조는 동북면 도원수로 임명하여 장부 등이 보지 못하게 하였다.

(『高麗史』, 卷113 「崔瑩 列傳」)

이는 우왕 11년(1385)에 있었던 일이다.

동년 七月 무인일에 지진이 나니 그 소리가 말이 떼로 달아나는 듯하였고 담장과 집이 무너졌다. 사람들이 모두 나와 피하였고 송악 서쪽 고개의 바위가 무너졌다. 우왕은 "이 지진은 바로 하늘이 요동을 함몰하려는 것이다"라고 말하였다.

우왕이 요동 원정을 갈망하였음을 잘 드러내는 일화이다.

4월 1일 우왕이 봉주(鳳州)에 머물면서 최영과 이성계에게 "과인이 요양(遼陽)을 치려하니 경들이 힘을 다하시오"라고 당부하였다. 이 자리에서 이성계는 이른바 4불가론을 내세워 출정을 반대하였다.

지금 군사를 지금 출사하는 것은 네 가지 불가한 것이 있습니다. 작은 나라가 큰 나라를 거역하니 첫째 불가한 것이오, (농사철인)여름에 군사를 발하는 것이 두 번째 불가한 것입니다. 온 나라를 들어 원정을 하면 왜구가 그 틈을 타서 침입할 것이니 세 번째 불가한 것이오, 때가 무덥고 비가 오는 시기이므로 활에 아교가 녹아 풀어지는 것과 대군이 전염병에 거릴 것이 네 번째 불가한 이유입니다.

2일 우왕은 원정 강행 의사를 밝혔다. 이성계는 다시 원정 연기를 권했다.

> 전하께서 꼭 대계를 이루려면 서경에 머물러 가을을 기다려 출사하십시오. 곡식이 들을 덮을 때이니 대군의 식량이 풍족하여 북을 울리며 진군할 수 있습니다. 지금은 때가 좋지 않으므로 비록 요동의 성 하나를 함락시킨다 해도 한창 비가 오니 군사가 전진할 수 없고 지치게 되며 양식이 떨어져 화만 초래할 뿐입니다.

최영은 원정 강행을 고집하였고 우왕도 마음을 굳혔다. 이성계의 말도 일리가 있었으나 이때 남옥이 지휘하는 명의 주력군 15만 명이 몽고 방면으로 출정 중이었고 요동에 주둔하는 명군도 대거 참전하였으므로 요동에 배치된 명군은 소수였다. 게다가 한족 출신보다 고려 여진 계통 병사가 많았던 것도 문제였다. 이들은 힘써 전투를 하지 않을 것이며 순순히 투항할 수도 있는 일이었다. 공민왕 시절 고려의 원정군이 어렵지 않게 목적을 이룬 것도 이러한 사정과 깊은 관련이 있다. 최영이 원정을 서두른 것은 이를 노린 때문이었다. 실제로 고려의 출병 소식을 보고 받은 주원장은 크게 당황하여 친히 종묘에 나아가 전쟁의 길흉 여부를 점치기까지 하였다.

【조선 성종 18년(1487) 제주도에서 서울로 귀환하다가 풍랑으로 명의 강남에 표류하였던 조선 관인 최부(崔溥)는 이듬해 귀국길에 요동을 지나게 되었다. 5월 24일 그곳에서 조선인 승려 계면(戒勉)이 찾아왔는데 그가 말한 요동 지역의 군사 상황은 이랬다.

> 소승은 본디 조선 사람인데, 소승의 할아버지가 이곳으로 도망 온

지 지금 벌써 3대가 되었습니다. 이 지방은 우리나라(本國)의 경계와 가까운 까닭에 왕래하는 우리나라 사람이 많습니다. 중국인은 겁이 많고 용맹스럽지 못하여 도적(역주; 요동을 습격하는 여진족이나 몽고족을 뜻함)을 만나면 모두 창을 던지고 도망해 숨어 버리며, 또 활을 잘 쏘는 사람도 없어 반드시 우리나라 사람으로 귀화한 사람을 뽑아서 정병(精兵)이라 부르며 선봉으로 삼으니, 우리나라 사람 한 명이 중국인 열 명, 백 명을 감당할 수 있습니다.
이 지방은 곧 옛날 우리 고구려의 도읍인데 중국에 빼앗긴지 천여 년이나 되었습니다. (그러나) 우리 고구려의 옛 풍속이 아직도 없어지지 않아서 고려사(高麗祠)를 세워 근본으로 삼고 공경하게 제사 지내기를 게을리하지 않으니 이는 뿌리를 잊지 않기 때문입니다. ……

명이 요동을 통치한 지 1백년이 지난 시점에서도 이 정도였으니 고려 말의 상황은 미루어 짐작할 수 있다.】

3일 우왕은 서경에 머물면서 군사를 징집하였고 압록강에 부교를 설치하고 승병을 징발하여 병력을 보강하였다.
12일 최영을 팔도도통사(八道都統使)로 삼아 원정군을 총지휘하게 하고 그 아래 좌·우군을 편성하였다. 조민수를 좌군도통사(左軍都統使)로, 이성계를 우군도통사(右軍都統使)로 임명하였다. 좌군과 우군을 합쳐 38,830명이었고 지원 인원이 11,634명, 전마가 21,682필이었다. 조민수 휘하의 좌군은 서경과 양광도(楊廣道)·경상도·전라도 등지에서 징발한 부대로 편성하였고 이성계가 거느린 우군은 안주도(安州道)와 동북면, 강원도에서 모병하였다.

좌·우군도통사 휘하에는 도원수, 상원수, 조전원수(助戰元帥) 등 28명의 원수(元帥)가 각각 휘하 부대를 거느리고 있었다.

이날 남옥은 포어아해(捕魚兒海)에서 토구스 테무르를 격파하였다. 토구스 테무르의 2자를 비롯하여 많은 귀족들이 생포되고 군대는 궤멸하였다. 명군은 남녀 7만 7천을 포로로 잡았고 말, 낙타, 소, 양 등 가축 15만 필을 노획하였다. 최영은 원과 협공하려 배후(裵厚)를 원에 보내었으나 이로서 무위로 돌아갔다. 그러나 남옥이 지휘하는 명군도 원정에 지쳐 고려군의 진격을 막으러 요동 방면으로 나아갈 수 없었다.

【몸을 피한 토구스 테무르는 이듬해 툴라 강 부근에서 아릭 부케의 후손인 예수데르(也速失兒)에게 피살되었다.

대도를 빼앗긴 후 명군의 공세에 몽고족들이 끈질긴 무력 항쟁을 시도한 예는 찾아보기 힘들다. 몽고족들이 중국을 다시 차지하기 위해서는 일단 초원으로 돌아가 유목 생활로 복귀하는 일이 바람직하였다. 그러나 성곽을 근거지로 삼고 있다가 명의 대군이 박두해오면 저항하지 않고 항복하거나 심지어 자발적으로 집단 투항하는 경우도 적지 않았다. 몽고족의 패퇴는 명군의 군사력 우위로 말미암은 것이 아니라 오랜 세월에 걸쳐 정착 생활에 젖어 있던 몽고족이 다시 유목 생활로 복귀하기 어려웠고 중국사회와의 경제적 의존 관계가 끊어지자 자기 붕괴의 길을 걸은 것으로 볼 수 있다.】

4월 19일 조민수와 이성계가 각각 좌·우군을 거느리고 서경을 출발하였다. 이날 명 태조는 예부상서 이원명(李原明)에게 고려의 원정에 대한 대책을 말했다. 그는 영토 문제에 대한 자신의 견해를 이

원명에게 말하고는 고려왕에게 안분(安分)을 지켜 흔단(釁端)을 일으키지 말 것을 당부하는 자문을 보내게 하였다. 주원장이 이처럼 소극적인 자세를 보인 것은 명이 고려의 원정에 군사 대응을 할 여력이 없었던 탓이다.

우왕은 총사령관인 최영을 서경에 머무르게 하였다. 공민왕이 장수들의 제주도 원정 때에 암살당한 것이 마음에 걸린 탓이었는데 이는 원정군의 사병적 성격을 모르는 치명적 실책이었다. 원정군은 28원수의 단위 부대를 기간으로 하고 있었다. 비록 팔도도통사인 최영이 총사령관이었으나 그 실체는 각각 원수들에게 절대적 통수권이 부여된 인적 관계 위에 형성되어 있었다. 즉 원정군의 편성은 각 원수의 명령에 임의적으로 조종될 수 있었다.

원수는 공민왕 대까지 재추들이 군을 지휘하여 출정할 때 맡는 임시장수 직위였다. 우왕 대에 이르러 재추의 지위에 오른 사람들이 크게 늘었는데 이들은 대부분 장수 경력이 있었다. 이들은 자기 집을 방비할 정도의 반당(伴倘; 호위병)을 거느리고 있었다. 이 같은 배경 속에 우왕 대에 명의 위협과 왜구의 준동으로 전시상태가 지속되자 재추의 지위에 오른 관리들이 본래의 관직을 띤 채로 각 도의 시위군(侍衛軍)·개경의 5부 방리군과 해도수군 등의 원수를 겸직하는 일이 정착되었다. 각 원수는 군사를 지휘하기 위한 기구로 도진무(都鎭撫; 종2품의 무관 벼슬)와 진무(鎭撫; 정3품의 무관 벼슬)들로 구성되는 진무소(鎭撫所)를 갖추고 있었으며 고위 장수들의 하급 장수들이 맡고 있었다. 원수들이 출전할 때 거느리는 하급 장수들은 대개 병마사·지병마사 등의 직함을 가지고 있었다.

원수는 그 지위에 따라 도원수·상원수·부원수로 구분되었다. 이 3종의 원수는 8도와 서북면에 모두 임명되었다. 각 도의 3원수 가운데 중앙에서 시위군을 관할하는 이는 도원수와 상원수이고 관할도에 내려가 외적을 막는 것은 대개 부원수였다. 권력의 핵심에 가까울수록 현지에 파견되기보다는 중앙에 남아 특정 도의 시위군을 장기간 분관하면서 유사시에 조전원수나 도체찰사, 도순찰사 등의 직함을 띠고 출전하였다. 각 도의 원수가 시위군을 장기간 관할하게 되자 패기(牌記; 시위군의 명단)도 원수가 직접 관장하게 되어 임의로 군사를 뽑아 휘하에 두는 것이 가능해졌다. 병졸의 선발과 징발은 지방행정조직의 업무였으나 전시상황이 지속되었으므로 원수는 주·군(州郡)의 수령에 공문을 보내 스스로 병사를 충원할 수 있게 되었다. 그 결과 각 도의 군사력이 원수에게 사적으로 예속되는 양상이 심해졌다. 이중 이성계가 관할하는 동북면의 군사력이 가장 사적 성격이 강했다. 원수들이 집단적으로 군 통수권자인 국왕의 명령을 거역할 수 있는 환경이 된 것이다. 이성계가 거느린 우군은 이성계의 영향력이 큰 동북면과 강원도, 안주도에서 징발하였고 휘하 원수들 가운데도 이원계, 이화(李和; 이성계의 이복동생), 이지란 등 그의 사적 통제를 받는 자들이 상당수였다. 그러므로 원정에 반대하는 이성계가 회군의 주동자가 될 수 있었다.

> **이화(李和, ?~1408)**
>
> 조선 초기의 공신으로 이성계의 이복동생. 1388년 이성계를 따라 위화도에서 회군하여 회군공신에 봉해졌다. 1392년 이방원이 정몽주를 암살하는데 가담했으며 이성계를 추대한 공으로 개국공신 1등, 의안군(義安君)에 봉해졌다. 1398년 1차 왕자의 난에서 이방원을 도와 정사공신(定社功臣) 1등에 녹훈되었다. 1400년 2차 왕자의 난에 다시 이방원을 도와 좌명공신 2등에 서훈되었다. 4차례에 걸쳐 공신이 되어 조선 초기 공신 중 가장 많은 토지를 소유하였다.

20일 니성(泥城)에서 정보원이 와서 명의 요동 방어가 취약한 것을 최영에게 보고하였다.

"근자에 요동에 갔는데 요동 군사가 모두 몽고를 치러 가고 성 안에는 다만 지휘(指揮) 한 사람이 있을 뿐이니 만일 대군이 이르면 싸우지도 않고 항복을 받을 것입니다."

최영은 크게 기뻐하며 그에게 물건을 후히 주었다.

5월 7일 압록강에 다다른 고려 원정군은 압록강 가운데 있는 섬 위화도(威化島)에 머물렀다.

11일 니성(泥城) 원수 홍인계(洪仁桂)와 강계 원수 이의(李薿)는 압록강을 건너 요동에 들어가 명군을 살육하고 물자를 노략하고 돌아왔다. 우왕은 기뻐하며 이들에게 금정아(金頂兒)와 비단을 주었다.

13일 이성계와 조민수는 회군의 필요성을 역설하는 건의문을 우왕에게 보냈다. 이들이 내세운 이유는 다음과 같다.

① 앞으로 요동성까지는 하천이 많고 빗물이 넘쳐 건너기가 어렵다.
② 작은 나라가 큰 나라를 섬기는 것이 나라를 지키는 길이다.

③ 명에 보낸 사신 박의중이 아직 귀국하기도 전에 큰 나라를 침범하는 것은 사직과 백성을 보호하는 길이 아니다.
④ 지금 장마로 활이 풀리고 갑옷이 무거워 군사와 말이 모두 곤핍한데 이러한 군사를 몰아 견고한 성을 치면 이기기 어렵다.
⑤ 만약 군량까지 제대로 공급되지 못한다면 진퇴난곡에 빠질 것이다.

우왕은 회군을 허락하지 않고 환관 김완(金完)을 과섭찰리사(過涉察理使)로 임명하여 보내어 진군을 독촉하였다. 김완은 금, 비단, 마필을 좌우 도통사와 원수들에게 나누어 주며 진군을 재촉하였으나 군중에 억류되었다.

22일 다시 조민수, 이성계가 최영에 사람을 보내어 회군을 허락하기를 청하였으나 우왕과 최영은 듣지 않았다. 이날 이성계가 친병을 거느리고 동북면으로 돌아가려 한다는 소문이 돌아서 위화도의 고려군은 동요하였다. 이성계는 여러 원수들을 설득했다.

> 만일 상국(上國)의 영토를 범하여 천자께 죄를 얻으면 종사와 생민에게 화가 곧 이를 것이오. 내가 옳고 그른 것을 가려서 글을 올려 회군하기를 청하였으나 왕이 살피지 못하고 최영이 늙고 어두워 듣지 않으니 어찌 그대들과 함께 돌아가서 왕을 뵈옵고 친히 화와 복을 진달하고 왕 옆의 악한 사람을 제거하여 생령(生靈)을 편안히 하지 않으랴.

원수들은 모두 동의하여 모든 부대는 위화도에서 압록강을 건넜다. 당시 '이씨가 나라를 얻는다[木子得國]'이라는 아이들의 노래가

널리 불려졌는데 이는 이성계 일당의 배후 공작이 치밀했음을 보여주는 일이다. 이성계는 우왕을 폐위시키고 종실 가운데 한 사람을 옹립할 생각이었는데 회군 도중에 조민수에게 그 뜻을 말하여 동의를 얻어 내었다.

 24일 조전사(漕轉使) 최유경(崔有慶)이 우왕에게 원정군의 회군 소식을 급보하였다. 우왕과 최영은 서둘러 돌아가 29일 개경에 도착하였다.

 당시 식자들은 요동 원정의 성공 여부에 의견이 분분하였다. 원천석은 요동 원정에 큰 기대를 걸었으나 이성계가 주도하여 회군이 이뤄지자, 이를 한탄하는 시를 지었다.

병든 사내는 즐거움이 적으니	病夫少歡趣
풀이나 나무같이 썩어가는 몸일세.	衰朽同草水
봄부터 여름이 끝날 때까지	自春至夏末
끙끙 앓으면서 외로움을 지켜왔네.	呻吟守幽獨
요즘 들으니 조정에서 영을 내려	近聞有朝旨
명의 연호를 없애고 의복도 고쳤다더니	除年號開服
장정 숫자대로 군사를 다 뽑아	抽兵盡丁數
위아래가 모두 바쁘게 뛰어 달리며	上下事馳逐
비휴 같이 용맹한 병사 10여 만이	貔貅十餘萬
압록강을 건너려 한다네.	欲渡鴨綠江
이제 요해(遼海; 요하)를 건너면	方期遼海路
씩씩한 기운으로 깃발을 날리고	壯氣浮旗纛
범같은 위엄이 중원에 떨칠 것이니	虎威振中原

두려워 엎드리지 않을 자 누구인가.	誰敢不畏伏
응당 개선하는 날이 오리니	應當凱旋日
사방 오랑캐가 다 귀속하고	四夷皆附屬
성스런 임금께서 무궁한 수명 누리시어	聖王壽無疆
주 무왕의 행적을 이어 밟으시리라.	繼踐周武躅

내 비록 늙은 데다 병까지 들었지만	我雖老且病
함께 태평곡을 부르려 하였는데,	與唱太平曲
어찌하여 압록강을 건너지 않고	奈何不渡江
갑자기 말고삐를 돌리나.	奮然回轡速
서도(西都 ; 서경)에 계시던 임금님 수레도	翠華在西都
어이 그리도 급히 돌아오나.	反駕何跼促

안타깝구나! 우리 도통공이시여!	可憐都統公
홀로 서서 원망을 듣게 되었네.	獨立招怨讟
기둥과 주춧돌이 이미 기울어 위태하니	柱石旣傾危
크나큰 집을 장차 어이 지탱하랴.	將何支廈屋
처음과 끝이 한결같지 않으니	終始不如一
부끄러워 볼 면목도 없겠네.	靦然無面目
머리 위에 푸르고 푸른 하늘이 있건만	頭上有蒼蒼
화(禍)와 복(福)을 어찌 알랴.	焉知禍與福

6월 1일 회군한 원정군이 개경 교외에 도착했다. 이성계를 비롯한 무장들은 최영을 내치라는 상소를 국왕에게 전달하였다.

우리 현릉(玄陵; 공민왕의 능호)은 지성으로 대국을 섬겼으며 천자가 일찍이 우리를 칠 뜻이 없었는데 이제 최영이 집정 대신이 되어 조종(祖宗)의 대국을 섬기는 뜻을 받들지 않고 먼저 상국을 침범하고자 하여 이 무더운 여름철에 뭇 사람을 동원하였습니다. 그리하여 전국의 농사가 폐농이 되고 또 왜적들이 빈틈을 타서 깊이 침입하여 우리 백성들을 죽이고 나라의 창고들을 불태웠습니다. 그뿐 아니라 한양으로 천도하여 전국의 인심이 소란스러워졌습니다. 지금 최영을 버리지 않으면 반드시 종사(宗社)가 전복되고 말 것입니다.

다음날 우왕은 전 밀직부사 진평중(陳平仲)을 보내어 회군한 장수들을 꾸짖는 교서를 전했다.

명을 받고 국외로 출정하였다가 이미 절제(節制)를 위반하고 병력을 이끌고 대궐로 향하였으며 또 강상(綱常)을 위반하여 이런 사단을 일으켰으니 이는 나의 탓이다. 그러나 군신의 대의는 고금의 통칙인데 경들은 평소에 독서를 좋아하는 사람이거늘 어찌 이것을 모르는가?

하물며 나라의 강토는 조상에게서 받은 것이거늘 어찌 쉽사리 남에게 주겠는가? 군사를 일으켜 싸우는 것만 같지 못 하기 때문에 내가 여러 신하들과 모의하였더니 모두 可라고 말하였다. 지금 와서 어찌 다를 수 있는가?

비록 최영을 지적하여 구실을 붙이나 최영이 나를 보위하는 것은 경들이 아는 일이오, 우리 왕실을 위하여 충실한 것도 경들이 다 아는 바이다.

이 교서를 받는 날로 그릇됨을 버리고 허물을 다 고쳐서 부귀를 함께 누리도록 힘쓰라. 나는 진실로 이것을 바란다. 경들은 어떻게 생각하는가?

우왕은 또한 설장수를 보내어 장수들에게 어주(御酒)를 주고 그 의도를 탐지하게 하였다. 이날 회군한 장수들은 더 전진하여 도성 밖에 주둔하였다. 또한 동북면의 주민과 여진족 1천여 명이 이성계의 정변을 도우러 개경에 도착하였다.

3일 이성계는 숭인문 밖 산대암(山臺巖)에 진주하고 지문하사 유만수(柳曼殊)에게 좌우군을 이끌고 도성으로 진입하도록 하였다. 우군은 숭인문으로 좌군은 선인문으로 진공하였는데 최영은 적은 병력으로 모두 물리쳤다. 이성계가 스스로 부대를 이끌고 숭인문으로 진격하였다. 황룡대기를 든 이성계 부대가 선죽교로부터 남산(南山; 개경의 동쪽)으로 향하니 먼지가 하늘에 자욱하고 북소리가 땅을 울리는 등 기세가 성하였다. 남산에 주둔한 최영 휘하 안소(安沼)의 부대는 이를 보고 궤주하였다. 최영은 전세를 뒤집을 수 없음을 깨닫고 궁중의 화원으로 달려가 국왕, 영비(寧妃)와 함께 팔각전(八角殿)에 머물렀다.

【영비(寧妃)는 최영의 여식으로 이해 3월 초 우왕이 최영의 거센 반대
에도 불구하고 왕비로 삼았다.】

이성계의 군사가 화원을 겹겹이 포위하고 최영을 내보내라고 크게 외쳤다. 담을 허물고 반군이 들어오자 최영은 우왕에게 작별하고 나왔다. 이성계는 최영을 고봉현(高峰縣)으로 귀양 보내며 이렇게 말했다고 한다.

이 사변은 나의 본의가 아닙니다. 그러나 (이 원정은) 대의를 거역하였고 국가가 평안하지 못하며 인민이 피로하여 원성이 하늘에

이르렀습니다. 그러므로 부득이 한 것이니 잘 가십시오.

 일찍이 이성계의 야심을 꿰뚫어 본 이인임은 최영에게 "이 판삼사사(이성계)가 반드시 국왕이 될 것이다"라며 경계할 것을 권했는데 최영은 이를 모함으로 받아들였다. 이때 와서 최영은 "이인임의 말이 참으로 옳았다."고 말하며 탄식하였다.
 조민수는 좌시중, 이성계는 우시중이 되고 최영의 휘하인 안소와 정승가(鄭承可)를 비롯하여 인원보(印原寶)·안주(安柱)·김약채(金若采)·정희계(鄭熙啓) 등은 체포되어 먼 곳으로 귀양을 갔다.

우왕 폐위와 이색의 감국(監國) 요청

 6일 밤 우왕은 회군 주동자 이성계, 조민수, 변안열을 죽이고자 환관 80여 명에게 무장을 시키고 이들의 집으로 갔으나 모두 군을 이끌고 야외에 주둔하고 있었으므로 목적을 이루지 못했다. 다음날 여러 장수들은 숭인문에 모여 회의하여 궁궐의 무기를 압수하기로 결정했다. 이화(李和)·조인벽·심덕부·왕안덕(王安德)이 궁중에 들어가 병장기와 안마(鞍馬)를 모두 내어 놓았다.
 8일 장수들이 다시 영비를 내어 놓으라 강청하였다. 왕은 "만일 이 비(妃)를 나가게 한다면 나도 같이 나가리라"하면서 극력 거절하였다. 이에 이성계를 비롯한 여러 원수들은 군을 이끌고 궁궐을 포위하고는 왕에게 강화도로 갈 것을 요구하였다. 우왕은 채찍을

들고 말을 타며 "오늘은 이미 날이 저물었다"고 하였으나 이성계는 당일로 출발할 것을 요구했다. 그리하여 우왕은 영비와 함께 강화도로 향하였다.

이어 신왕 옹립 단계에 들어갔는데 이성계는 우왕의 친자인 왕창(王昌)를 세우기를 꺼려하여 종실 가운데 선택하려 하였으나 조민수는 우왕의 친자를 세우려 하였다. 당시의 명유(名儒)인 이색이 "마땅히 전왕의 아들을 세워야 한다"고 하여 9세의 왕창이 즉위하였다. 이때는 36명의 원수가 건재한 때였으므로 이성계가 신왕 옹립을 마음대로 할 수는 없었다.

창왕이 즉위하자 조민수는 양광·전라·경상·서해·교주도 도통사, 이성계는 동북면·삭방·강릉 도통사가 되어 군 통수권을 양분하였다.

창왕이 즉위한 지 며칠 지나지 않아 박의중이 명의 예부 자문을 가지고 귀국하였다. 이 국서에서 명 태조는 고압적인 태도를 버리고 영토 문제는 상세히 살핀 후 결정될 것이라 하였다. 이는 사실상 고려의 요구를 수용한 완곡한 표현이다. 중도에 그쳤으나 고려의 요동 원정이 이러한 결과를 가져 온 것이다.

7월 조민수가 창녕으로 유배되었다. 『고려사』에는 조준의 탄핵에 의한 것으로 간략히 기록되어 있으나 이성계와 군 통수권을 양분한 조민수의 실각이 이렇게 간단히 이루어지지는 않았을 것이다. 조민수 제거로 홀로 도통사 직위를 보유하게 된 이성계가 원수들을 제거하기가 용이해졌다.

8월 이색은 문하시중, 이성계는 수문하시중으로 임명되었다.

이 무렵 이성계는 7남 이방번(李芳蕃)을 종실인 정양군(定陽君)

왕우(王瑀)의 여자(女)와 혼인시켰다. 왕우는 신종(神宗)의 7대손이다. 이성계는 우왕을 폐위시키며 종실을 추대하려 했는데 창왕의 즉위로 일단 좌절되었다. 그 직후 불과 8세의 이방번을 종실과 혼인시킨 것으로 이는 이성계가 창왕을 폐위할 의도를 드러낸 것이었다. 이성계와 인척인 종실을 왕으로 추대하는 것은 찬탈로 가는 한 과정으로 기획되었다. 요동 원정에 조전원수로 참전하였으며 위화도 회군에 반대하였던 이성계의 이복형 이원계는 아우의 찬탈 의사를 확인하고 10월 23일 음독자결하였다.

그가 남긴 절명시가 전한다.

삼한고국에 이 몸 둘 곳 어디이뇨	三韓故國身何在
지하에 가 태백 중옹을 좇아 놀고 싶구나.	地下願從伯仲流
같은 처지에 처신함이 다르다 마오,	同處休云裁處異
형만 가는 바다에 뗏목을 띄울 필요도 없으리.	荊蠻不必海浮桴

이원계는 이자춘의 첫 번째 처인 한산 이씨의 소생이었다. 이원계는 홍건군 격퇴에 공을 세워 수복경성공신과 기해격주홍적공신이 되었다. 우왕 7년(1381)의 황산대첩(荒山大捷)에 공을 세워 추충절의보리공신(推忠節義輔理功臣) 칭호를 받고 완산군(完山君)에 봉해졌다. 판개성부사, 문하시랑평장사 등의 관직을 역임하였다. 그의 제1처는 문익점의 女이고, 제2처는 김용의 女이다. 공민왕의 아낌을 받아 김용의 반역 때도 처벌받지 않았다.

이성계의 왕조 전복 의도를 감지한 문하시중 이색은 고심 끝에 명의 힘을 빌기로 하였다. 十月 이색은 첨서밀직사사 이숭인, 동지밀직 김사안(金士安)과 더불어 하정사로 떠났다. 처음 이색이 늙고 병들었음에도 불구하고 자청하여 사신으로 가려하자 창왕을 비롯하여 모든 관료들이 만류하였다. 이색은 어린 왕에게 그의 의지를 밝혔다.

> 신은 포의(布衣; 평민)로 벼슬이 최고위에 달하였으므로 언제나 죽음으로 이에 보답하려 하였습니다. 이제 죽을 곳을 얻게 되었습니다. 설사 길에서 죽을지라도 시체를 가지고 중간 역할을 하여 나라에서 위임된 바가 천자에게 전달될 수만 있다면 비록 죽어도 오히려 산 것입니다.

이색은 그가 없는 동안 이성계가 창왕을 폐위시킬까 두려워 이성계에게 아들 하나를 동행시킬 것을 요구하였다. 그리하여 이방원이 서장관으로 이색을 수행하였다. 이색은 명에 입경하여 남경으로 가는 길에 명의 고위 관리를 만났는데 그는 이렇게 말하였다.

> 그대의 나라 최영은 정병 10만을 거느렸으나 이성계가 그를 파리 잡듯이 쉽게 잡았으니 그대의 나라 백성들은 이성계의 망극(罔極)한 덕을 어떻게 갚을 것인가.

이는 이성계를 새로운 왕으로 추대해야 마땅하다는 견해이다.

이색은 명 태조를 알현하고 명에서 고려에 관리를 보내 감국(監國)할 것을 요청하였다. 명의 관리가 고려의 국정을 감독하면 이성계가 찬탈을 할 수가 없으리란 계산이었다. 이성계의 무력에 대항할 방도가 없어 선택한 고육지책이었다.

주원장은 받아들이지 않았다.

11月에는 밀직사 강회백(姜淮伯)이 명으로 파견되었고 부사로는 이방우가 수행했다. 강회백은 창왕의 조근(朝覲)을 요청하는 표문을 가지고 갔다. 창왕이 조근한다는 것은 명에 가서 명 태조를 배알하여 고려왕으로 인정을 받겠다는 것이다. 조근이 행해진다면 이성계가 창왕을 폐위시키는 것은 중국 천자의 뜻을 거스르는 것이 되므로 이성계가 창왕을 폐위시키기 어렵게 된다.

12月 이색이 없는 동안 이성계는 서둘러 최영을 참형에 처하였다. 최영은 이성계를 신뢰하여 그에 대한 모함이 있으면 적극 옹호하였다.

> 태조는 최영과 우정이 매우 돈독하였는데 태조의 위엄과 덕망이 점차로 성하니 사람들 중에서 신우에게 모함하고자 하는 자들이 있었다. 최영이 노하여 말하기를 "이공은 나라의 주춧돌이 되었으니 만약 하루아침에 위급하면 마땅히 누구를 시키겠는가"하였다. 매양 빈객을 연회하려 할 때 최영이 반드시 태조에게 이르기를 "나는 면찬(麵饌)을 준비할 것이니 공은 육찬(肉饌)을 준비하시오"하니 태조는 말하기를 "좋습니다"하였다.
>
> (『太祖實錄』, 卷1, 總書)

이인임 이외에도 이성계를 경계할 것을 권한 이들이 있었다. 왕조 시대에 모반죄는 '증거'가 있어야 걸리는 것이 아니라 심증만 있으면 충분하였다. 이는 모반죄의 성격상 명백한 증거를 찾을 수 없는 일이기 때문이기도 하다. 급속히 세력을 키우던 이성계가 무사했던 것은 최영 장군의 비호가 있어 가능했던 것이다. 세상에는 은혜를 원수로 갚는 자들이 적지 않으니 그리 개탄할 일도 못된다.

변계량(卞季良)과 원천석(元天錫)이 시를 지어 애도했다.

哭崔侍中瑩

위엄 떨쳐 나라 빛내던 수염이 성성한 모습	奪威光國鬚星星
말 배우는 거리의 아이도 모두 그 이름 알고 있네.	學語街童盡識名
한 조각 웅장한 마음 응당 죽지 않으리니	一片壯心應不死
천추에 영원토록 태산과 함께 나란하리라.	千秋永與太山橫

都統使崔公被刑三首

其一

밝은 거울이 빛을 잃고 기둥과 주춧돌이 무너지니	水鏡埋光柱石頹
사방의 백성과 만물이 모두 슬퍼하네.	四方民物盡悲哀
빛나는 공적은 마침내 썩는다 해도	赫然功業終歸朽
꿋꿋한 충성심은 죽어도 재가 되지 않으리.	確爾忠誠死不灰
그의 사실 역사책에 가득 실렸건만	紀事靑編曾滿帙

이미 이루어진 황토 무덤, 가련도 하구나.	可憐黃壤已成堆
생각하노니 멀고 먼 저승에 있어도	想應杳杳重泉下
눈을 도려내어 동문에 걸어도 분을 풀지 못하시겠지.	掛眼東門憤未開

其二

조정에 홀로 섰을 때 감히 덤빌 자 없었고	獨立朝端無敢干
오직 그 충의로 온갖 어려움 겪었네.	直將忠義試諸難
온 나라 백성들의 소망을 따라	爲從六道黔黎望
삼한의 사직을 편안케 하였네.	能致三韓社稷安
동열의 그 영웅(이성계)은 낯짝 새삼 두껍고	同列英雄顏更厚
죽지 않은 간사한 자들, 뼈가 오히려 서늘하리.	未亡邪佞骨猶寒
다시 어려운 때를 만나면 누가 계책을 내리오,	更逢亂日誰爲計
가소롭구나, 지금 사람들의 간교한 짓이.	可笑時人用事姦

其三

내 이제 부음 듣고 애도시 지으나	我今聞訃作哀詩
공을 위한 슬픔이 아니라 나라 위한 슬픔이라오.	不爲公悲爲國悲
하늘의 운수 통할지 막힐지 알기 어렵고,	天運難能知否泰
나라 터전이 편안할지 위태할지 정할 수 없구나.	邦基未可定安危
날카로운 칼날 이미 꺾이었으니 탄식한들 무엇하리,	銳鋒已折嗟何及
충성된 마음 항상 외롭다가 끝내 견디지 못했네.	忠膽常孤恨不支
홀로 산하를 대하여 이 노래 부르니	獨對山河歌此曲
흰구름 흐르는 물, 모두 슬퍼하네.	白雲流水摠噫嘻

* 위화도 회군에 대한 조선 시대의 평가 *

　이씨 조선이 성립하면서 위화도 회군은 이성계가 명나라와의 전쟁으로 '삼한백성(三韓百姓)이 어육(魚肉)의 밥'이 되는 위기상황에 처했으므로 국가와 민족을 구하려는 일념에서 행한 영웅적 거사(擧事)로 찬양받았다. 그리고 이성계 일파는 위화도 회군 후에 정치·경제 개혁으로 백성을 구했고 그 결과 조선왕조가 천명을 받아 세워진 것으로 설정하였다. 이러한 조선건국세력의 공식사관은 『고려사(高麗史)』와 『용비어천가(龍飛御天歌)』에 잘 묘사되어 있다.
　고려 말을 살아보지 못한 조선의 지식인들은 이를 믿었으나 계유정란을 통해 수양대군이 왕위를 찬탈하는 것을 목격하고는 이성계의 역성혁명과 위화도 회군에 의심을 품기 시작했다. 이퇴계는 원천석의 설을 믿으며 우왕과 창왕이 신돈의 아들이라는 말을 믿지 않는다고 제자에게 편지로 밝혔다.
　숙종 때 지식인 사이에서 위화도 회군에 관한 역사 논쟁이 벌어졌다. 당시 정국을 주도하던 서인(西人)이 노론(老論)과 서론(小論)으로 갈라진 이유 중의 하나가 위화도 회군에 대한 역사적 평가의 차이였다.
　노론의 영수인 송시열은 조선개국 300주년을 맞이해 "태조가 개국한지 300년에 굳은 대업(大業)이 실상 위화도 회군으로 시작되어 대의(大義)를 일월(日月)같이 밝혔으니 소의정론(昭義正論)으로 시호를 올리는 것이 옳습니다."라고 상소하였다.
　이에 소론의 윤증, 박세채는 반대했다. 박세채는 위화도 회군은 화가위국(化家爲國; 신하가 임금이 되는 것)을 위한 것이지 결코 대의(大義)에서 나온 것이 아니라고 하여 송시열의 주장을 정면으로 반박했다.

송시열은 박세채를 '선군(先君)을 깎아 말하는 자'로 비난했고 박세채는 송시열을 '금세(今世)의 왕방(王雱)'이라고 하여 간사하고 음특한 자로 규정하였다.

소론의 평가는 조선왕조 성립 이래의 역사해석을 뒤집는 것이었다. 권력에 의한 공식사관도 300년이 지나자 객관적인 평가를 받게 된 것이다.

* * *

창왕 원년 2월 이성계는 동지 밀직사사 윤사덕(尹師德)을 명으로 보내 주원장에게 최영을 처형했음을 보고하게 하였다.

3월 정해일에 명에 사신으로 간 강회백(姜淮伯) 등이 돌아왔다. 명의 예부(禮部)에서 발송한 자문의 형식으로 명 태조는 그의 견해를 전해왔다.

> 고려는 (중국과의) 사이에 산이 막히고 바다가 놓여 있으며 풍속이 판이하다. 비록 중국과 서로 통하였어도 이합(離合)이 무상하였다.
> 오늘에 신하가 그 아비를 쫓아내고 그의 자식을 세워 놓고 내조(來朝)를 청한다. 이는 인륜이 크게 무너진 일로 임금은 자기 도리를 못하고 신하는 대역을 저지른 일이다.
> 사신을 타일러 돌려보내고 어린 아이도 내조하러 올 것이 없다고

지시하라. 세우는 것도 저들이 하는 일이요, 폐위시키는 것도 저들이 하는 일이다. 중국은 상관하지 않겠다.

명 태조가 갑자기 고려에 불간섭 입장을 취한 이유는 전년의 요동 원정에 충격을 받은 탓이었는데 이는 이성계의 찬탈에 청신호였다. 4월 이색은 목적을 달성하지 못하고 귀국했다.

04

2025년 현재 대한민국이 살아남는 방법

04
2025년 현재 대한민국이 살아남는 방법

★ ☆ ★

▌빈곤의 통치 수단화와 간민(奸民)의 형성

 너무나 반문명적이었던 이씨 왕조가 어떻게 500년이 넘게 장기 존속할 수 있었던가? 앙드레 말로의 말로 설명할 수 있다.

> 가난하면 적(敵)을 선택할 수가 없다. 먼저 가난에 지배 당하고, 결국에는 운명에 지배당하게 된다.

 이씨 왕조의 장수 비결 가운데 하나는 사회경제적 절대 빈곤이었다. 사회가 빈곤하면 빈곤할수록 정권을 바꿀 에너지가 사회 내부에서 생길 수 없다. 반면 약하나마 무력을 보유한 정권은 농민 반란 정도는 진압할 수 있다.
 이조는 결코 부국강병을 추구하지 않았는데, 이는 절대 빈곤이 민을 철저히 무력화시킬 수 있다는 것을 안 때문이다. 이조의 민은 사악한 권력에 지배받았고 그 권력이 의도한 가난에 지배되었다. 너무나 궁핍하면 자신들의 敵이 누군지를 알아보지도 못한다. 한 끼 밥을 먹을 때마다 생각할 수 있는 것은 다음 끼니를 어떻게 얻는가만 생각하게 된다. 이조 세습 지배 집단은 주민들의 한계적 생존을 통치 기반으로 활용했다.

"모든 것은 꿈에서 시작된다. 꿈 없이 가능한 것은 없다."
- 앙드레 말로 -

한편으로는 굶주린 주민, 다른 한편으로는 정권의 건재라는 모순적 상황은 요즘 대한민국 사람들은 이해하기 어렵다.

이조는 주민의 월경(越境)을 재판없이 즉각 참수하는 것으로 막았다. 세종 이도는 섬 주민들을 모두 육지로 강제 이주시켰다. 한반도 전체가 강제 수용소가 되었다. 온 나라를 교도소나 수용소 비슷한 것으로 만들어 놓고 겨우 연명(延命)할 수 있는 물질적 조건만 제공하거나 이조차 주지 않으면, 그런 곳에서는 희망도 품을 수 없지만 분노를 품기도 어렵다. 굶주림에 시달린 경험이 있는 이들은 끼니 마련 이외에 다른 것을 생각할 수 없었고 별다른 감정도 생기지 않았다고 말한다.

【신격호(辛格浩) 롯데 회장은 굶주림에 시달렸던 청소년 시절을 이렇게 말한다.

"배가 고프니까 먹을 것밖에 다른 생각이 나지 않습니다. 어떻게 하면 배부르게 먹을 수 있을 것인가 하는 궁리만 하게 되니 정상적인 사고(思考)가 불가능해지는 거지요."】

정권이란 상대적으로 강한 무력과 절대적 충성 세력에다가 무기력한 사회라는 조건만 덧붙인다면 생각보다 오래가는 법이다.

이씨조선 500년 동안 그 주민은 무엇인가를 성취해야한다는 아무런 이유를 찾지 못한 채 빈곤에 시달려 왔다. 이조 500년 동안의 노비제 사회에서 '노비 근성'이 키워졌다.

노비를 늘리기 위해 양천교혼(良賤交婚)이 허용되는 정도가 아니라 장려되고 일천즉천(一賤則賤)으로 노비 숫자가 폭증했다. 이조의 노비제도는 노비를 만들어 가는 과정에서, 침략과 정복에 의하지 않고 제도적으로 자국민을 노비로 만들고 유지시킨 세계사에서 비슷한 예가 없는 악랄함을 보였다.

먹고 살기 힘들어 상대적으로 부유한 집에 고공(雇工 : 머슴)이라는 형식으로 법적으로는 상민이지만 실질적으로는 노비가 되는 경우도 많았다. 이러한 노비가 조선 중엽에는 많게는 전인구의 30-50%까지 되었다. 이조는 노비제(노예제) 국가이었고 따라서 노비(노예) 근성이 국민성으로 자리 잡을 만했다.

갑오개혁 이후 신분제가 공식적으로 폐지되었고 이에 따라 형식적으로는 노비가 없어졌으나 노비들은 머슴이라는 이름으로 주인에게 예속되어 살았다.

조선 시대에는 열심히 일하는 사람들이 잘살게 되는 구조가 아니었다. 열심히 해도 생활 수준이 나아지지 않는다면 열심히 일할 이유가 없다.

노비들은 대부분 자기 소유의 재산을 갖지 못함은 물론이고 자신의 신체에 대한 소유권도 없었다. 당연히 노비들의 하루 24시간이 그들의 것이 아니었다. 이렇게 자유가 없는 노비들에게는 미래도 없고, 따라서 나름대로의 계획도 있을 수 없었다. 노비들에게는 의리나 신용은 생존에 필요 없는 것이었고 내일도 없었다. 열심히 일할 이유가 없었다. 그저 주인의 눈치만 보고 게으르고 비굴하게 살아야만 했다.

미국의 언론인이자 수필가인 멩켄(Henry Louis "H. L." Mencken, 1880~1956)은 권력의 속성을 다음과 같이 평한 바 있다.

> 모든 통치는 본질적으로 더 우수한 인간에 대한 음모다. 통치의 가장 영원한 목적 하나는 더 우수한 인간을 억압하고 그 재능을 발휘하지 못하게 만드는 것이다.
> All government, in its essence, is a conspiracy against the superior man: its one permanent object is to oppress him and cripple him.

이는 이조 권력에 정확히 들어맞는 말이다.

과거를 통해 지식인인 양반 계급은 심성이 군주의 노예가 되었다. 그들의 부귀영화는 주인인 군주에 달린 것이었다.

이조에서는 모든 주민이 제도적 법적으로서만이 아니라 심리구조마저 노예화가 되었다. 군주마저도 노예의 심성을 지녔다. 중국 황제의 신하로서 노예적 심성을 지녔다. 이조의 실질적 마지막 군주 고종 이재황은 철두철미하게 노예적 심성을 가진 자였다.

노예의 심성은 이렇다 : 자율성이 없다. 그러니 책임도 없다. 스스로 하려는 것보다 누군가가 해주기를 바란다. 모든 것이 운수소관이다. 어떤 일에도 감사할 줄 모른다. 노력에 대한 대가를 인정하지 않는다.

이런 나라의 사람들은 국가와 사회를 믿지 못하고 평소에도 위기 시에도 각자도생(各自圖生)만하게 된다. 이런 모습을 잘 보여준 사건이 1898년 6월 초 일어났다.

> 조령(詔令)을 내리기를,
> "별운검(別雲劍; 큰 칼을 차고 임금의 좌우에 서서 호위하는 2품 이상의 무반 2인)이 병을 핑계 대고 지레 나간 것과 편의를 위해 먼저 나아간 것은 분의(分義; 分數에 알맞게 지켜 나가는 도리)에 있어 어찌 감히 이럴 수 있단 말인가? 참으로 대단히 놀랍다. 의관(議官) 정일영(鄭日永)과 종2품(從二品) 윤헌(尹)을 모두 법부(法部)에서 징계하게 하라." 하였다.
>
> (『고종실록』 35년 6월 12일 양력)

실록의 기록만으로는 무슨 일이 있었는지 잘 알 수 없는데, 이는 임금이 행차하는데 비가 오자 동행하던 고관들과 시위병들이 비를 피해 모두 뿔뿔이 흩어져 가버린 사건이었다.

얼핏 대수롭지 않은 이 일이 의미하는 바는 컸다. 총알이 빗발쳐도 대신 맞는다는 각오로 임금을 지켜야 할 군인과 왕의 측근들이 비가 오자 보인 작태이다. 불과 14년 전인 갑신정변 때도 정변의 주동자 홍영식과 박영교 등은 위급한데도 임금 곁을 지키다 청군에 피살되었다. 이제 왕의 측근은 비를 피해 왕을 버리는 인물들뿐이 없었다.

이는 조선의 특수함을 보여준 일이다. 최악의 전제 국가라 해도 집정자에 극진히 충성하는 소수가 있게 마련이다. 1980년 6월 26일 시리아의 이슬람 형제단은 20세기 최악의 독재자 가운데 하나인 하페즈 알 아사드 암살을 시도했다. 수류탄 2개를 던지고 기관총을 난사했다. 아사드 스스로 수류탄 하나를 발로 멀리 차 보냈고 한 경호원이 다른 수류탄에 몸을 던져 막아 죽음으로써 아사드를 살렸다.

소수 기득권층의 충성도 확보하지 못하는 것이 조선의 임금이었다. 이는 수백 년간 신하들을 당쟁이라는 이름으로 이간시켜 분할 통치한 업보였다. 이조의 권문세가나 이름난 양반 가문은 거의 다 정쟁에 휘말려 희생자가 났다. 언제 역적으로 몰려 죽을지 몰라 비상을 준비한 집이 많았다. 자살하면 역모 혐의에서 벗어나 더 이상 수사를 하지 않으므로 멸문지화를 막을 수 있기 때문이다.

1910년 이씨 왕가는 일본 황실의 일원이 되고 한반도는 일본 제국의 일부가 되고 주민은 일본 국적이 되었다.

많은 지식인이 그 이유를 분석했다. 다수가 노예근성을 지적했다. 신채호는 "대세를 쫓아 몰려다니며 남 탓만 하는 한민족의 노예근성"에 통탄했다.

주인과 노예의 마음은 정반대이다.

주인의식을 가진 사람들은 남 탓하지 않고 내 탓으로 돌린다. 그래야 해결책이 보인다. 주인은 자신의 자유와 재산을 위해 싸운다.

노비는 싸우지 않는다. 그래서 노비들에게 평화주의자가 많다.

주인은 가치를 창출하는 사람이지만 노비는 가치를 빼먹는 사람이다. 주인은 노동을 통해 자신을 성숙시키고 인격을 완성시킨다고 보지만 노비들은 노동을 착취라고 본다. 노비는 편하게 많이 얻으려 한다. 주인은 열심히 많이 얻으려 한다.

주인은 용서를 할 수 있지만 노비는 용서를 못한다. 주인은 권리의식 때문에 노비는 피해의식이 있기 때문이다. 집에 불이 나면 주인은 불을 끈다. 노비는 도망부터 간다. 노비들은 피해가 입증되면 끝없이 보상을 요구한다. 노비들은 비참함을 견딘다. 그러나 주인은 구차함을 못 견딘다. 주인은 자신이 결정하려 하지만 노비는 부화뇌동하고 무리에 쉽게 휩쓸린다.

노예 심성을 가진 자들은 신분제가 철폐된 사회에서는 사리사욕만 찾는 간민(奸民)이 된다. 간민은 사회에 기여나 공헌은 않고 권리만 누리려고 한다. 끊임없이 남과 비교하기 좋아한다. 그러다 보니 남이 잘되는 꼴을 못 본다. 그래서 고자질을 좋아하고 고소고발 남발하고 거짓말을 잘한다. 질투가 심하다. 늘 핑계를 달고 산다. 책임감이 없으니 모든 것이 내 탓이 아니다. 스스로 해결하기보다는 늘 남에게 국가에 의지한다. 스스로가 불이익을 받고 자신이 피해를 보았다고 생각하면서 끊임없이 대가와 보상을 요구한다. 부화뇌동이 쉽고 감정적이고 쉽게 흥분하고 잘못을 인정 안하고 늘 남 탓, 잘못된 세상 탓, 나라 탓으로 돌린다.

1948년 민주공화국을 지향하는 대한민국이라는 국가가 탄생했다. 주민 교체가 없었으니 주민 대부분 이조 시대의 심성에서 벗어나지 못했다.

민주공화국은 공익·국익을 생각할 줄 아는 공민(公民)이 다수이거나 소수라도 사회를 이끌어야 존속이 가능하다, 간민이 목소리를 내고 주도권을 장악하면 민주공화국은 붕괴되고 실패 국가로 변질한다.

민주화 학생 운동의 실상

학생 운동은 왜 할까? 정직하게 말해서 벼슬을 얻기 위해서. 부귀영화를 누리기 위해서.
4·19 이후 엽관주의적 학생 운동가들은 크게 고무되었다.
『김영삼 회고록』에는 이러한 모습을 잘 보여주는 부분이 있다.

> 4·19는 사회 전반에 변화의 소용돌이를 몰고 왔다. 그런 중에서 이른바 '혁명주체'인 학생회 간부들의 정치의식은 과잉 상태로까지 나아갔다. 허정이 과도정부 수반으로 이승만 정권이 붕괴한 후 빈자리를 메우고 있었으나 어디까지나 과도기였다.
> 4·19 직후 한때 학생회 간부들을 중심으로 이른바 '학생 내각'을 구성하자는 발상이 나오기도 했다. "혁명을 완수하려면 혁명을 일으킨 학생들이 내각을 구성해야 한다"는 것이었다.
> 총학생회 연합조직의 부회장을 맡아 바쁘게 다니던 복진풍이 하루는 내게 와서, "형님, 우리가 혁명을 일으켰으니 학생들이 내각을

맡아야 하지 않겠습니까?" 하고 의논을 해왔다. 그게 무슨 소린가 물어보았더니 학생들이 국무총리와 각부 장관을 맡아야 하며, 학생회장단 전체의 분위기가 그렇다는 것이다. 나는 놀라움을 금할 수 없었다. 나 자신도 장관은 생각조차 해 본 적이 없던 시절이었다. 그래 내가 한마디 해주었다.

"진풍아, 너 말이지, 정신 좀 차려라. 국무총리에 모 대학생 23살, 문교부장관 21살, 이렇게 죽 나가다가 복진풍 장관 21살, 이렇게 되면 우리나라가 도대체 어떻게 되는 건가?"

설사 그런 내각이 구성된다고 해도 한 달이 아니라 며칠을 지탱하지 못할 것이었다. 더구나 대학 간에 공과(功過)를 놓고 자리다툼이 벌어질 것이 불을 보듯 했으나, 한마디로 실현되지도 못할 발상이었다.

"하여튼 합의가 됐는데요."

"합의가 아니라 합의의 할아버지가 되어도 안 된다."

4·19는 학생들로부터 비롯된 일종의 국민적 혁명이었다. 그것도 이제 막 시작된 미완(未完)의 혁명이었다. 구(舊) 정권은 붕괴되었지만, 국민적 합의로 새 정부를 탄생시키는 일은 지난(至難)한 일이었다. 소박하지만 섣불렀던 '학생내각' 구상은 책상서랍 속의 해프닝으로 끝났지만, 이는 민주주의 경험이 일천했던 우리의 현실을 반증해 주는 한 편의 소극(笑劇)같은 것이기도 했다.

(『김영삼 회고록』, 백산서당, 2000 제1권 P.137~138)

아마도 이때 대학교 학생회 간부들 머리에는 '민주주의'는 없고 벼슬 생각만 가득 차 있던 모양이다. 4·19 이후 대학교 학생회장 선거에서 부정선거가 자행되기도 했다.

강원룡 목사는 자서전 『빈들에서』에서 대학생들의 추태를 이렇게 기술한다.

게다가 4·19의 주역이었던 학생들도 승리감과 영웅 의식에 도취되어 제 본분을 잃은 채 점점 타락해 가고 있었다. 당시 학생들은 '4월의 사자'로 불렸는데 언론은 온통 이 '4월의 사자들' 판이었으며, 정치인을 비롯한 기성세대들은 승리자인 이들의 환심을 사기 위해 급급한 모습을 보였다.
민주투사로 떠받들어지면서 기세가 등등해진 학생들은 민의에 바탕을 둔 민주당 정권이 들어선 후에도 데모를 멈추지 않았다. 그들은 학내에서 '어용'이니 '무능'의 낙인을 찍어 교수들을 내쫓았으며, 총장 등 학교 행정가들을 향해서도 공격의 화살을 던졌다. 어떤 대학에서는 심지어 학생들이 총장을 창문 밖으로 던져버린 사건까지 일어나기에 이르렀다.
게다가 학생들은 처음의 순수성을 잃고 그 영향력을 이용해 정치에 개입하면서 점차 타락하고 부패해 갔다. 4·19 때는 서울 시내 거리 청소를 깨끗이 하고 돌아가 박수를 받았던 학생들이, 그 후에는 차츰 권력의 맛을 알게 되면서 눈살을 찌푸리게 하는 행동들을 보이기 시작했던 것이다.
일례로 하루는 내가 시내의 길을 걷고 있는데, 갑자기 내 앞에 웬 세단차가 와서 탁 서는 것이었다. 그러더니 차에서 사람이 나오는데 보니까 우리 교회에 나오는 대학생이었다.
그는 4·18 고대생 데모 때 국회의사당 앞에서 선언문을 읽었던 4·19 주역 중의 하나였다.
그는 나를 보고 "목사님, 타시지요. 어디까지 가시는지 모셔다 드리겠습니다." 하고 말했다.

나는 깜짝 놀라 "누구 차냐?"고 물었더니 자기 차라는 대답이었다. 그때 버스를 타고 다녔던 나는 그의 대답에 놀라지 않을 수 없었다. 더구나 그가 차 안에 앉아 있는 예쁘장한 여자를 가리키며 "제 비서입니다."라고 소개를 할 때는 '어찌 학생이 이럴 수 있는가' 하는 생각이 절로 드는 것이었다.

  1961년 봄 각 대학에 ROTC(학도 군사훈련단) 제도가 생겼다. 육사 11기의 전두환과 노태우 대위는 ROTC 창설 요원으로 선발되어 서울대학교에서 일하게 되었다. 이들은 학내 부정선거를 보고 충격을 받았다.

  1961년 초는 4·19 의거가 성공해 민주당 정권이 들어선 바로 다음 해였다. 당시 대학 3~4학년생들은 의거(義擧)를 성공시킨 주역(主役)이라는 자부심이 대단했다. 나는 이들을 군 간부로 양성하게 된 것이 매우 자랑스러웠다. 나의 이런 생각은 지나지 않아 실망으로 변했다. 우리가 ROTC 지망자를 심사해 편성하느라 정신없이 바쁠 때, 학생들은 학생회장·운영위원장 등을 선출하는데 더 바쁜 것 같았다. 나는 학교 안에 있으면서 그들의 학생회 간부 선거를 자연스레 지켜볼 수 있었는데 이게 웬일인가? 한마디로 놀라울 지경이었다.
3·15 부정선거에 반대해 궐기하고, 부정을 규탄해 물리친 정의(正義)의 용사들이 자치적인 학생회 조직을 이끌겠다며 후보로 나서서는 불공정 행위를 일삼는 것이었다.
정치인의 부정선거 행태를 답습하는 것은 물론이고, 상대 후보를 비방하거나 표를 매수하는 기술과 방법은 학생답지가 않았다. 다른 대학들의 사정도 비슷했다.

나라 꼴이 말이 아니라는 이야기가 무성하게 번지고 있었다. 내각제 정부는 수시로 국회의사당에 몰려가는 학생들을 달래기에 급급했다. 국정(國政) 경험이 전무하다시피한 정부 요인(要人)들은 우왕좌왕하고, 거기에 학생들은 제멋대로 날뛰어 국민들을 극도로 불안하게 만들고 있었다.

전두환이 집권 시절 학생운동을 몹시 탄압한 것은 이때의 부정적 인식 때문이었다.

▍김대중의 4파전 필승론

자유민주주의 대한민국을 파괴하려는 심산으로 평생을 보낸 김대중은 1987년 13대 대통령 선거에서 이를 공개적으로 드러냈다. 대한민국과 김대중 추종 세력이 한 지붕 아래서 살 수 없음을 깨닫는 계기였다.

1987년 13대 대통령 선거 당시 여권에서 노태우 한 명이 출마하고, 야권에서 김대중, 김영삼, 김종필 3인이 출마하여 4파전이 벌어질 때 여권이 유리하리란 것을 예상하기는 어렵지 않다. 그러나 김대중의 선거전략은 놀랍게도 4파전 필승론이었다. 김대중은 야당이 분열되어야 그가 당선될 수 있다는 4파전 필승론을 널리 주장하였다.

"대단히 죄송합니다만 제가 선거 도중에 염치없이 그만 두어야 할 것 같습니다."
"이 동지, 지금이야말로 이 동지의 힘이 필요한데 웬일이오."
"심신이 극도로 피로합니다. 그리고 선생님께서 이번 선거에 이기시지 못하면 큰 이미지 손상이 올 것 같습니다. 제가 공연히 '불출마선언'을 진언했던 것이 아닌가 후회도 됩니다. 물론 저는 지금도 그것이 옳다고 믿습니다만."
"글쎄, 이 동지의 판단이 맞긴 맞아요. 그리고 또 지금 이 동지의 심정도 내가 알겠소. 그 당시 불출마 선언은 당연했던 것 아니었소? 내가 강연에서 되풀이 말해 왔지만, 6월 항쟁으로 국민이 6·29선언을 쟁취했으니, 지금 불출마 선언에 개의할 게 뭐 있소? **이번 선거에서 나는 가장 유리하오. 4파전이 될 것이니 경상도 표를 노태우 씨와 김영삼 씨가 갈라 먹고, 내가 호남표를 독식하는데다 아무래도 서울·경기에선 내가 월등하게 앞서지 않겠소.**"
"그 말씀이 일리는 있습니다만 선생님께서 불출마 선언을 번복한 것으로 잃을 표가 상당히 많을 것도 생각해 보셔야 합니다."
"그건 알고 있소. 그러나 대세는 우리 쪽이오. 그러니 이 동지도 마음 고쳐먹고 선거나 끝냅시다."

(1987년 10월 4일 이태호 비서에게)

4파전 필승론을 내부전략으로 확정한 김대중은 10월 28일 오전 영등포구 여의도동 여성 백인 기념관에서 신당 창당과 대통령 후보로 출마하겠다고 선언한 뒤 헌정 민권회 사무실에서 기자들의 질문에 답변하면서 4파전 문제를 처음으로 공식 거론했다.

- 김 고문의 측근에서는 4파전이 돼도 자신 있다는 얘기가 나오고 있는데…
"승리할 수 있다는 확신을 가지고 있다. 총칼 앞에서 전두환·노태우씨 체제에 굴복치 않은 국민이 투표로서 그들을 지지하지는 않을 것이다."

김대중은 4파전 필승론을 기자들 앞에서도 공개적으로 떠들었다. 김대중은 야당이 분열되었으므로 자신이 가장 유리하다는 해괴한 주장을 외국 언론에도 서슴지 않고 했다.
다음은 김대중이 미국의 주요 일간지인 『로스엔젤레스 타임즈』에 기고한 내용이다.

America Must Help Restrain the Korean Military

by Kim Dae Jung

Democracy faces a showdown in South Korea over the coming weeks. In late December, the Korean voters will make the same historic choice that peoples from Argentina to the Philippines have recently taken: after years of repression they will elect a democratic president. I am one of the four candidates.
Since June, when Roh Tae Woo, the candidate of the present military government, announced his conversion

under popular pressure to a democratic election, there has been hope in some circles in the United States that this is one military dictatorship that can put down its guns and keep power through the ballot box. This delusion has been encouraged by the candidacy of two opposition candidates. It is thought we will split the anti-government vote.

Not so. If the government can be forced by Korean and international public opinion to hold the free and fair elections that it has promised, it will lose. The legacy of years of extensive repression-killings, corruption, low wages for most and economic privilege for a very few-cannot be washed away by one gesture.

Believing that Gen. Roh can win saves the United States from the hard choices it should be preparing for over the coming weeks. In reality, you face a clash between democracy and authoritarianism as sharp as that in the Philippines last year. If the elections are free, the present government cannot reasonably expect to win and the United States must ready itself for a new era in South Korea. If the government candidate does win, it will be because the regime has, as in the past, exploited its control of the voting process and the Korean media to steal the election.

Why can't Roh win honestly, given the much promoted argument that because Kim Young Sam is also a candidate, opposition vote will be split? Ironically, the candidacy of

Kim Young Sam, my colleague in the opposition, increases the size of my lead. Today It is agreed by all political camps that the two areas of the country where I am strongest are my home region, the southwest, and in Seoul and surrounding cities. Together these areas hold more than half of the nation's voters.

At the same time, I think my reception in Pusan on Sunday, the heartland of Kim Young Sam's support, demonstrates that my constituency knows no regional boundaries. In 1971, despite massive fraud, I received 46% of the vote in the presidential election. My constituency is secure and expanding.

By contrast, Kim Young Sam and Roh Tae Woo will split the southeast, their home areas, between them and lose the central region of the country to Kim Jong Pil, the fourth candidate. as a former Prime Minister, Kim Jong Pil will also take votes nationally from Roh. So these three candidates are feeding off each other's votes, and strengthening my lead.

However, this article is not an appeal for America to line up behind the front-runner. The Korean government has banned opinion polls, it is peddling the misleading argument of a split opposition vote, and it is maneuvering local news coverage to downgrade the challenge it faces. America needs to understand political arithmetic I have outlined here so that it recognizes the foreign policy challenge it faces: a regime with only a few weeks to live and an apparent desperation in some quarters to hang on at all costs.

We want neutrality from all outsiders. In addition, we seek a clear commitment from the United States, our ally and provider of 40,000 troops for our defense, to the democratic process itself in South Korea. I decided to stand in this election as I felt the Korean military could not be allowed to veto the choice of the people. A strong civilian president with the confidence of all our people is in the best interests of our military as it is of our nation. I believe our military will recognize this.

Yet on all issues-from labor, to the military and regional differences-what is required amid the explosion of long-suppressed passions is the confidence of the people in free elections and the opportunity for the strong healing voice of democratic rule to be heard.

If, for some unforeseen reason, Kim Young Sam wins so much support that he emerges as the principal standard-bearer for the opposition, it goes without saying that I would step aside before the election and throw my support behind him. He would make a fine president.

But whoever wins, even if it is Gen. Roh, must be chosen by a fair and honest vote. The public and private statements coming out of Washington, contacts between your military and ours, international election observers and the foreign media, will all be critical guardians of our democratic freedom as we face a sophisticated campaign of vote and local press manipulation. We expect pre-election irregularities, and vote-cheating on election day, including the use of the absentee military vote and cheating in the count itself.

International pressure can provide a critical restraint on the Korean military as it braces itself to accept the new democracy. This is a watershed in our history and as our principal ally, the United States cannot wish away the significance of this election by hiding behind false hopes of a military victory at the polls. The United States must be unambivalent about its support democracy rather than a particular candidate. And may be the best candidate, whoever he is, win.

〈The Los Angeles Times, November 6, 1987〉

America Must Help Restrain the Korean Military

한국의 민주주의-얼마 가지 않아 판가름이 나게 된다. 오는 12월 한국의 유권자들은 아르헨티나나 필리핀 국민이 했던 것과 같은 역사적 선택을 할 것이다. 그들은 억압의 시대를 지나 민주적 대통령을 선출할 것이다. 나는 네 명의 대통령 후보 중 한 사람이다.

현 군사정권의 노태우 대통령 후보가 국민의 압력에 의해 민주적 선거를 하겠다고 선언한 지난 6월 이후 미국 일각에서는 군사독재 정부가 총을 포기하고 선거를 통해 정권을 유지할 수 있다는 희망이 있었다. 이러한 착각은 두 명의 야당 후보의 대통령 출마로 고무되어 왔다. 우리가 反정부표를 나누어 가지게 될 것이라고 생각한 것이다.

그러나 그렇지 않다. 한국 정부가 국내외 여론의 압력으로 자유롭고 공정한 선거를 실시하게 된다면 여당은 패배할 것이다. 암살, 부정부패, 저임금, 소수의 경제적 특권 등 수년간에 걸친 광범위한 억압의 유산은 단번에 일소될 수 없는 것이다.

 노태우 후보가 승리하리라고 믿음으로써 미국은 앞으로 미국이 직면해야 하는 어려운 선택으로부터 벗어날 수 있을지 모른다. 그러나 실제로 미국은 지난해 필리핀에서처럼 한국의 경우도 분명히 민주주의와 독재 사이의 격렬한 충돌에 직면하고 있다. 자유선거가 실시된다면 현 정부는 승리를 절대로 기대할 수 없으며 미국은 한국에 있어서의 새로운 시대의 도래에 스스로 대비해야 한다. 만일 여당 후보가 선거에서 이긴다면 그것은 이 정권이 과거와 마찬가지로 국내 매스컴과 선거 과정을 통제할 수 있는 강점을 이용했기 때문이다.

**김영삼도 대통령 후보로 나서 야당표가 분열될 것인데도 왜 노태우가 공정한 방법으로 이길 수 없을까? 아이로니컬하게도 김영삼의 대통령 선거 출마는 나의 우세의 폭을 넓혀주고 있다. 모든 정파가 나의 고향인 (한국의) 남서부 지방과 서울·서울 인근의 두 지역에서 내가 가장 우세하다는 점을 인정하고 있다. 이 두 지역은 유권자의 절반이 넘는다.
게다가 김영삼의 표밭인 부산에서 있었던 지난 일요일의 대중 집회는 나에 대한 유권자의 지지가 지역적 경계를 뛰어넘고 있다는 사실을 입증시켰다. 1971년 대통령 선거 때 엄청난 부정이 있었음에도 불구하고 나는 46%의 지지를 얻었다. 나의 지지기반은 확고**

하며 점점 확대되고 있다.

반면 김영삼과 노태우는 그들의 지역적 기반인 (한국의) 남동부 지방의 표를 쪼개 가져야만 하며 중부 지방의 표는 네 번째 대권주자인 김종필에게 갈 것이다. 국무총리를 역임한 김종필은 전국적으로도 노태우의 표를 가져갈 것이다. 그러므로 세 후보는 서로 서로의 표를 빼앗아 결과적으로 나의 우세를 확실하게 할 것이다.

그렇다고 내가 이 글을 쓴 목적이 미국에게 선두 주자를 지지해달라고 호소하려는 것은 아니다. 한국 정부는 여론조사를 금지하고 있다. 한국 정부는 분열된 야당표에 대한 잘못된 주장을 퍼트리고 있으며 집권층이 직면하고 있는 도전의 강도를 떨어뜨리기 위해 뉴스 보도를 조작하고 있다. 미국은 당면한 외교정책 도전을 인식하기 위해서는 내가 여기서 대강 밝힌 정치적 산술을 이해할 필요가 있다. 즉 정권의 생명은 이제 몇 주밖에 남지 않았으며 무슨 대가를 치르고서라도 살아남기 위해 끈질기게 버티던 몇몇 부분에서 명백하게 자포자기하고 있다는 것을. 우리는 모든 외부세력의 중립을 원한다. 게다가 우리는 우리의 우방이며 우리의 국방을 위해 4만 병력을 제공해 준 미국으로부터 한국에서의 민주적 과정 자체에 대한 명백한 공약을 바란다. 나는 한국군부가 국민의 선택을 거부하는 것은 허용될 수 없다고 믿기에 선거에 출마하기로 결정했다. 국민의 신뢰를 받는 강력한 민간 대통령이야말로 우리 국민뿐 아니라 군부에도 최선의 이익이다. 나는 우리 군부가 이 점을 인정하리라 믿는다. 노동문제, 군대, 지역 간의 불균형 등 모든 문제에 대해 말하자면, 오랫동안 억압받아 왔던 열망들이 폭발하는 가운데 가장 요청되는 것은 자유선거에 대한 국민의 신뢰 회복과 민주제도라는 강력한 치유의 목소리가 들리는 기회가 주어지는 것이다.

예기치 않은 일로 김영삼이 야당의 선두 주자로 부상할 만큼 국민의 지지를 받게 되면 나는 지체 없이 대통령 후보를 사퇴하고 그를 밀어줄 것이다. 그는 좋은 대통령이 될 것이다.

누가 이기든, 심지어 노 장군이 이기든 공정하고 정직한 선거로 이겨야 한다. 선거운동이 교묘하게 진행되고 있고, 국내 언론이 조작되고 있는 만큼 워싱턴의 공적·사적 성명서들, 한국군과 미군과의 접촉, 국제선거감시단과 외국 매스컴들은 한국의 민주적 자유에 대한 비판적 감시자가 될 것이다. 선거 이전의 부정행위, 선거 당일의 군부 부재자투표의 사용과 개표시의 부정행위 등 부정선거가 예상된다.

국제여론은 군부가 「새로운 민주주의」를 받아들이게 했듯이 군부가 철저하게 자제하도록 할 수 있다. 이번이 한국역사의 분수령이 될 것이다. 미국은 어떤 특정 후보에 대해서가 아니라 민주주의에 대한 그의 지지를 확고히 해야 한다. 그러면 그가 누구이건 간에 가장 훌륭한 후보가 승리할 것이다.

〈The Los Angeles Times, November 6, 1987〉

다른 사람 같으면 전라도 몰표로 이기겠다는 4파전 필승론을 확신해도 겉으로는 숨기려 할 텐데 김대중은 요란스럽게 떠들었다. 언행을 살펴보면 알 수 있는 일이지만 김대중은 사고방식이 유치하고 지능이 상당히 낮다.

김대중은 이처럼 말과 글로 사고를 친 적이 한두 번이 아니다. 그럼에도 불구하고 한국 언론은 이를 제대로 보도하지 않았다. 이때 김대중의 『로스엔젤레스 타임즈』 기고문을 제대로 보도했었다면 사퇴하라는 여론이 들끓었을 것이다. 김대중이 언론의 편파 보도로 손해를 보았다는 것은 사실이 아니다. 박 정권과 전두환 정권에 탄압 받던 언론은 그에 대한 반발로 김대중에게 불리한 보도를 자제하였으며 1987년 이후 언론 자유가 신장되어서는 김대중 지지자들의 행패가 두려워 사실 보도를 잘 하지 않았다.

그런데 김대중은 10월 30일 관훈 클럽 토론회에서 다음과 같이 말했다.

"지역감정 … 이것은요… 과거 자유당 때는 없었어요. 부산·대구에서 전라도 출신이 국회의원이 됐어요. 우리 목포에서는 내가 경상도 분을 밀어서 국회의원에 당선됐어요. 이게 박정희·전두환 정권이 만든 거에요. 이 사람들이 만들어 놓은 망령·악령 때문에 시달림을 받고 있는 거예요. 나는 지역감정이 설사 내게 도움이 된다 해도 절대로 증오해요. 나는 단 한 번도 지역감정에서 행동한 일이 없어요"

김대중은 87년 9월 8~9일 광주와 목포 방문 후 9월 12일 대전역에서 5만 명의 지지자 앞에서 연설했다. 김대중은 이 연설에서 박정희 대통령이 지역감정을 일으켰다고 맹비난했다.

여러분 메뚜기 이마보다 좁은 이 나라에 경상도 정권이네, 충청도 무대접이네, **국민을 갈기갈기 갈라놓은 이 지방색을 조장한 박정희는 영원히 역사의 단죄를 받을 것입니다.** 더러운 지방색 조장과 통일을 빙자한 유신체제는 중대한 죄상입니다.

관훈 클럽 토론에서도 김대중은 4파전 필승론을 확신하는 발언을 했다. 장명수 한국일보 부국장의 다음과 같은 질문에 대해 '낙선을 생각하지 않는다'고 말했다.

　- 〈장명수〉만일 이번 선거에서 낙선한다면 가장 큰 이유가 야당후보가 단일화되지 못해서라고 생각하겠읍니까? 또 낙선한다면 다음 선거에 다시 도전하겠습니까?
　▲ 낙선한다는 것은 생각 안 해보았기 때문에 거기 대해서는 답변 준비가 없는데요.

4파전 필승론의 문제점은 크게 3가지로 요약될 수 있다.

1. 망국적이고 반민족적인 지역감정을 이용하여 국가원수가 되고자 하는 발상이다.

김대중은 언제나 민주주의를 떠들어 왔다. 그렇다면 민주주의를 선호하는 전국의 유권자를 대상으로 표를 얻을 생각을 해야지 자기 출신 지역표는 휩쓸어 가고 타 후보의 표를 갈라 당선되겠다는 것은 무엇을 뜻하는가. 그런 식으로 당선된다 하더라도 특정 지역 대통령이지 대한민국 대통령이라 할 수 있는가. 이렇게 되면 선거 때마다 모든 후보는 지역 몰표 또는 지역 연합에만 의존하게 되어 보편성을 추구하는 민주사회 구현은 영원히 불가능하다.

2. 선거 전략의 원리면에서 지극히 비과학적인 추론이다.

야당은 1963년(대통령 후보 윤보선), 1967년(대통령 후보 윤보선), 1971년(대통령 후보 김대중) 세 번에 걸쳐 단일 후보를 내어 박정희 대통령과 1대 1대결에서 패배했다. 근소하게 진 1963년과 1971년 선거에서 물론 부정선거 시비는 있었다. 그러나 여권은 조직으로 승부를 내고 야당은 바람으로 상승세를 냈다. 야권이 분열하여 서로 헐뜯는다면 야당 선풍은 불 수 없다. 단일 후보를 내도 이기기 어려운데 야권에서 여러 후보가 출마해 여당 단일 후보를 이길 수 있겠는가.
【김대중은 선거에 지고 나서 야당 분열이 패배의 원인이 아니냐는 기자의 질문에 야당이 단일 후보를 이전에 내었어도 패배한 것에서 알 수 있듯이 단일 후보를 내지 못한 것이 패배의 원인이라는 것은 거짓말이라고 해 실소를 자아냈다. 이 말은 야당은 단일 후보를 내어도, 2명 이상의 후보를 내어도 이길 수 없다는 말로 선거로는 정권 교체가 불가능하다는 말이 된다.】

3. 기본적인 정치 철학의 문제이다.
권력을 놓고 정해진 규칙하에 대표성을 가진 여러 세력 집단이 겨루는 것이 정치이다. 한국의 정당은 여야를 막론하고 모든 계층과 지역을 대표하는 국민정당을 표방해 왔다. 민주주의의 보편성 원칙에 볼 때 민주주의를 정치 이념으로 하는 정당은 국민정당일 수밖에 없다. 민주주의만 외쳐온 야당이 분열할 때 납득할 수 있는 이유는 야당의 특정 세력이 반민주적이어서 그들과는 더불어 민주정치 실현이 불가능하다고 국민이 납득할 때뿐이다.
김대중은 1971년 선거에서 전국적으로 득표를 했다. 경북에서도 25% 득표했으며, 부산에서는 44% 가량의 표를 얻었다.
다른 지역을 분열시키고 전라도 표로만 대통령이 되려는 발상은 정치 철학을 들먹이지 않더라도 1971년 선거에서 새 시대를 열겠다는 단일 야당 후보라는 이유로 지지해 준 다른 지역 국민들에 대해 비수를 찌르는 행위이다.

그런데 한 국가의 대통령 선거에서 후보의 출신 지역에 따라 세계 선거 역사상 전례 없는 몰표가 나오는 것을 어떻게 해석해야 하는가. 김대중이 전라도에서 90%가 넘는 득표를 한다는 것은 다른 지역 출신 유권자도 있는 것을 감안하면 거의 100% 득표이다. 다른 지역에서 김대중 득표는 사실상 전라도가 원적인 유권자들 숫자와 일치한다. 즉 김대중에 대한 거의 100% 찬성, 100% 반대가 존재한다. 김대중은 왜 대한민국 전역에서 몰표를 얻어 전 국민의 압도적인 지지로 당선되겠다는 생각을 못하고 전라도를 제외한 다른 지역의 표는 버리고 들어갈까?

이것은 쉽게 결론을 내릴 일은 아니다. 단지 지역감정에 대해 논하자면 흔히들 말하는 것처럼 오랜 역사를 가진 것은 아니다. 삼국시대로까지 거슬러 올라가 떠드는 무지한 자들이 있기는 하다. 고구려, 백제, 신라도 처음에는 작은 도시국가였으며 차츰 주위의 소국을 병합해가면서 성장했다. 고구려는 압록강변의 작은 성읍에서 출발하여 대국으로 성장했으며 백제는 지배층이 고구려와 더불어 부여에서 갈라져 남하하여, 한강 이남에 터를 잡았다. 신라는 경주 지역에서 성장, 수백 년에 걸쳐, 지금의 경상도 지역을 지배했으며 이 와중에 다수의 소국을 정복하는 과정에서 많은 피를 뿌렸다. 현재 한국의 시와 군은 대부분이 삼한 시대에 독자적인 소국이었다.

역사의 초기까지 거슬러 올라가 생각하면 한국은 거의 모든 시민과 군민이 망국민의 후손이므로 수백 개 단위로 갈라져야 한다. 백제는 특히 정복국가적 성격이 강한 나라로서 지배층과 피지배층의 융화가 잘 안된 점이 망국의 한 원인으로 꼽힌다. 백제의 본거지는 수도가 있는 지금의 충청도 지역이었지 전라도가 아니었다. 전라도는 한강 유역에서 출발한 백제가 가장 나중에 흡수한 지역이었다. 백제의 지배층은 대부분이 당나라로 끌려가거나 그들이 개척한 일본으로 이주했다.

삼한 유민(遺民) 의식이 고려 중기 몽고와의 전쟁을 거치면서 완전히 소멸했다는 것에 사학자들은 의견의 일치를 보고 있다. 더구나 전근대 사회에서 한국은 다른 모든 나라와 마찬가지로 신분제 국가였다. 신분에 따른 계층 간의 대립이 사회 모순과 긴장의 근원이지 계층을 초월하는 지역감정은 없었다.

지역감정의 특징은 계층을 초월하는 현상이라는 점이다. 반상의 차별, 즉 신분제가 철폐되어야 형성 가능한 것이다. 지역감정의 특징은 또한 소수의 의식이 아니라 다수의 의식이라는 점이다. 감정이라는 것은 직접 접촉해야 생기는 것이지, 소문이나 세간의 평판으로 생기는 것은 아니다. 전근대 사회에서는 대부분의 주민이 토지에 얽매여 타 지역 주민을 접촉할 기회가 드물었다. 여러 지역 출신들로 이루어진 지배층은 통치자 계급이라는 연대의식이 매우 강했다. 그들은 지역을 막론하여 피지배층의 반란에는 일치단결하여 대응했다.

택리지를 비롯한 조선 시대에 문헌 중 8도 인심을 논한 책들이 있다. 이것은 지역감정이 오래 전부터 있었다는 주장의 근거가 되지 못한다. 양반의 관점에서 지역별로 피지배층의 인심을 주관적으로 평한 것에 불과하다.

1894년 신분제가 공식 철폐되고 일제시대에 이르러 한국인들은 대규모로 출신지를 떠나 생활하게 되었다. 지역감정 형성의 계기였다.

김대중은 대통령 선거가 끝난 뒤 1년 후에 열린 1988년 청문회에 증인으로 출석, 지역감정 형성은 박정희 대통령의 책임이고 자신은 책임이 전혀 없다고 말했다.

김대중은 1988년 11월 18일 국회 광주 사태 진상조사 특별위원회에 증인으로 출석, 지역감정에 대해 다음과 같이 말했다.

- **김길홍 위원** : 마지막으로 질문드리겠습니다.
  지역감정이 오늘과 같은 지경에 이르기까지는 여러 가지 원인이 있겠습니다마는 1971년 제7대 대통령 선거에서 영남출신인 박정희 후보와 호남출신인 증인이 후보로 나서게 됨으로써 지역감정이 실제로 대두되기 시작했다고 할 수 있을 것입니다. 그 이전까지만 해도 각종 선거에서 지역감정은 찾아보기 힘들었습니다. 예를 들어 이종남 씨, 조재천 씨 또 유석 조병옥 선생 등이 이런 분들이 전남 또는 충청도 출신 인사이지만 부산이나 대구에서 당선됐을 정도입니다.
  증인 자신도 출신지가 아니 강원도 인제에서 당선되셨고 함경도 출신인 정중섭 씨란 분이 목포에서 당선되었지요?
- **김대중** : 그렇습니다.
- **김길홍위원** : 본의든 본의가 아니든 간에 증인께서는 우리 민족의 크나큰 불행의 씨앗이 되고 있는 지역감정의 심화에 스스로 책임이 있다고 보십니까, 없다고 보십니까?
- **김대중** : 그런데 지금 질문하신 김 위원께서 조금 잘못 기억하고 있는 점이 있는데요. 이종남 씨가 부산에서 당선되고, 조재천 씨가 전라도 분인데 대구에서 당선되고 또 조병옥 씨가 충청도 분

인데 대구에서 당선되고…….
- **김길홍 위원** : 안동에서 또 임영신 씨가 당선됐습니다.
- **김대중** : 또 상주에서 전라도 분인 홍정표 씨가 당선되고 반면에 경상도 분인 강성명 씨가 저희 목포에서 당선되고 경상도 분인 엄민영 씨가 전주에서 당선되었습니다. 이 모든 것은 자유당과 민주당 때의 얘기이고 박 정권 된 이후의 얘기가 아닙니다. 박 정권 된 이후 이 지역감정을 조작해 가지고 이런 좋은 말하자면 지역을 초월해서 국회의원 당선시키고 하던 이 문제는 없어져 버렸고 또 하나 첨가하면 박정희 씨가 63년에 대통령이 될 때 그 때 박정희 후보는 서울, 강원도, 경기, 충북, 충남 다 졌습니다. 전라도하고 경상도에서만 이겼습니다.
  전라도에서 35만 표를 이겼습니다. 그때 박정희 씨가 겨우 15만 표로 이겼는데 만일 전라도에서 안 이겼으면 틀림없이 졌습니다. **그런데 그렇게 은혜를 입고도 박정희 씨가 지역을 차별했기 때문에 그때부터 지역감정이 생긴 것이지** 그 이전에는 없었기 때문에 이것은 전적으로 군사독재 정권이 자기네들이 집권 야욕에 의한 지역 차별 때문에 생긴 것입니다.
- **김길홍 위원** : 질문 요지를 잘못 이해하고 계신 것 같습니다. 오늘날과 같이 지역감정이 악화된 것은 증인께서는 책임이 하나도 없다는 말씀인지 조금은 있다는 말씀인지 그것을 밝혀 주시기 바랍니다.
- **김대중** : 저는 없지요. 박정희 씨가 있지요.

    (1988년 11월 18일 국회 광주 사태 진상조사 특별위원회에서)

- **김정렴** : 호남을 차별한 건 아닙니다. 누군가가 그렇게 얘기를 하고 신문에 계속 그렇다고 나오니까 그것이 마치 정설인 양 되

었지, 그런 거 아니에요. 군의 실권직에 대한 인사에 있어서도 호남이 소외되었다고 하는데 그렇지 않습니다. 예를 들면 공군 참모총장에 옥만호, 장지량 씨들이 임명되었는데 공군이 얼마나 중요한 겁니까. 또한 외국의 예를 볼 때 쿠데타 때 공군의 역할이 클 때가 많지요. 그러니까 공군의 옥만호, 장지량, 그다음에 해병대 사령관이 강기천 씨 등이 호남 출신이었던 것을 보아도 알 수 있을 겁니다.

그리고 국방장관 합참의장에 호남 출신이 있지요. 육군총장만은 호남 출신이 없었을 겁니다. 그러나 육군총장이 꼭 돼야만 우대된다는 건 아니거든요. 69년 이후에는 비서실에서 장관 후보 명단을 올렸는데 그때도 꼭 영남하고 호남은 같은 비율로 천거했어요. 각하께서 왜 국세청장을 한 번도 호남 사람으로 안 썼냐 하는데 국세청장이 셉니까 재무 장관이 더 셉니까? 재무 장관에 호남 출신 인사를 썼는데 국세청장마저 호남 사람을 안 썼다고 차별이라면 그건 납득이 안 가요.

개발 정책면에서도 얘기해 보죠. 우리는 그 당시 일본에 대해서 100년 이상 뒤떨어져 있고 미국, 영국에 대해서는 200년 이상 뒤떨어져 있는 데다 자원도 없었습니다. 어떻게 하면 빨리 공업화하느냐, 이것이 초미의 과제였습니다.

그러려면 가장 입지가 좋은 데다 공장을 세워야 되거든요. 우리 한반도를 보면 제일 좋은 곳이 동해안하고 남해안입니다. 단애가 져가지고 바다가 급히 깊어져요. 그리고 남해에는 섬이 많고, 섬이 있으니 방파제의 필요가 훨씬 덜하고 준설도 많이 할 필요 없이 항구가 되죠. 더욱이 거긴 일제 때부터 도로와 철도가 발달되어 있단 말이에요. 그런데 서해안의 경기도, 충남, 전북, 전남은 수심이 얕으니까 여기 10만 톤, 25만 톤급 항구를 만들려면 이만저만한 돈이 드는 것이 아닙니다. 철도도 장항까지 가는 것과 호남선 이외에는 안 되어 있었단 말이에요.

그리고 해안 따라서 도로가 없고 제한된 돈으로 일은 빨리 해야 하니 할 수 없이 남해안하고 동해안에 개발의 중점을 둔 겁니다. 선거 때마다 '호남 푸대접이다' 하며 표가 떨어진다고 야단이었는데 왜 안 하려고 그러셨겠습니까! 오죽했으면 유세 때 전주·광주 가셔서 "공업화 안 돼서 당신들 안타까워 하지만 나중에 두고 보시오. 다른 데서 공해로 시달릴 때 당신네들은 더 깨끗한 공장 지어가지고 나중에 더 잘 산다."고 하셨겠습니까. 그것은 경제 개발 정책상 할 수 없었어요. 그 대신 무척 애쓰신 것이 종합 제철을 광양에 갖다 지으신 것과 여천 석유 단지를 들 수가 있습니다.

- **김성진** : 그때 한반도를 몇 개의 경제권으로 나누어서 특색 있게 개발하려는 구도가 새워져 있었잖습니까.
- **김정렴** : 국토 개발 계획이 있었죠. 건설부 산하의 국토 연구원이 있어서 주원(朱源) 건설부 장관이 국토 계획의 전문가였는데 지금 말씀대로 강원도는 관광 자원, 그리고 어떻게 보면 수산 자원 정도지 여기다 공장을 넣지 않는 것이 좋다 하는 식의 아이디어를 내면서 경제권을 몇 개로 나누었던 일이 있습니다. 그리고 한류하고 난류가 대한 해협에서 교체가 된단 말이에요. 그것이 부산·울산·포항 쪽입니다. 그러니까 공장을 거기다 지어서 오폐수를 쉽게 내보내고 특히 공해 많은 온산 공단에 들어간 유해 공장의 폐기물도 해류가 거기서 되돌아오니까 거기에 넣어도 되었던 거죠. 하지만 황해 바다는 기껏해야 간만의 차이뿐이고 옆으로 크게 흐르지 않아요. 경기도, 충남, 전북, 전남에 섣불리 공장을 지었다가는 해수가 들락날락만 하지 옆으로 흐르지 않기 때문에 조개고 뭐고 다 오염이 됩니다. 그때 돈만 있었으면 환경오

염을 막을 수 있었겠지요. 그러나 돈이 부족했습니다. 그 돈이 있었으면 더 급한 데 썼겠지요. 이것은 한마디로 우선 순위의 결정과 요충식 경제 개발의 불가피성 때문이었습니다.

(1994년 5월 2일 힐튼 호텔 좌담회에서)

하나의 방안 – 미국의 한 주가 되는 것과 호남 독립

멸망의 길로 질주하고 있는 대한민국을 살릴 방안은 무엇인가?
이제 위선의 탈을 벗고 정직하게 말할 때이다.
'호남 독립주의자' 김환태의 주장이 정답이다.
1993년 7월 나온 김환태는 『지역감정 해소냐, 호남독립이냐』를 출간했는데 이런 결론을 내렸다.

호남 독립

정부가 지역감정을 해소하기 위한 의지를 보이지 않거나 비호남인들이 같은 동족으로서 동포애 발휘에 인색하거나 이해를 바탕으로 한마음의 문을 열지 않으려 한다면 지역감정 해소는 사실상 불가능할 것이다.
관련 당사자들이 이해와 노력을 통해 지역감정의 벽을 과감히 허물지 않는다면 지역감정을 풀기 위한 마지막 방법은 단 한 가지 호남이 독립하여 새로운 공화국을 창설하는 것이다.
호남이 독립하면 지역감정, 호남인에 대한 불신, 차별 감정은 해소가 아니라 완전히 무(無)로 돌아가는 것이다.

호남 독립의 길은 지역감정이 완화되지 않고 심화된다면 반드시 제기될 수밖에 없는 방안이다.

같은 민족이라고 굴레를 씌워 호남인에게 자제와 화해를 요구하는 것도 무의미하다. 표리부동하고 간사하며 배신을 잘 하는 호남사람과 인간관계를 맺지 않겠다는 비호남인들에게 호남의 독립은 앓던 이가 쏙 빠지는 것처럼 속 시원할 것이며 천대받고 차별받으며 살아온 호남인들 또한 이등 국민 취급으로부터 벗어나게 되어 얼마나 다행스러운 일이겠는가? 그야말로 호남독립은 비호남인, 호남인 모두에게 누이 좋고 매부 좋은 식의 해결 방안이 될 수 있을 것이다. 호남이 독립한다고 하여 호남인에게 부정적인 결과를 가져오리라고는 보지 않는다.

싱가포르, 대만, 홍콩처럼 얼마든지 잘 살 수 있다. 양심과 도덕이 흐르는 사회, 정의와 성실, 뜨거운 이웃사랑이 바탕을 이루는 새 나라를 창조한다면 특정 지역, 특정 세력들이 다해 먹는 썩어빠진 대한민국보다 더욱 발전되고 도덕적으로 우위에 설 수 있는 자랑스러운 국가를 건설할 수 있을 것이다.

정치, 경제, 사회, 문화 모든 부분에서 대한민국보다 앞서는 선진국가를 건설한 상태에서 대한민국과 재통일을 추진하는 과정을 통해 1300년 동안 계속된 소외와 차별을 해소할 수 있을 것이다.

저자 김환태의 약력
- 1955년 전북 남원 출생
- 1977년 육군 제3사관학교 졸업(14기)
- 1986년 성균관대 행정학과 졸업
- 육군 소령 예편

김환태는 김대중이 집권 중인 1999년에는 이런 글을 썼다.

호남독립주의자가 대통령에게 드리는 글

--------------- (전략) ---------------

호남인들은 대통령께서 성공한 대통령이 되실 때까지 행동을 자제하고 유보할 것입니다.

그러나 수구언론과 기득권 세력의 개혁에 대한 반발과 저항으로 개혁이 무산되거나 대통령에 대한 왕따 현상이 재발하여 국정운영이 통제불능 상태에 빠질 경우 호남인들은 행동을 개시할 것입니다.

호남독립투쟁을 유보중인 호남독립단의 독립 투쟁 활동이 재개될 것입니다. 호남독립단은 지리산 노고단에서 천왕봉까지 15시간 내에 주파하는 체력훈련에 돌입할 것입니다.

나아가 지역감정을 심화시키고 대통령과 호남을 의도적으로 왕따시키는 수구언론과 정치권 응징에 나설 것입니다.

호남독립단은 김태정 전 법무장관이 밝힌 것처럼 대통령 선거전 비자금 사건에 대한 수사여부를 면밀히 주시한 바 있습니다. 만약 수사가 진행되었다면 호남독립단은 전면적인 호남 독립 투쟁에 돌입하였을 것입니다. 호남독립단의 독립 투쟁은 유보되었을 뿐 아직도 유효합니다. 호남독립에 기꺼이 목숨을 바칠 각오가 되어 있습니다. 호남인과 호남 출신 대통령에 대한 의도적인 왕따 행위가 근절되지 않는다면 호남인은 한민족의 일원으로 남아 있을 하등의 이유가 없습니다.

(김환태, 『구국전선』 4권 서울: 도서출판 글 힘, 1999, P. 208~209)

1987년 이후 33년간의 선거는 극도의 집단 이기주의의 발현과 그것으로부터 나라를 지키려는 유권자의 대항이었다. 이는 하나의 내전으로 볼 수 있다. 총성 없는 30년이 넘는 내전 상태를 종식시키는 것은 가치관이 다른 두 집단이 분리하는 것이다. 민족 화합이라는 거짓 주술에서 깨어날 때이다.

대한민국에서 전라도를 분리시키는 것이 자유민주주의를 지키는 길이지만, 임시방편으로 미국의 한 주(州, state)가 되는 것도 한 가지 방법이다. 이는 부정선거로 인해 대한민국 수호 세력의 재집권이 어렵기 때문이다.

1836년 멕시코에서 텍사스 공화국(Republic of Texas)이 독립했다. 초대 대통령은 샘 휴스턴(Sam Houston, 1793~1863)이었다. 미합중국, 영국, 프랑스, 네덜란드, 벨기에 등이 텍사스 공화국을 국가로 승인했다. 그러나 인구와 재정 수입이 적어 텍사스 공화국의 존속은 어려웠다. 텍사스 공화국의 여론은 이웃한 미합중국의 한 주로 편입하자는 방안과 독립을 유지하자는 것으로 갈라졌다.

1845년 2월 미국 의회는 텍사스 공화국을 미국의 28번째 주로 받아들이기로 결의했다.

대한민국이 미국의 한 주가 되면 연방 정부의 도움을 받아 反대한민국 세력을 척결할 수 있고 그다음 다시 독립국이 될 수 있다.

차라리 대한민국을 미국의 51번째 주로!

초판발행	2025년 12월 5일

기획 **이상로** / 저자 **이윤섭** / 후원 **카메라출동 독자**

발 행 처	도서출판 혜민기획
인쇄·디자인	대명피엔피컴
출판등록	제2-2017호
주 소	서울시 중구 퇴계로 226, 405호(복조빌딩)
전 화	02-722-0586 FAX 02-722-4143
이 메 일	dmo4140@hanmail.net

ⓒ 2025
ISBN 979-11-88972-98-2

정가 20,000원

※ 이 책은 저작권법에 따라 보호를 받는 저작물이므로
　무단전제와 복제를 금지합니다.
　잘못된 책은 교환해 드립니다.